城市道路桥梁建设与工程项目管理研究

李 智 王学龙 著

吉林科学技术出版社

图书在版编目（ＣＩＰ）数据

城市道路桥梁建设与工程项目管理研究 / 李智，王
学龙著. -- 长春 : 吉林科学技术出版社，2023.7
ISBN 978-7-5744-0767-1

Ⅰ．①城… Ⅱ．①李… ②王… Ⅲ．①城市道路－道
路工程－工程项目管理－研究②城市桥－桥梁工程－工程
项目管理－研究 Ⅳ．①U415②U448.155

中国国家版本馆CIP数据核字(2023)第157388号

城市道路桥梁建设与工程项目管理研究

著	李 智 王学龙
出 版 人	宛 霞
责任编辑	李玉铃
封面设计	南昌德昭文化传媒有限公司
制 版	南昌德昭文化传媒有限公司
幅面尺寸	185mm×260mm
开 本	16
字 数	335 千字
印 张	15.5
印 数	1-1500 册
版 次	2023年7月第1版
印 次	2024年2月第1次印刷

出 版	吉林科学技术出版社
发 行	吉林科学技术出版社
地 址	长春市福祉大路5788号
邮 编	130118
发行部电话/传真	0431-81629529 81629530 81629531
	81629532 81629533 81629534
储运部电话	0431-86059116
编辑部电话	0431-81629518
印 刷	三河市嵩川印刷有限公司

书 号	ISBN 978-7-5744-0767-1
定 价	84.00元

《城市道路桥梁建设与工程项目管理研究》
编审会

著　李　智　　王学龙

编　委　刁广新　　张志强　　颛孙小强

　　　　徐坤尚　　张宇光　　付智宇

　　　　窦木亮

前言 PREFACE

近年来，随着我国城市化、机动车化的加速推进，城市交通系统在保障城市基本功能发挥、支撑城市正常运转及促进城市快速发展等方面发挥着越来越大的作用。其中，城市道路交通系统作为城市交通系统的重要组成部分，是城市发展的基础与前提，承担了城市中大量的机动车、非机动车及步行的出行。城市道路交通系统的网络形态往往决定了城市的发展形态，其功能是否正常发挥，直接影响了城市居民的日常工作和生活的同时，也左右着城市的健康发展。

然而，面对愈演愈烈的城市道路交通拥堵、交通安全、交通污染等诸多问题，除了从城市交通规划角度优化城市交通空间结构、协调交通与城市土地利用的关系，进而控制交通需求和优化需求结构外，结合城市道路交通特征，合理、科学地规划和设计城市道路交通系统，提高道路交通的通行能力和服务水平，实现了道路交通设施供给与道路交通需求的平衡发展，也是解决上述问题的关键。

现代城市道路系统作为城市基础设施的重要组成部分，具有城市交通、市政设施敷设以及改善城市景观等多种功能，它是城市建设水平和经济发展水平的重要体现。尤其在我国城镇化发展的攻坚阶段，更加需要我们依据规律化发展战略原则，寻找并解决我国城市道路建设中存在的问题。

本书主要研究城市道路桥梁建设与工程项目管理，本书从城市道路工程建设基础介绍入手，针对道路工程施工技术、道路工程养护和维修进行了分析研究；另外对桥梁工程建设、桥梁工程施工技术、桥梁工程维修与养护做了一定的介绍；还对现代工程项目管理、城市道路桥梁工程项目管理提出了一些建议；旨在摸索出一条适合现代城市道路桥梁建设的科学道路，帮助其工作者在应用中少走弯路，运用科学方法，提高效率。

目录 CONTENTS

第一章　城市道路工程建设

第一节　城市道路工程概论

一、城市道路的组成、功能和特点

（一）城市道路的组成

城市道路由各种类型、各种等级的道路、交通广场、停车场及加油站等设施组成。在高度发达的现代化城市，城市道路还包括高架道路、人行过街天桥（地道）和大型立体交叉工程等设施。而由城市道路的长度、路网密度、等级结构、布局以及设施等形成的供道路交通运行的系统则被称为城市道路系统。因此，与公路相比，城市道路的组成更加复杂，功能也更多一些。

一般情况下，在城市道路建筑红线之间，城市道路由以下几个不同功能部分组成。

1.车行道。即供各种车辆行驶的道路部分。其中，供汽车、无轨电车等机动车行驶的称为机动车道；供自行车、三轮车等非机动车行驶的称之为非机动车道；供轻型轨道车辆和有轨电车行驶的分别称之为轻轨线路和有轨电车道。通常，有轨电车道与城市道路位于同一高程层面，轻轨线路则与城市道路在高程上分离，以保证轻轨交通的畅通与便捷。

2.路侧带。即车行道外缘石至道路红线之间的部分，包括了人行道、设施带、路侧绿化带 3 个部分。其中，设施带为行人护栏、照明杆柱、标志牌、信号灯等设施的设置空间。

3. 分隔带。即在多幅道路的横断面上，沿道路纵向设置的带状部分，其作用是分隔交通流、安设交通标志和公用设施等，同时也是道路绿化的用地之一。分隔带又分为中央分隔带和车行道两侧的两侧分隔带两种。其中，中央分隔带的作用是分隔对向行驶的机动车车流，避免了对向行驶车辆的恶性相撞事故；两侧分隔带则是用以分隔同向行驶的快慢车车流或机动车和非机动车车流，其中，用于分隔机动车和非机动车的分隔带也称机非分隔带。

4. 交叉口和交通广场。

5. 路边停车场和公交停靠站。

6. 道路雨水排水系统，如街沟、雨水口（集水井）、检查井、排水干管等。

7. 其他设施，如渠化交通岛、安全护栏、照明设备、交通信号（标志、标线等）。

（二）城市道路的功能

城市道路是现代化城市的重要组成部分，是城市中人们日常生活和物资流动必不可少的基础设施，是提供公用空间、抗灾救灾的通道。随着时代的变化、城市规模和城市性质的不同，城市道路的功能从表面上看有所差异性，但是就本质上而言，主要体现在以下几个方面：

1. 交通功能

交通功能也称为交通设施功能，是指由于城市各种活动产生的交通需求中，对应于道路交通需求的交通供给功能。在城市中，道路交通是城市交通的主要形式，城市中各个不同的功能分区都需要通过城市道路进行连接，城市中的各项活动（工作、学习、生活、旅游等）也离不开城市道路交通。没有良好及完善的城市道路网，城市建设和经济建设都不可能得到良好的发展。因此，城市道路的首要功能是为各种机动车、非机动车和行人提供通道的廊道和场地。

交通功能可分为以长距离输送为主的交通输送功能和以沿路出入功能为主的交通集散功能。城市道路的交通输送功能为车辆提供长距离、快速、通畅的交通功能；交通集散功能则为机动车、非机动车、行人等提供向沿路的各处用地、建筑物等出入的功能。一般而言，干线道路主要考虑交通输送功能（包括过境交通），支路则主要考虑沿路地块利用的交通集散功能；在不妨碍道路交通情况下的路边临时停车、装卸货物、公交停靠等，也属于交通集散功能。

2. 公共空间功能

城市道路是城市中具有重要地位的空间环境，在大部分的城市中，道路的面积约占所有土地面积的四分之一。随着城市建设的高速发展，城市土地利用率越来越高，再加上建筑物的高层化，城市道路这一公共空间的价值显得更加重要。因此，除保障车辆、行人的通行功能之外，城市道路也为城市其他设施提供布置场地。

城市道路的公共空间功能首先表现在为城市公用事业地上、地下管线（电力、电讯、供热、燃气、给排水）等市政设施提供布设空间。而且，在大城市或特大城市中，地面和地下轨道交通等也往往敷设在城市道路用地范围以内，市中心或大的交叉口的地下也可用来埋设综合涵道。此外，电话亭、火灾报警器、消防栓、配电箱等大多也沿路设置。

除了为相关设施提供布设空间，城市道路的公共空间功能还体现在为道路绿化提供场地上。国内外的城市道路绿化表明，良好的道路绿化能起到防眩光、缓解驾车疲劳、调节心情、稳定情绪的作用，并且在车辆拥挤的道路、立交桥和交叉路口等环境污染的严重区域大量种树、种草，能起到人为降低空气污染、增湿、减弱噪声、防风固沙等功能，从而起到环境保护的作用。

3. 防灾救灾功能

城市是人口密集的场所，必然会出现意想不到的灾害。道路的防灾救灾功能包括避难场所、防火隔离带、消防和救援通道等。

在出现地震、火灾等大的灾害时，人们需要避难场所，具有一定宽度的道路（广场）可作为临时的避难场所。另外，道路与具有一定耐火性的建筑一起可形成有效的防火隔离带，以避免火势向相邻街区蔓延。

4. 城市结构及建筑艺术功能

城市道路网的规划，反映了一个城市的平面整体结构与建筑布局风格。从城市规划的过程来看，在确定用地性质和划分用地范围之后，第一步工作便是进行道路网的规划与设计，这足以说明城市道路在形成城市平面结构中的重要性。通常，干线道路形成城市骨架并向四周延伸，支路则形成了街区和邻里街坊，互相连接构成一个统一体，并配合道路来表现城市建筑各个方位的立面，以及建筑群体之间组合的艺术体，进而通过人随道路的转向而转移视点方位，获取丰富、生动的环境影像。因此，城市道路不仅是体现城市整体结构也是反映城市面貌和建筑风格的艺术手段之一。从某种意义上来说，城市道路网的形式将直接决定城市平面结构和面貌，反之，城市道路网的规划形式也取决于城市性质、城市规模、城市结构及城市功能的确定和界定，两者相互作用，相互影响。

（三）城市道路的特点

城市道路与公路、其他道路相比，有很多相似之处。但是，由于城市道路的特殊地位和功能，使得城市道路有其独特的特点，具体如下：

1. 组成复杂，功能多样

城市道路的组成相比一般公路要复杂些，除了有机动车道之外，还有非机动车道、人行道、绿化、照明、停车场、地上杆线和地下管线等，有的还有高架道路、地下道路、地下铁道、人防工程等，这些都会给城市道路的规划、设计增加一定的难度。另外，城市道路除了最基本的交通功能外，还具有许多其他功能，比如前文所述的公共空间功能、防灾救灾功能等。因此，在道路网规划布局和城市道路设计时，也要兼顾其各方面功能的要求。

2. 需要考虑行人和非机动车的交通

不同于公路和其他道路，城市道路中行人和非机动车流量较大，因此在道路设计时不能只考虑汽车等机动车辆的交通问题，还要考虑非机动车和行人流量较大所带来的问题。一方面，在商业区、车站、码头以及大型公共娱乐场所等处道路的人流相对集中，需要妥善设计和组织好行人交通问题；另一方面，城市道路存在大量的非机动车，车速差异大、相互干扰大，需要在城市道路设计和交通组织管理中妥善解决。

3. 交通分布不均衡

由于城市道路分布在城市的各个角落，因而道路交通量也相应地分布在各个角落的城市道路上。但由于各类建筑物的性质不同，各条道路上的交通量也不完全一致，有大有小，有主有次。所以在进行城市道路网规划时，应进行调查研究，分清人流和车流的主次和大小，用不同等级的道路来匹配不同的交通量。

4. 道路交叉口多

城市道路是以路网的形式出现的，要实现路网的"城市交通动脉"的功能，频繁的交叉口是必不可少的。因此，道路交叉口多也是城市道路的一个明显特点。就一条干道而言，大的交叉口间距为 800～1200m，中小交叉口则为 300～500m，有些丁字形出入口的间距可能更短一些。交叉口的存在直接影响着车速和道路通行能力，所以，交叉口设计是否合理制约着城市道路系统整体功能的发挥。

5. 道路两侧建筑物密集

城市往往是一个地区的政治、经济、文化中心，是贸易和对外交流的中心，也是人口集中居住的地方，城市道路的两侧更是建筑用地的黄金地带。城市道路一旦建成，沿街两侧鳞次栉比的各种建筑物也会相应建成且固定下来，以后很难拆迁房屋、扩宽道路。因此，在规划设计城市道路宽度时，必须充分预计到中远期交通发展的需要，并严格控制好道路红线的宽度。另外，还要注意建筑物和道路相互协调的问题，就道路交通管理来说，关键是建筑物出入口与道路的关系问题。

6. 景观艺术要求比较高

城市干道网是城市的骨架，城市总平面布局是否美观、合理，在很大程度上体现在道路网，特别是干道网的规划布局上。城市环境的景观和建筑艺术，必须通过道路映衬才能充分反映出来，道路景观与沿街的人文景观和自然景观浑然一体，尤其与道路两侧建筑物的建筑艺术更是相互衬托、相映成趣。因此，不但要求城市道路网络本身具有良好的景观，也要求道路与城市的建筑群体、名胜古迹、自然风光、城市文化等配合来取得较好的艺术效果，从侧面体现和反映出一个城市的文明程度。

7. 规划、设计的影响因素多

城市里人来人往，一切人和物的交通，均需利用城市道路；同时，各种市政设施、绿化、照明、防火、街边小憩区等，无一不是在道路建设用地范围内实现的。这些因素，在城市道路规划设计时必须综合考虑，特别是地下设施和地上道路设施的协调问题。

8. 政策性强

城市道路的规划设计涉及社会的各个领域和部门，在规划设计中经常需要考虑城市发展规模、城市规划修编、技术设计标准、房屋拆迁、土地征用、工程造价、近期与远期、需要与可能、局部和整体等问题，这些牵扯许多有关的方针政策。因此，城市道路的规划设计工作是一项政策性很强的工作，必须统筹考虑，贯彻执行有关的法规、方针和政策，必须服从城市的总体规划。我国目前大中城市面临的旧路改造工程就是一个政策性很强的问题。它关系到被拆迁市民的切身利益，涉及许多政策和法规，这也使它的规划设计不仅仅是个工程技术问题了，这也要求道路工程师能够及时学习政策、掌握政策精神。

二、城市道路的分类

（一）城市道路分类的目的

随着城市化的快速发展和人们对交通要求的不断提高，城市道路的功能日趋多样性和综合性，但具体到一条道路上，还是应该突出其主要的功能，这对于保证城市正常活动、道路交通运输的经济合理及道路交通秩序的有效管理等都是非常必要的。因此，我国城市道路需要进行分类。

城市道路分类的目的在于充分实现道路的功能，并使道路交通运输更加合理、有效。一般确定分类的基本因素是交通性质、交通量和行车速度。对于公路来说，由于交通工具、交通性质较单一，多以交通量、行车速度等体现公路在国民经济中重要性的指标来分类；而城市道路由于城市结构组成与交通运输的错综复杂，难以用单一的指标进行分类。因此，城市道路的分类应综合考虑分类的基本要素，还应结合城市性质、规模及其现状来合理划分。比如，根据道路在规划路网中所处的交通地位、交通功能及沿线建筑物的服务功能等，城市道路可划分为快速路、主干路、次干路和支路4种类型；根据道路对交通运输所起的主要作用，城市道路可划分为全市性道路、区域性道路、环路、放射路、过境道路等；根据道路所处的城市地理环境，城市道路可划分为中心区道路、工业区道路、仓库区道路、文教区道路以及生活区道路及游览区道路等。

可以肯定，交通混杂、功能不分的城市道路系统，对一个城市的交通运输及整个城市的正常运转和发展都是非常不利的。根据现代城市的建设发展与运营管理要求，现代城市道路系统必须进行明确的分类，使各类道路在城市道路系统中充分发挥其作用。

（二）城市道路的分类

1. 快速路

快速路是为城市中大量、长距离、快速交通服务的，在城市内修建的具有单向多车道的城市道路。快速路应中央分隔、全部控制出入、控制出入口间距及形式，应实现交通连续通行，单向设置不应少于两条车道，并应设有配套的交通安全与管理设施。

快速路应有平顺的线形，使汽车交通更加安全、通畅和舒适。与交通量大的干路相交时应采用立体交叉，与交通量小的支路相交时可采用平面交叉，但是要有控制交通的措施。两侧有非机动车时，必须设置完整的分隔带。横过车行道时，需经由控制的交叉路口或天桥、地道。

快速路服务于中长距离的机动车交通，是城市中快速、大运量的交通干道，与城市外主要的高速公路进出口连通，快速集散出入境及跨区的机动车出行。在规划布设建筑物时，快速路两侧不应设置吸引大量车流、人流的公共建筑物出入口，其两侧一般建筑物的进出口应加以控制。

2. 主干路

主干路应连接城市各主要分区，应以交通功能为主。主干路两侧不宜设置吸引大量车流、人流的公共建筑物的出入口，比如剧院、体育馆、大型商场等。必须设置时，建筑物应后退，让出停车和人流疏散场地。

主干路通常由机动车道、非机动车道和人行道组成。在非机动车较多的主干路上，宜采用机动车与非机动车分隔的道路断面形式（如三幅路、四幅路），来减少机动车和非机动车的相互干扰。

主干路上的交通要保证一定的行车速度，因此应根据交通量的大小设置相应宽度的车行道，供车辆快速、通畅行驶。主干路上的交叉口宜尽量减少，来减少相交道路上车辆进出的干扰，且一般不设置立体交叉，而采用了扩宽交叉口引道的方法来提高通行能力。个别流量特大的主干路交叉口，也可根据需要设置立体交叉。

3. 次干路

次干路是分布在城市内各区域的地方性干道，应与主干路结合组成干路网，以集散交通的功能为主，兼有服务功能，起到广泛连接城市分区域各部分及集散交通的作用。

次干路是城市中数量较多的一般的交通性道路，一般不设置立体交叉，部分交叉口可以扩大，一般可设4条车道，也可不单独设非机动车道。次干路兼具服务功能，其两侧允许设置吸引人流的公共建筑物，并可设置机动车和非机动车的停车场、公共交通站和出租车服务站。

4. 支路

支路宜和次干路和居住区、工业区、交通设施等内部道路相连接，用于解决局部地区交通，以服务功能为主。它既是城市道路交通的起点，又是交通的终端。部分支路用于补充干路网的不足，可以设置公共交通路线，也可以规划自行车专用道。支路为局部地区交通和行人服务，一般不负担过境交通。

三、城市道路设计的基本内容和要求

城市道路是一种带状的三维空间结构物，包括路基、路面、桥涵、隧道和其他辅助工程等实体。城市道路设计是城市道路建设的关键，其设计质量不仅影响城市道路的功能是否能满足城市交通的需要，且还影响到城市的基础设施投资力度、长远规划和发展前景等。

（一）城市道路设计的基本内容

城市道路设计包含的内容十分广泛。从总体上来讲，主要包括几何线形设计和结构构造设计两方面。

城市道路的几何线形设计研究的是汽车行驶与道路各个几何元素的关系，以保证在设计行车速度、预计交通量以及地形和其他自然条件下，达到行驶安全、交通通畅、行车舒适以及路容美观的设计目标。因此，在城市道路的几何线形设计中，要实现人、车、路、环境的相互协调。因而，在进行几何线形设计时需要研究驾驶者的心理、汽车运行的轨迹和动力性能、交通量和交通特性等与几何设计直接相关的问题。本书在分析城市道路特征的基础上，分别介绍几何设计的相关内容，如城市道路网规划、横断面设计、平面设计、纵断面设计、快速路设计、交叉口设计以及立体交叉设计等。

城市道路结构构造设计方面，对路面、路基、桥涵、隧道等工程设计的总要求是：用最小的投资，尽可能少的外来材料及合理的养护力量，使它们能在自然破坏力和汽车行驶所产生的各种力作用下，在设计年限内保证使用质量。本书针对城市道路结构构造设计方面的内容主要体现在城市道路路基、路面的结构设计。

（二）城市道路设计的要求

在现代的城市道路交通中，良好的道路线形、平整坚固的路基路面、视野清晰的交叉口、结构坚固且净空合理的桥隧建筑物，能为车辆的安全行驶提供有利的条件。相反，如果道路线形有缺陷、路面抗滑能力低、交叉口控制不合理、桥隧建筑物净空和结构不规范等，往往会导致事故的发生。所以，合理的城市道路系统设计显得尤为重要。

第一，城市道路系统规划应满足客、货车流和人流的安全与畅通；反映城市风貌、城市历史和文化传统；为地上地下工程管线和其他市政公用设施提供空间；满足城市救灾避难和日照通风的要求。

第二，城市道路交通规划应符合人与车交通分行，机动车和非机动车分道的要求。

第三，城市道路应分为快速路、主干路、次干路和支路4类。

第四，城市道路用地面积应占城市建设用地面积的8%～15%。对规划人口在200

万以上的大城市，宜为 15% ～ 20%。

第五，规划城市人口人均占有道路用地面积宜为 7 ～ 15m²。其中：道路用地面积宜为 6.0 ～ 13.5m²/人，广场面积宜为 0.2 ～ 0.5m²/人，公共停车场面积宜为 0.8 ～ 1.0m²/人。

现代的城市道路交通是道路、行人、车辆和环境各方面的协调和综合。不仅需要满足道路交通流畅、安全、迅速、运输经济的要求，同时也应有益于使城市环境整洁、宁静、朴素大方和生动美观。因此，除应符合以上《城市道路交通规划设计规范》提出的要求以外，还应满足以下几个方面的基本要求：

1. 道路运输尽可能经济

道路的经济包括道路工程综合费用的经济和道路上交通运输的时间及费用的节省。城市道路交通规划设计的目标之一，就是以最少的工程建设、维护费用来获取最大的服务效果和交通运输成本的节省。

因此，在城市道路设计的实践中，要特别注重将道路、街坊建筑和公用设施综合起来考虑，要根据交通性质、流量、流向的特点，结合地形、现状合理布设线路及其断面，尽可能使交通量大、车速要求高的交通干道线比较便捷、平顺，以达到减少行车途中干扰和停顿目的。对次要道路则不一定要强求线形的平顺，而应该注重地形和现状，以达到工程费用的经济。

2. 交通应流畅、迅速和安全

行车速度和通行能力是城市道路最重要的技术指标，并且对保障交通流畅、迅速、安全有着重要的意义。其中，行车速度的高低反映了道路和交通组织的技术水平和质量，只有根据城市规模和道路性质恰当地规定城市道路路段的计算行车速度才能对交通安全、流畅起到积极的作用。此外，各类车辆能够连续不断分流行驶是道路行驶速度、通行能力达到较高水平的标志。因此，合理确定道路性质、适当放大交叉口间距、妥善组织平交叉道口交通、布置必要的立体交叉，力求速度差别较大的快慢车分流、车流与人流的分隔，才能提高道路的通行能力，达到交通流畅、迅速和安全的目的。

3. 要特别注重环境的保护

城市是人们集中进行生产和居住生活的地方。但随着城市交通的快速发展和机动车辆的不断增多，汽车行驶过程中排放的废气和噪声污染成为城市中一个流动的污染源。因此，在规划设计城市道路时，必须综合考虑环境保护的要求，注意结合道路性质、自然地形和交通分隔带的设置加强绿化，并妥善确定城市道路路网密度，从而保持居住建筑区与交通干道之间有足够的消音距离。

4. 注重道路的配合、协调

城市道路的规划设计是城市总体规划的重要组成部分，其好坏不仅关系到整个城市的交通状况，而且关系到城市各个组成部分的配合与协调。因此，为保证城市的人、车流顺利运行，城市道路应具备：适当的路幅，以容纳繁重的交通；坚固持久、平整抗滑的路面，以保证车辆安全、迅速、舒适行驶；少扬尘、低噪声，以利于保护环境；便利的排水设施，确保雨、雪水及时排除；充足的照明设施，以利于晚间的车辆运行和居民活动；道路两侧足够宽的人行道、绿化带、地上杆线和地下管线。

由于城市道路与沿街建筑群体、各种公用设施协调配合成为一个整体，它对于体现城市的面貌有着重要的作用。因此，城市道路在满足其交通基本要求和功能的前提下，也需要有一定的综合造型技术要求。所谓造型，是指通过路线的柔顺、曲折起伏、两侧建筑的进退、高低错落和绿化设置等，来协调路面立面、空间、色调及艺术形式的组合，从而使现代城市具有整洁、舒适、美观、气派、富有朝气的特点。

第二节　城市道路建设的节能分析

一、概述

（一）城市道路节能的概念

1. 城市道路节能概念的来源

（1）可持续发展理论

在城市道路节能概念中，自然资源的可持续利用是实现可持续发展的基本条件，而对资源和能源的节约利用即节能概念，也主要来源于可持续发展理论。因此，城市道路节能概念实际上是可持续发展理论在城市道路建设领域的延伸，城市道路建设项目节能评价指标体系中各指标的设计过程和指标内涵的确定过程都是可持续发展概念的体现。例如，在城市道路设计中采用新型能源、绿色能源、可再生能源，及筑路材料的回收再利用，并将这些设计理念和建设要求转化为更加具体的节能评价指标。

（2）绿色交通理论

绿色交通理论是由加拿大学者 Chris Bradshaw 于 1994 年提出，并迅速受到行业内专家的认可和关注。绿色交通概念可以简单地表述为：一种基于可持续发展的交通理念，强调对"人"的服务，通过对城市土地的综合一体化利用以及倡导和发展绿色交通的交通发展模式。其途径主要是：通过对引导城市居民更多采用慢行交通和公共交通的出行方式，减少居民使用小汽车的出行比例；创建低污染、低能耗、低占地、高效率、高品质，有利于社会公平的城市绿色交通发展模式，从而为城市居民的交通出行提供合适的交通服务设施，优化城市的交通条件，创造良好的城市环境。绿色交通涉及的范围超过了人们通常的认知，它既包含交通与环境及资源的关系，还涉及交通与社会的可持续发展，以及交通对社会经济的支持。绿色交通的本质是建立维持城市可持续发展的交通体系，以满足人们的交通需求，同时兼顾保护环境、节约资源和社会公平。绿色交通具有明确的可持续发展的交通战略目标，主张以最少的社会成本实现最大的交通效率，与城市土地利用模式相适应，和城市环境相协调，多种交通方式并存，优势互补。

对于城市道路，单纯提高城市道路的道路面积或提高机动车通行能力，必然无法解决城市道路由于道路拥挤问题和机动车油耗大幅提高的问题。运用绿色交通的思想，优化城市居民出行方式，引导城市居民在中短途出行时，更多采用步行、自行车出行或公共交通等零能耗或低单位运量能耗的出行方式，具有非常重要的意义。绿色交通理论一方面阐明了减少城市交通能耗的方式方法，同时从侧面反映出通过设计和建造倡导绿色交通的城市道路，能够有效地增强城市交通的整体节能效益。

2. 城市道路节能概念的界定

可持续发展战略的根本是控制人口、节约资源和保护环境，节约资源是它的最终目的之一；绿色交通旨在建设方便快速、安全高效率、低公害的多元化城市交通系统，推动城市的可持续发展，其间接结果是城市道路运输的油耗节约。《绿色建筑评价标准》将绿色建筑定义为在建筑的全寿命周期内，最大限度地节约资源（节能、节地、节水、节材）、保护环境和减少污染，为了人们提供健康、适用和高效的使用空间，与自然和谐共生的建筑。在道路行业中，国内一些学者从不同角度提出了绿色公路、低碳公路、节

约型公路等，从不同角度深化了道路行业可持续发展概念，同时国内外学者在环境保护和生态平衡方面已进行了部分道路环境影响评价的深入的研究工作。

（二）城市道路节能的本质和实现途径

城市道路节能的本质是建造可持续发展的城市道路，在满足人们交通需求的同时，注重资源能源的合理利用。综合国内外相关的研究成果可以知道，城市道路节能涉及的范围较为广泛，关联对象较多。一方面它包括了城市道路建设与城市资源能源投入的关系，如城市道路建设期间的筑路材料投入和施工机具的能耗关系；另一方面它包括了城市道路服务状况与城市资源能源消耗的关系，比如道路建设与行驶车辆在里程缩短、通行条件改善等方面的行驶油耗节约的关系。

城市道路节能的实现途径可以从以下四个方面考虑：

第一，满足合理的道路交通需求；

第二，优化建设过程和进行资源充分利用；

第三，降低道路运营能耗和行驶车辆的油耗；

第四，优化路用资源分配，倡导绿色出行。

（三）城市道路节能因素分析

1. 城市道路规模影响因素分析

（1）道路规模的确定与资源利用效率

由于城市道路满足其需要的基本通行能力是进行一切道路节能优化设计的前提，因而通过合理规划道路等级以实现道路通行功能，也是进行道路节能评价的重要步骤。城市道路规划设计需要根据实际通行需求，合理确定待建道路的道路等级，既要避免道路等级设置过高而造成建设资源能源的浪费及道路功能和交通需求的不匹配，又要避免道路等级设置过低而造成道路设计使用年限内道路通行不够，延误车辆的通行效率和增加不必要的车辆燃油消耗，同时需避免提前进行道路扩建或改建而造成更大的资源和能源浪费。综上所述，选定合理的道路建设规模一方面能极大提高城市道路的实际使用寿命；另一方面，根据不同等级城市道路在满足交通性能和生活性能偏重的不同，确定的待建道路等级，会对整条道路在设计使用年限内能否提供舒适安全的行驶路况、交通条件以及生活便捷需求产生影响。确定待建道路设计等级是否节能，可以从道路的通行能力、道路服务水平、通行后的交通分流能力等方面予以考虑。

（2）实际行车速度与油耗节约分析

车辆的实际行驶速度与车辆油耗存在重要联系，根据相关研究，当汽车车速保持在"经济时速"范围内，汽车的百公里油耗最低。在城市道路行车油耗问题中，还存在拥堵、非机动车和行人干扰等行驶阻抗干扰问题，如何尽量让汽车减少了停车、制动等改变原有运行状态的行驶动作，尽量使汽车在经济速度下连续行驶，是汽车行驶节能与道路状况关系分析中，需要重点考虑的环节。

2. 城市道路选线节能因素分析

城市道路几何线形设计与道路的总里程相互影响和关联，在不考虑道路总里程的情况下，道路的几何线形选择间接影响城市道路筑路材料的投入量，而线形选择对运行车

（1）交叉口设计通行能力分析

交叉口是城市道路车流、人流相互衔接的重要环节，也是道路交通能否畅通节能的瓶颈部位。无论交叉口是否采用了交通管制，车辆在交叉口处均需要经过一个减速，停车、启动、加速的车辆行驶过程，其中所产生的通行延误往往降低了道路的平均行车速度。一般认为，在城市道路中车辆通过交叉门时比正常行驶路段消耗更多的燃料。不同的交叉口由于具有不同的通行能力，其车辆通过油耗也有所差别。比如，当采用立体交叉时，相交道路上的车辆互不影响，车辆能大体保持各自在进入交叉口前的行车速度；当采用平面交叉时，不同的交叉方式对车辆运行流畅度的影响差别较大，如采用多路交叉、错位交叉、畸形交叉，其交叉口通行能力会相对降低。因此，道路的交叉方式、交叉口间距和位置布设，都直接影响着道路的通行节能状况。

（2）城市道路平面线形节能影响分析

城市道路的平面线形设计需要与实际地形保持协调，合理的道路平面线形设计能够有效节约道路建设过程中筑路材料的投入地。同时，由于汽车在进出平曲线特别是较小平曲线时会经历换挡进行减速、匀速、加速的过程，这就使得车辆动能大 M 损失，同时车辆滚动阻力和内摩阻力增大，导致了车辆油耗量急剧增加。因此，控制车辆进出平曲线的次数也是道路线形节约油耗的关键因素。现有的部分研究认为，平曲线的半径关系到车辆速度变化的突变程度，决定了车辆每一次换挡的能耗损失，在平面设计节能因素中也需要考虑。

（3）城市道路纵断面线形节能影响分析

城市道路纵断面设计中，不同的道路纵坡设计对道路节能会产生较大影响。首先，道路纵断面设计是否贴近实际地形，对道路沿线地貌资源的破坏大小和道路土方填挖方量有直接影响；其次，根据现有研究，当道路纵坡超过 3% 后，车辆油耗增加比例随着道路纵坡的增大而增加，同时随着爬坡行驶距离的增加，车辆上坡时燃油消耗持续增大；最后，在汽车下坡时需要采取制动，制动过程中汽车的动能通过摩擦转化为热能耗散掉，是一个能量进一步地耗损过程。总的来说，随着道路纵坡的不断增加，车辆通行油耗也会持续增加，而节能效果也会逐渐降低。

（4）城市道路占地、拆迁量节能影响分析

不同的选线设计对项目沿线土地资源占用情况、房屋拆迁量会产生较大影响由于道路总里程直接关系到项目筑路材料的消耗量和行驶车辆的通行里程，同时基于我国人均耕地资源紧缺的现状，在满足道路项目基本功能的前提下，道路选线节能设计评价需考量新建道路线形农林土地占用比率。同时，新建的城市道路可能涉及沿线建筑物拆迁，考虑：到建筑在其本身的使用年限内需要终止使用并异地重建，这又是一个建筑资源浪费的过程，道路节能设计也需考虑道路沿线的拆迁规模。

3. 城市道路路面结构设计节能因素影响

（1）城市道路路面节能性能影响分析

道路的路面状况会直接影响行驶车辆的行车速度、行车安全和舒适性。根据相关的研究成果，高等级路面在提高行车速度，增强车辆行驶的安全性和舒适性方面占有极大优势。例如，沥青路面与砂石路面相比，行车速度可以提高到 1.7～2 倍，轮胎使用寿命增加约 20%；与在非高架路面上行驶相比，汽车在高级或者次高级路面上行驶能够节约 20%～30% 的燃油。

（2）城市道路筑路材料节能影响分析

目前，沥青、砂石、混凝土等筑路材料的再生利用技术正在逐步完善，利用这些废旧路面材料的再生利用技术能够提高筑路自然资源的利用率，同时避免需要生产新材料过程的能源消耗，从而在较大程度上实现节能。在路面结构设计中，再生利用建材的使

用比例是一个极为重要的节能因素

二、城市道路建设节能环保问题分析

（一）城市道路施工环保节能概念

道路施工应该将环保节能作为主要的诉求点，施工单位应该利用一些新技术、新设备对资源和能源进行有效利用，做好控制工作。首先，交通工程要掌握一些节能技术，利用先进的节能技术来实现提高舒适程度的目标。交通工程施工节能技术在施工领域具有很高的价值，一般我们认为，道路施工环保节能概念就是指在道路的施工过程中，通过对节能技术的运用，从而达到了控制消耗能源的目的，采用各种节能技术的有效运用完成对能源和资源消耗的控制，达到节能和环保的效果，并且还可以在确保过程质量的前提下，形成道路施工的新型技术体系。道路施工环保节能概念应该被牢记，交通工程不应该以牺牲环境为代价为大家造福，而是应该在兼顾环境平衡不受破坏的条件下为人民造福。

（二）城市道路中的节能设计

1. 电力节能

路灯用电消耗为直接耗能，其一般可通过如下的技术措施实现节能目的：第一，对于高压钠灯、汞灯和无极灯等灯具进行单灯电容补偿，补偿后，其功率应不小于0.85；第，近年来，LED 路灯以其绿色环保、低功耗、光效高、光利用率高、使用寿命长等优点而逐步成为现在路灯市场以及上的主流产品。LED 路灯的使用，相比传统的高压钠灯节能20% ～ 35%；第三，选择电缆除满足压降、灵敏度等基本参数要求外，应结合经济电流密度选用方式，以降低运行中电缆的铜%；第四，安装智能照明系统，实现照明控制，以按需调控模式，将照明所形成的电力损耗显著降低。智能照明系统可以是集中的，也可以是单灯体的，具体可以根据实际需要和综合造价整体考虑选用。

（1）电器自控设计

采取全线自动化控制体系，经计算机精确监测，对机电设备落实智能控制体系采取信息网络，实现集中监视、分散控制等各项控制措施结合。使用变压器应该尽量处于负荷中心，从而缩短供电距离。短距离供电能减少在供电过程中的电路损耗。低压侧可将

无功补偿措施安置，可实现集中补偿模式，能确保线路无功传输减少，能减少电能损耗，实现节能目的。泵站动力负荷，可以采用电机变频调速方式，以集水池中实际水压自动调节水泵电机的加减泵，以及调节其转速，达到最佳节能效果。

（2）照明设计的节能措施

因为城市道路的工程虽比较大，且线路较为复杂，采取风光互补的 LED 路灯，其

工程作业量比较小，且安装运输便捷－省时省力，能将埋管、放线等步骤省略，能节省大量的材料费、人工费、运输管理费、电力费等各种费用。最关键的是，其后期几乎是零成本运行，不需要支付昂贵的电能消耗费用。风光互补太阳能路灯能够实现风能发电、太阳能发电，不需承担电费，也不消耗市区电力，在风光互补灯安装时，也能减少电缆费用的支出。可见采取风光互补灯在市政道路工程中使用能实现减少投入，并充分将地理优势合理采用，丰富的风资源和太阳能资源，可缓解传统发电中的能源消耗问题。

2. 工艺设计

在排水管道中，使用防腐蚀、耐磨的塑料管道，在节约成本投入的基础上，也能减少水摩擦，减少水在输送过程中造成的损失，可实现费用降低，有一定的节能效果。污水管道工程中，需尽量采取重力敷设，提升高度，缩减污水泵站的数量，可降低运行费用，以此实现在运行过程中，减少使用费的支出。对给水中的管网，需对其平差进行计算，确保管网的使用尽量合理化，减少不合理费用支出，减少运行费用，提高其运作效率。

3. 燃油节能

在汽车行驶过程中，会对燃油消耗造成影响的因素较多，除去汽车本身因素外，道路、交通、行驶状况等，都是导致汽车行驶燃油消耗的主要原因，可表现为以下几个方面：

（1）车辆特点

在汽车行驶过程中，对燃油情况造成影响的因素有物理特性，以及汽车的形式特性、汽车载重、汽车重量、发动机转速、功率等，都是导致燃油损耗的主要因素。

（2）道路调节因素

道路条件包括几何特征，有曲率、纵坡、路面宽度等因素；路面特征包括平整度。道路纵断面线性、道路平面线性都需要做合理设计，并且尽量缩短长度，保持线性优美。

（3）交通状况因素

交通条件是道路的服务水平情况，其中包括交通流大小、混合交通情况、离散程度、横向干扰程度、行人干扰程度、交通设施完善程度、车辆行驶速度等。在设计过程中，根据交通流量预测，优化交通方案，合理确定道路的断面形式，行人设施、节点交通组织等进行设计，从而达到了提高道路服务能力和通行能力，确保道路功能最大限度的发挥其功效，实现最佳节能效果。

（4）地域因素

对于项目所在地的交通管理状态，也应该考虑在内，当地驾驶人员较为普遍的驾驶行为，也是在燃油节能的设计中需要考虑的内容。

（三）加强道路施工环保节能的措施

1. 加强道路施工中的节能环保意识

作为施工单位或者工程人员，要想做好节能环保的工作，就必须从内心认清其重要性，从意识里面认清环保节能的意义。

第一，有关部门和负责单位应该大力宣传道路施工环保节能知识，多开展一些宣传活动。特别是在工程的前期，这样既可以使施工单位充分认识环保节能的重要性，还可以引导社会公众提高对于节能环保施工的认识，增强各自的社会责任感，最重要的是能够使大家自发地形成一种节能环保的自觉性。

第二，充分利用交通业的人力资源优势，加强培养技术型人才、管理型人才、一线的施工工人等等，要尽可能地让大多数的道路施工人员事先了解掌握节能环保施工的要求、原则、方法等，以便在工程施工中及时的、灵活地运用，保证实施效果。

第三，树立一些环保节能的典型企业单位，并且通过一些报纸、电视等宣传媒介大力宣传其优秀经验，在道路施工行业形成一个良好的示范作用，起到带头作用，可以给整个行业带来良好的循环。

2. 加强施工阶段的环保监测管理

交通工程项目施工的过程中，难免会发生一些毁林占地的现象，还有就是对空气造成污染，对水资源的破坏，甚至是造成水土污染等，这些问题都需要相关部门的监测和管理。环保行政管理部门应该认真履行职责，定期对道路施工项目进行监督，对于施工中的污染超标问题要进行揭发和控制；对严重破坏环境并且不配合整改的施工单位，则应通过法律手段强行制止其不良行为，确保环境得到保护。

3. 采用先进设备

交通工程施工企业在施工过程中，应该采用一些先进的施工设备和施工技术，切记不要：故步自封。只有不断地进行自我改进和完善，才能保障道路工程使用后性能的最大化。采用先进设备，不但可以提高工程质量，还可以最大化地减少污染物排放量，特别是道路施工产生的废水、废渣等。在道路施工中，一定要结合现场的时间环境情况，保护周围的生态环境，针对不同的条件提出不同的方案，千万不要破坏周边的环境，一定要因地制宜。另外，在道路施工的过程中，要将隔离防护设备提前设置好，工程中的项目在实施时应该采取封闭式，尽量减少施工中产生的污水、噪声等。道路施工中产生的污染物，比如粉尘，如果处理不好会对人体造成直接伤害。

第三节 城市道路建设的可持续发展

环境保护与可持续发展是当今社会的两大主题，为了发挥公路事业对全面建设小康社会这一战略目标的支撑与先导的重要作用，公路建设必须坚持可持续发展战略，构建安全舒适的行车环境，协调好公路建设与自然生态环境保护的关系，为人民提供了安全、便捷、环保的运输服务。因此，公路建设应坚决贯彻以人为本的理念，坚持走可持续发展道路，构建质量效益型、资源节约型及环境友好型的公路事业。

一、概述

（一）可持续发展定义、内涵及原则

1. 可持续发展定义

作为一个具有强大综合性和交叉性的研究领域，可持续发展涉及众多的学科，产生了不同的定义。生态学家着重从自然方面定义可持续发展，理解可持续发展是不可超越环境系统更新能力的人类社会发展；经济学家着重从经济方面定义可持续发展，理解可持续发展是在保持自然资源质量和其持久供应能力的前提下，使经济的净利益增加到最大限度；社会学家从社会角度定义可持续发展，理解可持续发展是在不超出维持生态系统承受能力的情况下，尽可能地改善人类的生活品质，科技工作者更多地从技术角度定义可持续发展，把可持续发展理解为了是建立极少产生废料和污染物的工艺或技术系统。目前在最概括的意义上得到国际社会接受和认可的定义就是指既满足当代人的需要，又不损害子孙后代满足其需求能力的发展。

2. 可持续发展的思想内涵

可持续发展战略的思想基础是生态文明与人的和谐行动，准则是整体观念和未来取向；根本战略是控制人口、节约资源、保护环境；操作系统是政府行为、科技导向和公众参与。

在未来的发展战略中，其内涵概括起来有下述三个方面，即持续性、持续发展及持续利用；持续性指一种可以长久维持的过程或者状态的特性，这种长久维持的过程或状态是以不破坏其原有系统结构和运动机能为最低限度，它是由生态持续性、经济持续性、社会持续性三部分组成。持续发展为既满足当代的需求，又不对后代满足其需求能力构成危害的发展战略，是不以破坏自然生态为代价的有效使用资源，以此满足人们需求的发展战略。持续利用指人们在开发利用资源时，对可再生资源的开发速度不能大于其再生速度，否则将切断可再生资源的再生和生态平衡连续性的恢复，使其向着不可逆转的

方向衰落、消亡。

3. 可持续发展的原则

（1）以发展为主题

发展是人类共同的权利与需求，是国家实力和社会财富的体现。对发展中国家而言，只有发展才能减少贫富悬殊，人口骤增和生态危机提供必要的技术和资金。发展是可持续发展的前提，离开发展这个基础，可持续发展就无从谈起。

（2）体现公平

在可持续发展中，它要求现有的发展主体对自己的发展行动采取某种程度的自律。首先体现未来取向的代际平等，它强调当代人在寻求自身发展的同时，承认子孙后代有同等的发展机会，不损害后人的生存发展和拥有的资源财富；其次，体现整体观念的代内平等，任何地区的发展不能以损害别的地区的发展为代价，特别是要足够充分地维护弱发展地区的需求，要求在区域内部和不同区域之间，从成本效益角度实现资源利用与保护两者的公平负担与分配。

（3）环境保护与资源限制利用

发展要以环境资源的支撑为前提，以环境容量为限度，与资源和环境的承载力相协调。发展的同时必须保护和改善地球生态环境，保证用持续的方式使用可再生资源，使人类的发展控制在地球承载能力之内。

（4）多元的价值观

在可持续发展前提下，衡量一个国家、地区或城市发展的指标不再为单纯的经济增长，它不仅包括经济增长，而且包括改善人类生活质量、提高人类健康、提高社会福利、协调生活环境等。最近世界各国已开始采用"人类发展指数"以代替传统的人均国民生产总值，以求更为全面地反映社会持续发展的优劣。

（二）城市建设中的可持续发展观念

1. 城市建设中必须贯彻可持续发展观念

城市是国民经济的命脉。城市可看作一个有机的生命体，从功能上说，道路是它的血管，绿地是它的肺，政府是它的大脑，通讯设施是它的神经，给排水是它的排泄渠道等等。哪一部分出了问题，整个城市也就会出问题。城市包括了建成区、城乡边缘带、郊区三部分，而城乡边缘带是实现可持续发展最关键的部位。目前在我国，城市建设中投入最大、发展最快的往往就是城乡边缘带，因为城市的扩展主要体现为城乡边缘带通过开发建设逐步变为新的建成区。城市建设中的偏差也往往出现在城乡边缘带的建设过程中。由于城乡管理机构、管理体制、管理方式的不同，城市建设管理的难点通常也集中于这个过程。当然，建成区也有旧城改造和公共基础设施更新改造、扩建以及新建的管理问题：郊区也有农村建设、村镇建设和向城乡边缘带转变的管理、指导、控制问题。但是在目前我国城市化进程加速的情况下，如何在城市建设中以能力建设为动力和保障，实现以人为本的自然——经社会复合系统相互协调的发展，即如何在建设中实现城市经济社会的可持续发展，在新城区建设中问题最集中、最突出以及最迫切需要解决。

2. 城市建设中可持续发展观念的内容

目前我国城市化进程正在全面提速，与它相联系的城市道路交通建设也在全国范围内大规模、高速度地进行。在城市建设中，必须始终全面坚持可持续发展的观念。

（1）自觉控制城市建设规模、速度、方向、结构的观念

城市建设是人类一种有意识的经济活动，它受到一系列主客观因素的制约，不能无限扩大、随意进行。可持续发展要控制三个变量，即"能源""生物多样性"和"空间"在空间控制上要着重控制城市空间，因为人类生存的空间必须与能源（以及清洁的水源和其他资源）的可持续供应能力相适应，与生物多样性和谐共存所需要的空间相协调。城市是人类活动高度密集的空间，实际上是用空间换取时间，即通过高密度的空间聚集实现城市生活节奏的加快，来节省时间。但城市的快节奏生活又以能源、水资源和其他资源的高消耗为代价，以挤压占领自然界各种生物的生存空间和生物多样性的恶化为代价，这样的城市空间扩展和作为其先行措施、基础活动的城市建设是缺乏可持续性的从长远看、从人与其他生物共有的唯一家园即地球的整体来看，也是得不偿失、弊大于利。

（2）城市建设与环境、社会、经济动态协调的观念

城市建设中的经济、环境、社会"三位一体"协调发展，要求城市建设不仅承担起为城市经济、周边区域经济以及国民经济可持续发展提供基础条件和先行结构的功能，而且承担起保护环境、美化环境、改善环境（包括维护生态、节约资源）的功能，以及服务社会、便利社会、安定社会、凝聚社会（包括了稳定人口、改善人口）的功能。城市建设过程中必须重视这三种功能的动态协调和全面兼顾，使城市经济、社会、环境在动态协调状态下实现可持续发展。

城市建设的经济功能主要是为人类在空间上高度聚集的经济活动提供完善的基础设施、服务设施和充分有效的集中空间。从可持续发展战略角度来看，城市建设必须在为人类的城市经济活动提供日益改善的适宜空间的同时，也为了人类其他方面、其他类型的经济活动保留足够的、未被城市建设活动破坏的完好空间，并为人类世世代代可持续地经济活动保留进一步开拓城市空间的余地。这就要求在城市建设中必须兼顾城市与非城市，兼顾目前和未来，兼顾建设和保护，兼顾城市建设的局部直接经济效益和整体长期经济效益。

城市道路建设的环境功能主要是实现城市建设活动与环境（包括自然环境、人文环境、生态系统、自然资源以及历史文化资源等）的良性适应。应该从可持续发展的视角，把城市道理看作一种兼具自然特征与人文特征的复合生态系统，并且保持这个系统的动态平衡和自我完善。在城市道理建设中，从建设规划阶段就要充分重视建设形成的人造

环境与自然环境的协调，重视建设形成的人类聚集空间与大自然生态空间的协调；在城市道路建设的施工阶段，要特别强调采用"绿色"设计、"绿色"技术、"绿色"工艺和"绿色"材料，强调对环境、生态的保护和对资源的节约使用。

总之，城市道路建设要全面兼顾经济功能、环境功能、社会功能（包括文化功能，特别是美学功能），协调城市道路建设与经济、环境以及社会的关系，让居民在赏心悦目、方便舒适的城市中享受现代城市文明的成果。

（3）城市道路建设与伦理道德文明建设综合配套的观念

城市道路建设属于物质文明建设活动，它必须与精神文明建设、政治文明建设同步进行。"以人为本"的发展观就是一种关心"每一个人自由而全面的发展"（马克思语）的崇高的伦理道德观念，是现代精神文明的体现。从可持续发展的角度看，"以人为本"就是要让每一个人都共同享受发展带来的利益，而不论这个人是有钱人还是穷人，是城里人还是乡下人，是发达国家的人还是发展中国家甚至最不发达国家的人，是目前正在从事经济、政治、文化等活动的人还是下一代人乃至许多代以后人。城市道路建设的"文明施工"，不仅是对施工现场的建设人员而言的，而且是对城市道路建设的指导思想、规划设计、建设施工、监督管理等整个系统、整个过程、整个活动和所有参与者而言的。

因此，城市道路建设的服务对象绝不能局限于城市的现有居民，更不能为了这一部分人而损害、牺牲其他人的利益。城市建设应该尽可能地少占耕地，以免在保障城市居民利益的同时损害农民利益；如果因道路建设需要而不得不依法征用耕地（以及牧场、经济林等），就必须给被征地者合理的经济补偿，并且在可能时安排好其中有劳动力者的就业出路。城市道路建设不得向城外倾倒建筑垃圾和向非城市居民输出污染。城市道路建设在规模、速度等方面的自觉控制也具有文明道德方面的意义，不能为了目前这一代城市居民的利益而占用过多土地，以致后代人没有足够的生存空间和发展余地；不能超过城市现有财力而搞太大规模的城市建设，不论是借长期债务来填补资金缺口，还是紧打紧算搞"半拉子工程"或不配套、不完整的城市道路建设，都是对子孙后代利益的侵犯都可能妨碍后代人的发展。城市道路建设如果技术、工艺及效率水平低，也可能占用和浪费过多的资源，同样对不起子孙后代。

（4）通过城市道路建设不断自我提高、自我完善的观念

可持续发展战略要求全面建设人的科技能力、体制能力、教育能力，以人的全面发展保障经济、社会、环境的可持续发展，以后者的可持续发展实现人的能力与素质的全面发展。从可持续发展的角度来要求城市道路建设中的能力建设，就不仅要通过城市道路建设形成和提高城市的经济能力（包括生产能力、流通能力、服务能力、经营管理能力、创新能力等），而且要通过城市道路建设提高城市和全社会的科技文化能力、组织制度能力、思想影响能力等等，使城市道路建设成为人类不断进步的火车头，成为人类自我提高、自我完善的重要手段。

在城市道路建设中，城市建设的科技文化能力包括两个方面要求：一方面，应当在

城市道路建设中积极应用当代优秀科技成果，采用了高效率、高精密度、高处理能力的先进技术设备，提高城市道路建设活动的科技含量和科学水平。例如，深圳市在全国最早建立达到国际先进水平的国土管理信息化系统，云南建工集团也建立了相当先进的管理信息系统。这样，就可以在科学理论的指导和科学方法、科学手段的支持下，更好地实现城市道路建设的自觉控制，城市道路建设与经济、环境、社会的全面协调，以及城市道路建设与精神文明建设的密切配合；另一方面，应当在城市规划设计和建设实践中，注重设计和建设数字化城市，用于现代信息技术、计算机控制技术和网络技术武装城市，全面提高城市经济生活、政治生活、文化生活等的实时化程度、敏捷程度、灵活程度、有效程度、合理程度、协调程度、开放程度和国际化程度。

二、城市道路建设可持续发展的策略

（一）正确做出城市道路交通现状调查

从影响路网容量的因素看，道路基础设施作为机动车交通的载体只是反映了硬件条件。除此之外，路网的承受能力与城市交通宏观政策和管理也具有密切关系。这方面牵涉到对私人机动车的使用和管理政策、对出租车发展的政策和对外来车辆的管理政策等等。应调查、收集的资料包括：交通网络结构及道路几何要素资料、历史道路交通量及流向资料、现有交通管理设施及效果资料等。道路网究竟能承受多少机动车保有量，这是城市决策者需要把握的问题，要对交通发展的进度做出正确评估从而合理地分配和使用道路资源。

（二）制定交通发展策略，为城市交通提供必要的管制和调控

交通系统的规划是城市规划的有机组成部分，在国家总体规划的框架之下，交通系统发展的基本目标应以建立整合、高效、经济的道路交通网络，并使之持续满足国家、人民的需要。在确保环境质量的前提下，优化利用现有交通资源和保证公共交通的通畅。如今中国的大中城市，随着人流量、车辆的骤增，交通堵塞、拥挤现象愈来愈严重，而城市的地理条件也决定了不可能通过扩张来适应不断地增长的交通需求。那么就只有通过充分发挥现有土地与交通资源的潜力，合理控制交通需求的增长，才有可能用有限的资源保证道路交通战略基本目标的实现。

（三）制定高水平的设计方案

市政道路多为政府财政筹集资金，在确定质量、进度、投资目标时有可能产生较大的随意性。另外，市政道路设计时要结合本城市的近期规划和长远期规划，综合考虑与给排水、电力、燃气以及通信等管线的平面布置和交叉，避免发生大幅调整路线和管线布置冲突等现象。因此，建设单位在整个设计过程中要与设计单位保持良好沟通和联系，

协调好各个管线单位间的关系，尽可能让设计单位交出高水平的设计方案。

（四）制定科学的城市交通发展模式

宏观交通发展战略规划的目的是制定城市交通发展政策，影响、优化交通结构。优化城市交通结构的本质是优化城市道路资源的利用。它通过交通政策的引导来实现，而政策的实施需要强有力的保障体系。在制定城市交通发展模式的过程中，应重视发展的观念。只有通过发展，逐步实现了城市和国家的现代化，问题方能解决。机动化汽车技术要发展，城市也要发展，要通过城市的发展，适应城市机动化进程和汽车技术的合理发展。对城市建设用地的发展和道路交通设施的建设资金给予必要的保证。要有可持续发展的观念，近期的发展建设不要为远期的发展制造障碍，不能只顾经济效益而忽视社会效益和环境效益，要为远期的发展留有余地。

（五）加大立法执法力度并大力宣传交通法规

首先，成立城市交通对策委员会。研究协调解决城市交通问题，从供求方面采取措施，科学制定交通法规进行综合治理；其次，严加治理交通污染。集中科技力量攻关，消减汽车尾气。严禁汽车喇叭鸣放的规定要继续执行，尽力制止和避免对于城市交通规划管理的人为干扰，维护管理法规的严肃性。

（六）建立快捷高效的城市公共交通运输体系

统一对快速路、主干道、次干道及支路的认识，明确各类道路的技术标准、用地布局及交通管理要求，倡导系统性原则、远近期结合原则。为适应城市交通的机动化挑战，道路规划设计标准必须体现可持续发展思想，应大力提倡"高标准规划，严过程管理"，必须进行城市机动车、非机动车、行人专用系统设计，实现了交通空间分流。此外，还必须大力开展交叉口改造设计和管理，借助平面交叉口使通行能力的大幅度提高，实现节点通畅。

三、城市道路可持续发展的保障体系建设

（一）打造城市道路可持续发展的保障体系

1. 建立城市道路综合管理长效机制

城市道路的规划、设计、建设和管养，这四个环节是一个有机整体，密不可分，但目前我国却将这四个环节分别归属不同的部门管理。这种分割管理模式容易产生各自为阵、政出多门、职能不清的弊端，导致城市道路建设管理缺乏协调性、一致性和长远眼光。所以，成立包括上述各部分的政府综合协调机构，建立城市道路从政策研究制定到实施推进，从规划建设到管理，从技术标准规范制定到专业技术培训执行的一体化协调

管理机制，可有效提高城市道路建设管理的效能和效益。对城市道路设施实行以政府决策为主导、专家和市民多元主体参与和监督的建设路线，能促进对城市资源的高效配置和使用，是实现城市道路可持续发展的重要保障。

2. 健全城市道路管理法规规章体系

城市道路法制化、规范化建设管理是城市道路可持续发展的法制保障。为解决城市道路可持续发展问题和各地执法依据及管理办法不足的矛盾，可采取以下几点措施：一是尽快完善已颁布法规和管理文件中对城市道路管理的空白之处；二是可以结合发展需求推出新的行政规章和规范性、政策性文件并在实施中完善，逐步完善规章政策体系这样可以在很大程度上缓解当前依法行政与管理滞后的矛盾。

3. 形成城市道路发展资金保障制度

资金问题是制约城市道路发展的瓶颈之一。为保证城市道路的可持续发展，应采取多种投资渠道，加大道路资金投入，加快形成城市道路建设、管理和养护维修资金稳定、规范的财政投入机制和资金管理制度。根据我国实际情况，借鉴国外经验，可选用的城市道路建设投资渠道有：将车辆购置税费燃油税的一部分作为城市道路建设资金，鼓励城市开辟多种渠道筹集建设资金并制定建设资金筹集管理办法，鼓励银行等金融机构参与城市道路建设投资，鼓励民间资本参与城市道路建设投资并制定相应政策。

4. 加大技术保障、人才队伍的建设力度

（1）技术保障

完善城市道路技术标准和规范，与时俱进地适度超前规划建设，加强城市道路管理，保障道路完好，发挥设施功能，促进了经济社会和城市道路的可持续发展。

（2）人才培养

城市道路领域技术人员的专业背景主要包括土木工程、交通工程、市政工程、城市规划及道路工程等相关专业。为适应城市道路快速发展，壮大道路建设和管理人才队伍满足可持续发展的需要，必须加强城市道路技术专业人才与市政相关人才的教育和培训。

（二）实现城市道路可持续发展的配套措施

1. 城市道路可持续发展的规划

（1）实施适度超前战略，促进经济社会发展以往的城市道路规划前瞻性不足，规模标准不尽合理，难以达成预想目标

不少城市道路在红线规划时，往往仅注重道路路幅宽度，并未考虑快慢车道的合理分配及断面形式的远近期结合，对于道路两旁的建筑用地控制也不充分，难以立足未来渐进发展。基础设施建设对促进城市经济发展有重要作用。

为跟上经济增长和生态文明建设步伐，发挥城市道路全局性、先导性及基础性作用，

必须实施道路规划建设投资适度超前战略，以满足设计寿命和相当时期的交通发展需要。

（2）提倡路网系统规划，做到近远期结合

为适应城市交通的机动化挑战，道路规划必须体现可持续发展思想，通过道路功能的合理定位，促进城市经济发展。必须进行城市机动车、非机动车、行人通行系统设计，实现交通空间分流。对分期实施道路，在道路断面分配时可适当考虑较宽的人行道、分隔带，而不必将远期所需机动车道宽度一次建成，待需要时再进行道路拓宽改造。

（3）贯彻"以人为本"原则，凸显城市人文积淀

城市道路交通的核心是为人服务，在道路规划时，必须重视街道景观及居民步行空间等要素，进而改善市民出行环境，营造良好宜居空间。规划决策必须高瞻远瞩，不能就规划谈规划、就道路谈道路，应当有重点、有选择地保护部分景观优美、历史文脉深厚、具有代表性的历史街区，实现历史文脉的传承和发展，不因满足当代人的需求而对后代利益造成损害，从而实现城市道路与生态文明的和谐发展。

（4）坚持整体观念，完善路网规划

以往城市在道路规划中，存在重视主干路、忽视次干道、支路的建设现象，导致路网级配不合理，违背城市道路可持续发展的有序性、协调性原则。经验表明，从快速路、主干路至支路，合理的路网级配应为"金字塔"形，而我国绝大多数城市路网结构却为"倒三角""纺锤"形，支路网密度指标远小于国标 $3 \sim 4km/km^2$ 的要求。因此应大幅度提高路网密度，特别是支路及次干路网密度，调整路网层次结构，提高路网的整体供应和服务水平。

（5）立足创新提高，完善规划设计标准

我国现行的《城市道路交通规划设计规范》其前身是《城市道路设计规范》。两部规范施行、修编间隔时间太长，跟不上时代发展需要，导致可执行力不强。为提高城市道路规划设计的科学性和合理性，应该及时修编规范，增强适用性、强制性和可操作性。

2. 城市道路可持续发展的设计

（1）提倡人性化城市道路设计理念，完善道路设施功能

城市道路不仅要发挥交通功能，还赋予生活服务功能和文化艺术功能。可持续发展要求更加注重道路设计的文化、环境以及艺术等方面的要求，将城市道路功能细化，注重市民拥有良好的生活空间。道路设计还应考虑伤残人、老人和儿童等行走不便群体的特殊要求，注重盲道、无障碍设计。城市交通系统、通讯设施系统、能源供应系统、给排水系统、城市环境系统和城市防灾系统等各类依附道路的设施要求同步设计。

（2）重视交叉口渠化设计及改造，消除道路"瓶颈"现象

以往的道路建设往往忽视慢行系统设计，造成道路交通流在同一断面混合行驶，交

又口机动车、非机动车和行人相互干扰严重。路段与交叉口（或桥梁）通行能力不匹配，严重制约着道路功能的发挥，甚至影响城市整体运行。因此，对于新建道路，必须根据车辆几何尺寸、设计时速等指标进行横断面优化和交叉口拓展；而在城市建成区，由于受自然、人文、环境、经济等因素制约，进行道路大幅度建设及现状道路全线拓宽已不现实，所以更要通过交叉口渠化、桥梁拓宽等方式实现节点通畅，提高了道路通行能力。

（3）降低能源消耗和对环境资源的破坏

道路设计应考虑节约能源和材料，使用环保节能、可重复利用材料和便于日后养护维修的材料，提高材料耐久性和使用寿命。应在工程方案中优化结构设计，减少原材料消耗，把对自然环境、资源的破坏降到最低。道路景观应合理利用原有环境资源和历史文化背景，尽可能保持所在地区生物多样性并降低对自然环境影响，不盲目追求人造效果，使道路和周边环境有机结合、相得益彰。

3．城市道路可持续发展的建设

（1）把城市道路工程质量放在首位

要保证城市道路工程质量，首先，设计、建设、监理、施工各方应履行好自己的职责，以工程的高质量为前提，发挥各自的优势，密切合作、协调管理，从根本做好质量控制。对道路质量通病，应采取有效解决办法：其次，应避免将城市道路"民心工程"异化为"面子工程"的情况出现，这将导致施工工序难以规范操作，使工程质量控制流于形式。

（2）应用先进技术和工艺

推行先进的施工材料、机械设备和工艺方法，从而提高工效、保证质量、缩短工期、节省投资，取得最佳社会经济环境效益。比如，相较以前的沥青灌入式道路，推广厂拌灰土路基、水泥稳定碎石基层、沥青混合料面层的结构组合，既可保证质量、节约工期，又可减少对环境的污染。

（3）在建设过程中尽可能减少不良影响，从而提高可持续性

具体措施有：第一，尽量减小交通干扰；第二，降低施工噪声；第三，使用环保节能、可再生材料；第四，维护、保护好公共设施；第五，在施工期保证通过车辆、行人的安全；第六，杜绝工地、运输扬尘和污染物排放；第七，尽量减少建筑垃圾等。

4．城市道路可持续发展的管理与养护

（1）加大城市道路管理养护经费投入，改变"重建轻养"现象

将思想理念从"重建设、轻管理，重大修、轻养护"向"建设和管养并重"转变。

随着城市路网结构的日趋完善，养护管理将逐渐成为道路系统重点工作。积极实施道路预防性养护策略，可有效延长道路使用寿命、保持了道路完好率和平整度、发挥城市道路设施功能、降低道路寿命周期成本、延长中修及大修期限，实现城市道路的可持续发展。

（2）理顺行业管理体制，明确权责关系，规范和促进行业发展

城市道路具有系统性、突发性、时效性、社会性、政治性等特点，其运行涉及城市生活、社会民生和公共利益。道路管理部门和单位为此承担着高度的社会责任和职业义务，必须理顺市、区等分级关系，保持政令畅通、形成了合力，落实各级责任并形成长效机制，对路网实施统一管理或监管，促进行业均衡健康发展。

（3）构建管理信息系统，规范行业改革发展

城市道路管理信息系统包括整个城市道路的空间信息系统，能输入大量的道路相关地理信息并对其进行动态描述，可为道路的规划管理提供科学准确数据。鉴于城市道路养护管理改革理论在指导全国工作方面基本处于缺位状态，没有规范的、统一的、具有宏观指导意义的养护管理方案。建议国家针对于市政管养行业目前的整体现状和存在症结，制定规范市政管养行业改革与发展的指导性政策文件。

（4）完善道路挖掘许可、道路占用管理程序

首先，将所有行政许可以及行政处罚进行网上阳光运行；其次，严格按照规定的要求，对城市道路挖掘行为进行全方位的监管。完备各类监管台账，做好相应的监管工作。进一步明确市、区在管理、执法上的责任范围、职责、权限，加强对违法占用、违法挖掘以及后挖掘、占用行为的监管工作；第三，加强信息沟通，建立了完善的信息平台，对任何损害市政设施的行为，及时沟通、及时查处、及时反馈和信息共享，提升管理现代化水平。

第二章　道路工程施工

第一节　道路施工概述

一、道路的特点及功能

（一）特点

近百年来，汽车运输之所以能得以迅速发展和道路及道路运输具有的一系列特点是分不开的。

1.道路的基本属性、道路建设与道路运输都是物质生产，因此它们必然具有物质生产的基本属性，即生产资料、劳动手段和劳动力。作为物质产品而存在的道路又有其特有的基本属性：公益性、商品性、灵活性、超前性以及储备性。

2.道路的经济特征道路作为一种特殊的物质产品，它还具有如下一些经济特征：

（1）道路产品是固定在广阔地域上的线形建筑物，道路建设的流动空间更大，工作地点更不固定，受到社会和自然环境影响大，具有更强的专业性。

（2）道路的生产周期和使用周期长。在使用过程中还需进行经常性的养护、维修和管理工作。

（3）道路虽是物质产品，但是不具有商品的形式。其投资费用通过道路收费（使用道路的收费和养护管理费）和运输运营收费形式来补偿。

（4）具有特殊的消费过程和消费方式。

（5）道路是作为一个完整的系统发挥其作用，为社会和经济服务的。

（二）功能

1. 公路具有的功能

（1）主要承担中、短途运输任务（短途运输为 5km 以内，中途运输为 50 ～ 200km）。

（2）补充和衔接其他运输方式，担任大运量运输（比如火车及轮船运输）的集散运输任务。

（3）在特殊条件下，也可独立担负长途运输任务，特别是随着高速公路的发展，中、长途运输的任务将逐步增大。

2. 城市道路具有的功能

（1）联系城市各部分，为城市内部各种交通服务，并担负城市对外交通的中转集散。

（2）构成城市结构布局的骨架，确定城市的格局。

（3）为防空、防火、防地震及绿化提供场地。

（4）是城市铺设各种公用设施的主要通道。

（5）为城市提供通风、采光，改善了城市生活环境。

（6）划分街坊，组织沿街建筑，表现城市建设风貌。

二、道路的组成

（一）线形组成

道路的中线是一条三维空间曲线，称为路线（Highway Route），线形就是道路中线在空间的几何形状和尺寸。

在道路线形设计中，为便于确定道路中线的位置、形状、尺寸，一般从路线平面、路线纵断面和空间线形三个方面来研究路线。道路中线在水平面上的投影叫路线平面，反映路线在平面上的形状、位置及尺寸的图形叫路线平面图。用一曲面沿道路中线竖直剖切展成的平面叫路线纵断面，反映道路中线在断面上的形状、位置及尺寸的图形叫路线纵断面图。沿道路中线上任一点所做的法向剖切面叫横断面，反映道路在横断面上的结构、尺寸形状的图形叫横断面图。空间线形通常是用线形组合、透视图法以及模型法来进行研究的。

（二）结构组成

1. 路基（Subgrade）

路基是道路结构体的基础，是由土、石材料按照一定尺寸、结构要求构成的带状土工结构物。路基必须稳定坚实。道路路基的结构、尺寸用横断面表示。

2. 路面（Pavement）

路面是在路基表面的行车部分，是用于各种筑路材料分层铺筑的结构物，以供车辆在其上以一定速度安全、舒适地行驶。路面要具有一定的强度、平整度和粗糙度。

3. 桥涵（Bridge and Culvert）

道路在跨越河流、沟谷和其他障碍物时所使用的结构物叫桥涵。桥涵是道路的横向排水系统之一。

4. 排水系统（Drainage）

为了确保路基稳定，免受自然水的侵蚀，道路还应修建排水设施。道路排水系统按其排水方向的不同可分为纵向排水系统和横向排水系统；按排水位置又分为地面排水设施和地下排水设施。地面排水设施用以排除危害路基的雨水、积水及外来水；地下排水设施主要用于降低地下水位及排除地下水。

5. 隧道（Tunnel）

隧道是为道路从地层内部或水下通过而修筑的建筑物。隧道在道路中能缩短里程，避免道路翻越山岭，保证了道路行车的平顺性。

6. 防护工程

防护工程陡峻的山坡或沿河一侧的路基边坡受水流冲刷，会威胁路段的稳定。为保证路基的稳定，加固路基边坡所修建的人工构造物称为防护工程。

7. 特殊构造物

特殊构造物除上述常见的构造物外，为保证道路连续、路基稳定，确保行车安全，还在山区地形、地质特别复杂的路段修建一些特殊结构物，如悬出路台、半山桥、防石廊等。

8. 沿线设施（Roadside Facilities）

沿线设施是道路沿线交通安全、管理、服务及环保设施的总称，主要有以下几项：

（1）交通安全设施

包括跨线桥、地下横道色灯信号、护栏、防护网、反光标志、照明等。

（2）交通管理设施

包括道路标志（如指示标志、警告标志、指路标志、禁令标志等）、路面标志、立面标志、紧急电话、道路情报板、道路监视设施、交通控制设施、交通监视设施及安全岛、交通岛、中心岛等等。

（3）防护设施

包括抗滑坡构造物、防雪走廊、防沙棚等。

（4）停车设施

指在道路沿线及起终点设置的停车场、汽车停靠站以及回车道等设施。

（5）路用房屋及其他沿线设施

包括养护房屋营运房屋、收费所、加油站、休息站等设施。

（6）绿化

包括道路分隔带，路旁、立交枢纽休息设施、人行道等处的绿化，以及道路防护林带和集中的绿化区等。

城市道路作为行车构造物同样由路基、路面桥涵等部分组成，但其特殊功能要求使得其与公路的结构组成有所不同，体现在以下组成内容：

①机动车道、非机动车道、人行道的划分。

②人行过街通道（包括地下人行通道和人行天桥）。

③交叉口、步行广场、停车场、公共汽车站。

④城市交通安全设施，比如照明设备、护栏、交通标志、交通标线、信号灯等。

⑤沿街设施如线杆，各类井、口等市政公用设施。

⑥地下铁道、高架桥、立交桥等。

⑦绿化带。

第二节　路基施工技术

一、路基施工前的准备工作

（一）熟悉设计文件

设计文件是组织工程施工的主要依据。熟悉、审核施工图纸是领会设计意图、明确工程内容、分析工程特点的重要环节。在有关施工人员熟悉图纸、充分准备的基础上，由建设单位负责人召集设计、施工、监理科研人员参加图纸会审会议。设计人员向承包人作图纸交底，讲清设计意图和对施工的主要要求。施工人员应对于图纸和有关问题提出质询，最终由设计单位吸取图纸会审中提出的合理化建议，按程序进行变更设计或作补充设计。

（二）现场踏勘

路基工程施工前，需要对现场进行勘察，确保实际情况和设计图纸保持一致，一旦发现问题，要及时调整。现场踏勘的内容主要包含以下几点。

第一，对施工有影响需要拆迁的各种建筑物、构筑物、公用事业杆线、管道和附属设施以及树木、农作物、坟墓等。

第二，因施工影响沿线建筑物、构筑物、公用事业杆线、管道安全，需要加固保护的结构、数量和确切位置。

第三，沿线需重点保护的历史文物、古迹、测量标志及军事设施等。

第四，了解沿线填方、挖方的地段和数量以及可供借土或弃土的地点。

第五，摸清沿线可利用的排水沟渠和下水道，及以往暴雨后的积水情况，以便考虑施工期间的排水措施。

第六，了解现场附近供水、供电、通信设施、运输路线、场地及其他设施的情况。

第七，对于外露的检查井、消防栓、人防通气孔等应在图上标明，以备核对，避免埋没或堵塞。

第八，了解沿线各单位因施工受到的影响情况及车辆交通影响，以便提出安排方案。

（三）编制施工大纲与施工组织

编制施工大纲是指在道路工程施工之前，需要结合设计图纸与现场踏勘的实际情况，编制施工大纲，确定施工顺序、施工方法、施工进度以及工、料计划等。

设计施工组织设计是指导施工现场全过程、规划性、全局性的技术、经济和组织的综合性文件，是施工准备工作的重要组成部分。通过对施工组织设计，能为施工企业编制施工计划，为实施施工准备工作计划提供依据，保证拟建工程施工的顺利进行。

（四）编制施工图预算和施工预算

在设计交底和图纸会审的基础上，施工组织设计已被批准，预算部门即可着手编制单位工程施工图预算和施工预算，以确定人工、材料和机械费用支出；确定人工数量、材料消耗数量及机械台班使用量等。

施工图预算是由施工单位主持，在拟建工程开工前的施工准备工作期间所编制的确定建筑安装工程造价的经济文件，是施工企业签订工程承包合同，工程结算，银行拨、贷款，进行企业经济核算的依据。

施工预算是根据施工图预算、施工图样、施工组织设计和施工定额等文件，综合企业和工程实际情况所编制的。在工程确定了承包关系以后进行，是施工单位内部经济核算和班组承包的依据。

（五）物资准备工作

物资准备工作是指施工中必需的劳动手段和施工对象的准备。它是根据各种物资需要量计划，分别落实货源、组织运输和安排储备，以保证连续施工的需要。物资准备是各种材料与机具设备购置、采集、调配、运输和储存，临时便道及工程房屋的修建，供水、供电、必需生活设施等的安装及建设等工作。

在道路施工前，各种生产、生活必需的临时设施，比如各种仓库、搅拌站、预制构件厂（站、场）、各种生产作业棚、办公用房、宿舍、食堂、文化设施等均应按施工组织需要的数量、标准、面积、位置等在施工前修建完毕。

修建完成各种生产、生活必需的临时设施后，应及时根据施工组织设计确定的材料、半成品、预制构件的数量、品种、规格以及施工机具设备，编制好物质供应计划，按计划订货和组织进货，按照施工平面图要求在指定地点堆存或入库；对沙子、碎石、钢材等材料应提前做各种试验，确定其是否满足设计要求；对各种标号混凝土提前做好配比；对施工将用的施工机械和机具需用量进行计划，按计划进场安装、检修和试运转。

施工队应提早调整，健全和充实施工组织机构，进行特殊工种、稀缺工种的技术培训，提前预招临时工和合同工，落实专业施工队伍和外包施工队伍。同时，根据地理位置、气候条件，冬、雨期施工也应做些适当准备。

（六）测量控制

路基施工前要先做好施工测量工作，包括导线复测、水准点复测与加密、中线放样、横断面检查与补测、增设水准点等。施工测量是整个公路工程施工的基础，是确保了线路、高程、尺寸、形状正确的手段，必须认真做好这项工作。

（七）试验

路基施工前，按照有关规定和要求，建立工地实验室；要对路基基底土进行相关试验，每千米至少取 2 个点。土质改变时，视具体情况增加取样点数；要及时对来源不同、性质不同的拟作为路基填料的材料进行复查和取样试验，试验项目包括天然含水量、液限、塑限、标准击实试验、CBR 试验等，必要时应进行颗粒分析、比重、有机质含量、易溶盐含量、冻胀和膨胀量等试验；比如使用特殊材料作为填料，应按相关标准做相应试验，必要时还应进行环境影响评估，经批准后方可使用。

（八）施工场地的准备

1. 搭建临时设施

现场生活和生产用地临时设施，在布置安装时，要遵照当地有关规定进行规划布置，如房屋的间距、标准是否符合卫生和防火要求，污水和垃圾的排放是否符合环境的要求等。因此，临时建筑平面图以及主要房屋结构图都应报请城市规划、市政、消防、交通、环境保护等有关部门审查批准。

各种生产、生活用的临时设施，包括各种仓库、混凝土搅拌站、预制构件场、机修站、各种生产作业棚、办公用房、宿舍、食堂、文化生活设施等，均应按批准的施工组织设计规定的数量、标准、面积、位置等要求组织修建。大、中型公路工程可分批分期修建。

2. 临时交通便道

在工地布设临时交通便道时应遵循下列原则。

临时交通道路以最短距离通往主体工程施工场所，并连接主干道路，使内外交通便利；充分利用原有道路，对于不满足使用要求的原有道路，应在充分利用的基础上对其进行改建，节约投资和施工准备时间；在本工程的施工与现有的道路、桥涵发生冲突和干扰之处，承包人都要在本工程施工之前完成改道施工或修建临时道路；利用现有的乡村道路作为临时道路，应将该乡村道路进行修整、加宽、加固及设置必要的交通标志，并经监理工程师验收合格后方可通行；工程施工期间，应配备人员对临时道路进行养护，以保证临时道路的正常通行；尽量避开洼地和河流，不建或少建临时桥梁。

3. 清理场地

清理场地也是路基工程施工前的一项重要准备工作。如场地清理不符合要求，不仅不能保证公路工程的质量，而且会严重影响整个工程的施工进度。清理场地主要包括以下工作。

在进行路基工程施工之前，需要根据设计说明书上的具体要求进行公路用地放样工作，由业主进行土地征用工作及手续的办理。作为施工单位，需要根据实际施工过程中的用地需要，向相关部门提出增加临时用地计划，并且对增加的部分进行测量，将测量的数据汇总，形成平面图，上交给相关部门，以便拆迁及临时用地手续等工作的进行。

在路基施工用地的范围内，如果有房屋、道路及各种通信及电力设施等构筑物，施工之前需要向有关部门进行协商，以便进行拆迁或改造。如果在施工地点附近存在较为危险的建筑物，那么为了保障施工安全和施工质量，需要将存在危险的建筑物加固。若在施工范围内存在文物古迹，应与相关部门进行协商，尽可能保护文物古迹。

在路基工程施工之前，需要将施工范围内的树木进行清理。可以将树木移植到路基工程的施工范围之外，如果需要砍伐树木，那么被砍伐的树木也要转移到路基用地的范围外，并进行妥善处理，避免火灾等安全事故的发生。

对于二级或者二级以上的公路和填方高度在 1m 以内的公路路堤，需要把路基基地范围内的所有树根挖除，把坑穴填平，并使用专用机械将其夯实；对于二级以下或者填方高度大于 1m 的公路路堤，可以不必将树根全部挖除，但需要注意的是，树根绝对不能露出地面。此外，取土坑范围内的树根也需要全部清除。

路幅范围内以及取土坑表面的植被、草皮及腐殖土全部清理干净，同时，清理填方和借方地段的地面。具体清理的深度需要以实际种植土的厚度来确定，清理出的种植土要集中处理，避免影响施工或者出现安全隐患。填方路段在将表面清理干净后，需要进行整平、压实等工序，待其符合标准时才能够进行填方工作。

（九）试验路段施工

一般情况下，路基开工前要进行试验路段施工；路段长度不宜少于100m（在试验段起终点增加10m～20m的富余工作面）；试验路段应选择在地质条件、断面形式等工程特点具有代表性的地段；调查后，编写试验路段的开工报告并报批（附拟定的施工组织设计方案及施工工艺等）。

路堤试验路段施工。

路堤试验路段施工包括以下内容：第填料试验、检测报告等。第二，压实工艺主要参数：机械组合；压实机械规格、松铺厚度、碾压遍数、碾压速度；最佳含水量及碾压时含水量允许偏差等。第三，过程质量控制方法、指标。第四，质量评价指标、标准。第五，优化后的施工组织方案及工艺。第六，原始记录、过程记录。第七，对施工设计图的修改建议等。

根据试验路段施工所得到的成果，进行具体的编制试验路段的总结报告报批（附路基施工组织设计方案、施工工艺等）。

试验路段总报告审批后再进行全线路基单位工程的开工报告报批，接着编制路基分部工程、分项工程的开工报告报批。路基施工前先做好必要的临时施工便道与社会交通便道工作，保证社会交通车辆以及施工车辆顺畅通行。

二、填筑路基土石方工程施工技术

（一）填方路基施工

1.路基填料的选择

（1）路基填料的一般要求

含草皮、生活垃圾、树根、腐殖质的土严禁作为填料。

泥炭、淤泥、冻土、强膨胀土、有机质土以及易溶盐超过允许含量的土，不得直接用于填筑路基。确需使用时，必须采取技术措施进行处理，经检验满足设计要求后方可使用。

液限大于50%、塑性指数大于26、含水率不适宜直接压实的细粒土，不得直接作为路堤填料。需要使用时，必须采取技术措施进行处理，经检验满足设计要求后方可使用。

粉质土不宜直接填筑于路床，不得直接填筑于冰冻地区的路床及浸水部分的路堤。

（2）路基填料的工程性质

路基填料的性质如表2-1所示。

表 2-1 路基填料的工程性质

项目	内容
石质土	石质土由粒径大于 2mm 的碎（砾）石，其含量由 25%～50% 及大于 50% 两部分组成。如碎（砾）石土，空隙度大，透水性强，压缩性低，内摩擦角大，强度高，属于较好的路基填料
沙土	沙土没有塑性，但透水性好，毛细水上升高度很小，具有较大的摩擦系数。沙土路基强度高，水稳定性好。但沙土黏性小，易于松散，受水流冲刷和风蚀易损坏，在使用时可掺入黏性大的土改善质量
沙性土	沙性土是良好的路基填料，既有足够的内摩擦力，又有一定的黏聚力。一般遇水干得快、不膨胀，易被压实，易构成实的表面
粉质土	粉质土不宜直接填筑于路床，必须掺入较好的土体后才能用作路基填料，且在高等级公路中，只能用于路堤下层（距路槽底 0.8m 以下）
轻、重黏土	轻、重黏土不是理想的路基填料，规范规定，液限大于 50%，苏醒指数大于 26，含水量不适宜直接压实的细粒土，不得直接作为路基填料，需要使用时，必须采取技术措施进行处理，经检查满足设计要求后方可使用
黄土、盐渍土、膨胀土	黄土、盐渍土、膨胀土等特殊土体不得已必须用作路基填料时，应严格按其特殊的施工要求进行施工。泥炭、淤泥、冻土、有机质土、强膨胀土、含草皮土、生活垃圾、树根和含有腐殖物质的土不得用作路基填料
煤渣、高炉矿渣、钢渣、电石渣	满足要求（最小强度 CBR、最大粒径、有害物质含量等）或经过处理之后满足要求的煤渣、高炉矿渣、钢渣、电石渣等工业废渣可以用作路基填料，但在使用过程中应注意避免造成环境污染

2. 路堤填筑

（1）土方路堤填筑

① 填筑要求

性质不同的填料不能混合在一起，而是根据填料的性质水平分层、分段填筑，最后分层压实。需注意的是，每种填料的填筑层在完全压实之后的厚度最低为 500mm，最后一层的厚度最低为 100mm。

路基的最上层应该填筑对潮湿或者冻害敏感度低的材料。越是强度小的材料，越应该填筑在底层。如果路基施工的地带存在地下水或临水，那么填料应该选择透水性好的材料。

在透水性不好的压实层上填筑透水性较好的填料前，应当在其表面设 2%～4% 的双向横坡，并且采取相应的防水措施。不得在由透水性较好的填料所填筑的路堤边坡上覆盖透水性不好的填料。每种填料的松铺厚度应通过试验确定，每一填筑层压实后的宽度不得小于设计宽度。

路堤填筑时，应从最低处起分层填筑，逐层压实；当原地面纵坡大于12%或横坡陡于1∶5时，应按设计要求挖台阶，或设置坡度向内并大于4%、宽度大于2m的台阶。

填方分几个作业段施工时，接头部位如不能交替填筑，则先填路段，应按1∶1坡度分层留台阶；如果能交替填筑，则应分层相互交替搭接，搭接长度不小于2m。

②一般填筑方法

A.水平分层填筑

填筑时按照横断面全宽分成水平层次，逐层向上填筑。如原地面不平，应由最低处分层填起。每填一层，经压实合格后再填上一层。此法施工操作方便、安全，压实质量易保证。

B.纵坡分层填筑

适用于推土机或铲运机从路堑取土填筑运距较短的路堤。依纵坡方向分层、逐层推土填筑。原地面纵坡小于20cm地段可用此法施工。

C.横向填筑

从路基一端按各横断面的全部高度，逐步推进填筑，适用无法自下而上分层填土的陡坡、断岩或泥沼地区。此法不易压实，且还有沉陷不均匀的缺点。为此，应采用必要的技术措施，如选用高效能的压实机械（振动压路机）碾压，采用沉陷量较小的沙性土或废石方作填料等。

D.混合填筑

当高等级公路路线穿过深谷陡坡，尤其是要求上部的压实度标准较高时，下层施工应采用横向填筑，上层施工应采用水平分层填筑，此种方法称为混合填筑法。

③机械填筑路堤作业方式

A.推土机填筑路堤作业方式

推土机作业包含四个环节：切土、推土、堆斜和空反，对推土机的工作效率影响最大的环节为切土与推土。切土环节的速度及推土过程中对能量的利用程度是决定推土机推土效率的主要因素。推土机的作业方式很多，常见的有坑槽推土、波浪式推土、并列推土、下坡推土和接力推土。

B.挖掘机填筑路堤作业方式

填筑路堤这项工作也可以由挖掘机来完成。

挖掘机有两种工作方式：挖掘机直接从路基的一层挖土，然后将这些土卸向另侧，用来进行路堤填筑。一般情况下，采用了这种方式施工时，人们会使用反铲挖掘机。第二，使用运土车辆配合挖掘机进行工作。挖掘机将挖出的土壤装至运土车内，由运土车将土壤运送到需填筑路堤的路段。这是目前使用较为广泛的作业方式，尤其是取土场地比较集中、运送距离相对较长的工作环境，且正铲挖掘机与反铲挖掘机都能够适应这种工作方式。

（2）填石路堤的填筑

①基底处理

填方地段的基地需要进行严格处理。如果地面的坡度大于1：2.5，那么应挖台阶，如果基底下有淤泥、地下水等，这样的基底需要进行特殊处理，在施工之前需要报请监理工程师，得到批准签字之后，才能进行施工。

填石路堤的填料相对来说较为坚硬，进行压实工作比较困难，填石材料又具有较高的透水性，水非常容易通过路面、边坡等位置进入基底，导致了路基潮湿，严重时可能会使路面产生不均匀沉降等问题。

为了防止这一问题，在施工过程中，除了满足土质路堤表面处理的规定之外，还应该满足不同路堤填高对地基承载力的要求。

如果路堤高度在10m以内，那么地基的承载力必须大于150kPa；如果路堤高度在10m到20m之间，那么地基的承载力必须大于200kPa；如果路堤高度大于20m，此时路基需要在岩石地基面上进行填筑。

②填筑要求

填石路堤填筑应根据试验路段得出的施工技术参数，按照运输车辆运量测算的尺寸，用白灰画柜卸填料（方格不小于4m×4m），严格进行拉线施工，控制每层的松铺厚度。

在进行填石路堤施工时，每填筑一层，都需要对其宽度进行放样处理，将设计边线清晰地标记出来，以便后期能随时检查，避免填筑的宽度不符合要求。需注意的是，在用白灰绘制设计边线时，路基碾压应从超填宽度的边缘起，由外向内推进。

用大型推土机按其松铺厚度摊平，个别不平处人工找平。在整修过程中，发现有超粒径的石块应予以剔除，做到粗颗粒分布均匀，避免出现粗颗粒集中现象。

填石路堤应进行边坡码砌，边坡码砌石料强度要求不低于30MPa，码砌石块最小尺寸不小于30cm，石块须规则。

填高小于5m的填石路堤，边坡码砌厚度不小于1m；填高了5m～12m的填石路堤，边坡码砌厚度不小于1.5m；填高大于12m的填石路堤，边坡码砌厚度不小于2m。

应分层填筑、分层压实。最后一层碎石粒径应小于15cm，其中小于0.05mm的细粒含量不应小于30%，当上层为细粒土时，应设置土工布作为隔离层。

填石路堤的填料如其岩性相差较大，特别是岩石强度相差较大时，应将不同岩性的填料分层或者分段填筑。

③填筑方法

A.竖向填筑法

主要用于铺设二级及二级以下的低级路面公路，在陡峻山坡施工特别困难或大量爆破以挖作填路段，以及无法自下而上分层填筑的陡坡、断岩、泥沼地区和水中作业的填石路堤。

该方法施工路基压实、稳定问题较多。

B. 分层压实法

分层压实法是目前采用最为普遍且作业质量较高的方法之一。分层压实法从下到上分为若干个层次，依次填筑、依次压实。一级公路、高速公路及某些高级路面的填石路施工都采用分层压实法施工。

填石路堤将填方路段分为四级施工台阶、四个作业区段、八道工艺流程进行分层施工。

四级施工台阶是：在路基面以下 0.5m 为第 1 级台阶，0.5m ～ 1.5m 为第 2 级台阶，1.5m ～ 3.0m 为第 3 级台阶，3.0m 以下为第 4 级台阶。

四个作业区段是：填石区段、平整区段、碾压区段、检验区段。施工中填方和挖方作业面形成台阶状，台阶间距视具体情况和适应机械化作业而定，一般长为 100m 左右。填石作业自最低处开始，逐层水平填筑，每一分层先是机械摊铺主集料，平整作业铺撒嵌缝料，将填石空隙以小石或石屑填满铺平，采用重型振动压路机碾压，压至填筑层顶面石块稳定。

C. 冲击压实法

冲击压实机的冲击碾周期性大，振幅低频率地对于路基填料进行冲击，压密填方；强力夯实法用起重机吊起夯锤从高处自由落下，利用强大的动力冲击，迫使岩土颗粒位移，提高填筑层的密实度和地基强度。

（3）土石路提施工

①填筑要求

利用卵石土、块石土、红砂岩等天然土石混合材料填筑的路堤称为土石混填路堤。在土石混合填料中不得采用倾填法施工，应进行分层填筑，分层压实，分层松铺厚度宜为 0.3m（应根据压实机械类型和规格经试验后确定），石料最大粒径不能超过压实厚度的 2/3。

当土石混合填料中石料含量小于 70% 时，应将土、石混合分层铺填、整平压实，避免尺寸较大的石块集中。当石料含量大于 70% 时，应执行填石路基技术规范和设计要求。

在路床顶面以下 0.8m 的范围内，应填已有适当级配的土石混合料，最大粒径不超过 100mm。

天然土石混合填料中，中硬、硬质石料的最大粒径不得大于压实层厚的 2/3；石料为强风化石料或软质石料时，其 CBR 值应符合相关技术规范，石料最大粒径不得大于压实层厚。

压实后透水性差异大的土石混合材料应分层或者分段填筑，不宜纵向分幅填筑；如确需纵向分幅填筑，应将压实后渗水良好的土石混合材料填筑于路堤两侧。

填料由土石混合材料变为其他填料时，土石混合材料最后一层的压实厚度应小于300mm，该层填料最大粒径宜小于 150mm，压实后，该层表面应无孔洞。

中硬、硬质石料的土石路堤，边坡的石料强度、尺寸及码砌厚度应符合实际要求。边坡码砌与路基填筑宜基本同步进行。软质石料土石路堤的边坡按土质路堤边坡处理。

土石混填压实必须使用 18t 以上的羊足碾和重型振动压路机、大功率推土机以及平地机分层组合压实。

②施工方法

土石路堤不允许采用倾填方法，均应分层填筑、分层压实，每层铺填厚度应根据压实机械类型和规格确定，一般不宜超过 40cm。施工方法主要包括以下几点。

按填料渗水性能来确定填筑方法。即压实后渗水性较大的土石混合填料应分层分段填筑，如需纵向分幅填筑，则应将压实后渗水性较好的土石混合填料，填筑于路堤两侧。

按土石混合料不同来确定填筑方法。即当所有土石混合料岩性或土石混合比相差较大时，应分层分段填筑。如不能分层分段填筑时，应将硬质石块混合料铺筑于填筑层下面，且石块不得过分集中或重叠，上面再铺含软质石料混合料，然后整平碾压。

按填料中石料含量来确定填筑方法。即当石料含量超过 70% 时，应先铺填大块石料，且大面向下，放置平稳。再铺填小块石料、石渣或者石屑嵌缝找平，然后碾压。当石料含量小于 70% 时，土石可以混合铺筑，且硬质石料（特别是尺寸大的硬质石料）不得集中。

（二）挖方路基施工

1. 土质路堑施工

（1）土质路堑施工注意事项

①路堑排水

路堑区域施工时，应保证在施工过程中和竣工后能顺利排水。因此，应先在适当的位置开挖截水沟、设置排水沟，从而排除地面水和地下水。

路堑设有纵坡时，下坡的坡段可直接挖到底，上坡的坡段必须先挖成向外的斜坡，最后再挖去剩下的土方；路堑为平坡时，两端都要先挖成向外的斜坡，最后挖去余下的土方。

②废方处理

路堑挖出的土方，除利用外，多余的土方应按设计的弃土堆进行废弃，并不得妨碍路基的排水和路堑边坡的稳定。同时，弃土应尽可能用于改地造田，美化环境。

③设置支挡工程

为保证土方路堑边坡的稳定，应及时设置必要的支挡工程。开挖时，应自上而下、逐层进行，以防边坡塌方，尤其在地质不良地段，应分段开挖，分段支护。

（2）路堑开挖的方法

路堑开挖是将路基范围内设计标高之上的天然土体挖除并运到填方地段或其他指定地点的施工活动。深长路堑往往工程量巨大，开挖作业面狭窄，常常是路基施工的控制性工程。因此，应综合考虑工程量大小、路堑深度和长度、开挖作业面大小、地形与地质情况、土石方调配方案、机械设备等因素，确定切实可行的开挖方法。根据路堑深度和纵向长度，开挖时可按下列几种方法进行。

①横向挖掘法

A. 单层横挖法

单层横挖法是从路堑的一端或两端按路堑横断面全高和全宽，逐渐地向前开挖，挖出的土石，一般是向两头运送。这种开挖方法，因工作面小，仅仅适用于短而浅的路堑，可一次性挖到设计标高。

B. 多层横挖法

如果路堑较深，可以在不同高度上分成几个台阶同时开挖，每一开挖层都有单独的运土出路和临时排水措施，做到纵向拉开，多层、多线、多头出土，这种开挖方法称为多层横挖法。这样能够增加作业面，容纳更多的施工机械，形成多向出土以加快工程进度。

②纵向挖掘法

A. 分层纵挖法

沿路堑全宽，以深度不大的纵向分层挖掘前进的作业方式称为分层纵挖法。本法适用于较长的路堑开挖。

施工中，路堑长度较短（＜100m），开挖深度不大于3.0m，地面较陡时，宜采用日推土机作业，其适当运距为20m～70m，最远不宜大于100m。当地面横坡较平缓时，表面宜横向铲土，下层宜纵向推运。当路堑横向宽度较大时，宜采用两台或者多台推土机横向联合作业。当路堑前方为陡峻山坡时，宜采用斜铲推土。

B. 通道纵挖法

沿路堑纵向挖掘一通道，然后将通道向两侧拓宽，上层通道拓宽至路堑边坡后，再开挖下层通道，按此方向直至开挖到挖方路基顶面标高，称之为通道纵挖法。这是一种快速施工的有效方法，通道可作为机械行驶和运输土方车辆的道路，便于挖掘和外运的流水作业。

C. 分段纵挖法

沿路堑纵向选择一个或几个适宜处，将较薄一侧路堑横向挖穿，将路堑在纵方向上，按桩号分成两段或数段，各段再纵向开挖，称之为分段纵挖法。本法适用于路堑较长、弃土运距较远的傍山路堑或一侧的堑壁不厚的路堑开挖。

③混合式开挖法

混合式开挖法即将横挖法与通道纵挖法混合使用，这种方法适用于路堑纵向长度和深度都很大时。先将路堑纵向挖通，然后沿横向坡面进行挖掘，以增加开挖坡面。为了加快工程进度，施工中，每一个坡面分别设置一个机械施工班组进行作业。

2. 石质路堑施工

（1）开挖要求

确定开挖程序之后，根据岩石的条件、开挖尺寸、工程量以及施工技术要求，选择合适的开挖方法。石质路堑开挖的基本要求如下。必须保证了施工安全与开挖质量；保证开挖强度，并且能够在既定工期内完工；施工方法要有利于维护岩体的完整和边坡的稳定，性；减少辅助工程的数量。

（2）开挖方法

①爆破法

A. 光面爆破

在开挖限界的周边，适当排列一定间隔的炮孔，在有侧向临空面的情况下，用控制抵抗线和药量的方法进行爆破，使之形成一个光滑平整的边坡。

B. 预裂爆破

在开挖限界处按适当间隔排列炮孔，预先炸出一条裂缝，使拟爆体与山体分开，作为隔震减震带，起保护和减弱开挖限界以外山体或建筑物的地震破坏作用。

C. 微差爆破

两相邻药包或前后排药包以毫秒的时间间隔（一般为 15～75ms）依次起爆，称为微差爆破，亦称毫秒爆破。多发一次爆破最好采用毫秒雷管。多排孔微差爆破是浅孔深孔爆破发展的方向。

D. 洞室爆破

为使爆破设计断面内的岩体大量抛掷（抛坍），减少爆破后的清方工作量，保证路基的稳定性，可根据地形和路基断面形式，采用了抛掷爆破、定向爆破、松动爆破的方法。

②松土法

利用岩体的各种裂缝和结构面可以采用松土法开挖。该方法是先用推土机牵引松土器将岩体翻松，再用推土机、装载机与自卸汽车配合，将翻松的岩块搬运到指定地点。

松土法开挖避免了爆破作业的危险性，有利于挖方边坡的稳定和附近建筑设施的安全。凡能用松土法开挖的石方路堑，应尽量不采用爆破法施工。随着大功率施工机械的产生和使用，松土法越来越多地应用于石质路堑的开挖，且开挖的效果越来越好，适用的施工范围也越来越广。

采用松土法开挖时，岩体需具有较大的岩体破裂面或风化程度较严重。当岩体已裂成小石块或呈粒状时，松土只能劈成沟槽，效率较低。沉积岩有沉积层面，比较容易松开，沉积层越薄越容易松开。变质岩松开的难易程度和破裂面发育程度有关。对岩浆岩，由于其不呈层状或带状，松开比较困难，较少采用松土法开挖。

③破碎法

破碎法开挖是利用破碎机凿碎岩块，然后进行挖运等作业。这种方法是将凿子安装在推土机或挖土机上，利用活塞的冲击作用使凿子产生冲击力以凿碎岩石，其破碎岩石的能力取决于活塞的大小。

破碎法主要用于岩体裂缝较多、岩块体积小、抗压强度低于100MPa的岩石。由于开挖效率不高，只能用于前述两种方法不能使用的局部场合，作为爆破法和松土法的辅助作业方式。

石质路堑开挖前和施工过程中，应随时检查坡顶、坡面的危石、裂缝和其他不稳定情况，并且及时处理。

（三）路基压实

1. 路基压实的意义与作用机理

（1）路基压实的意义

路基施工破坏了土体的天然状态，致使其结构松散，颗粒重新组合。试验研究表明，土基压实后，土体的密实度提高，透水性降低，毛细水上升高度减小，避免了因水分积聚和侵蚀而导致的土基软化，或因冻胀而引起的不均匀变形，提高了路基的强度和水稳定性。

因此，路基的压实工作，既是路基施工过程中的一个重要工序，也是提高路基强度与稳定性的根本技术措施之一。

（2）路基压实机理

路基土是由土粒、水分和空气组成的三相体系。三者具有各自的特性，并相互制约共存于一个统一体中，构成土的各种物理特性——渗透性、黏滞性、弹性、塑性和力学强度等。若三者的组成情况发生改变，则土的物理性质也随之不同。所以，要改变土的特性，得从改变其组成着手。

压实路基就是利用机械的方法，来改变土的结构，从而达到提高土的强度和稳定性的目的。路基土受压时，土中的空气大部分被排出土外，土粒则不断靠拢，重新排列成密实的新结构。土粒在外力作用下不断靠拢，使土的内摩阻力和黏结力也不断地增加，从而提高土的强度。同时，由于土粒不断靠拢，水分进入土体的通道减少，阻力增加，降低了土的渗透性。

2. 土质路基的压实

（1）影响土质路基压实的因素

①含水量对压实的影响

土中含水量对压实效果的影响比较显著。当含水量较小时，由于粒间引力使土保持着比较疏松的状态或凝聚结构，土中空隙大都互相连通，水少而气多，在一定的外部压实功能作用下，虽然土空隙中气体易被排出，密度可以增大，但是由于水膜润滑作用不明显以及外部功能不足以克服粒间引力，土粒相对移动不容易，因此压实效果比较差。含水量逐渐增大时，水膜变厚，引力缩小，水膜起润滑作用，外部压实功能比较容易使土体相对移动，压实效果渐佳。土中含水量过大时，空隙中出现了自由水，压实功能不可能使水排出，压实功能一部分被自由水所抵消，减小了有效压力，压实效果反而降低。然而，含水量较小时，土粒间引力较大，虽然干密度较小，但其强度可能比最佳含水量时还要高。可此时因密实度较低，空隙多，一经饱水，其强度会急剧下降。这又得出结论：在最佳含水量情况下，压实的土水稳性最好，最佳含水量和最大干密度是两个十分重要的指标，对于路基设计和施工很有用处。

②土质对压实效果的影响

不同的土质具有不同的最佳含水率及最大干密度，其压实效果也不同。土粒越细，比面积越大，土粒表面的水膜越多。加之黏土中含有亲水性较高的胶体物质，因此，分散性（液限、黏性）较高的土，其最佳含水率较高而最大干密度较低。对于沙土，由于其颗粒粗呈松散状，水分易于散失，故最佳含水率对其没有更多的实际意义。

③压实功能对压实效果的影响

压实功能是指压实机具重力、碾压次数、作用时间等，压实功能是影响压实效果的又一重要因素。通常对同一种土，随着压实功能的增大，最佳含水率会随之减小，最大干密度会随之增加。因此，增大压实功能是提高土基密实度的另一方法。由于压实功能增加到一定程度后，土的密度增长就不明显了，所以，这种方法有一定局限性。最经济的办法是严格控制工地现场含水率，使碾压在接近最佳含水率时进行，这样便容易达到规定的压实度。

（2）压实工作的技术要领

以压实原理为依据，以尽可能小的压实功能获得良好的压实效果为目的，压实工作必须很好地组织，并注意以下要点：

填土层在压实前应先整平，可自路中线向路堤两边作 2% ～ 4% 的横坡；压实机具应先轻后重，以适应逐渐增长的土基强度；碾压速度应先慢后快，以免松土被机械推走；压实机具的工作路线，应先两侧后中间，以便形成路拱，再从中间向两边顺次碾；在弯道部分设有超高时，由低的一侧边缘向高的一侧边缘碾压，以便形成单向超高横坡，前后两次轮迹（或夯击）须重叠 15 ～ 20cm；压实时应特别注意均匀，否则可能引起不均匀沉陷；经常检查土的含水量，并且视需要采取相应措施。

3. 填石路基的压实

填石路基在压实前，应用大型推土机摊铺平整，个别不平处，应用人工配合以细石屑找平。由于压实施工是将各石块之间的松散接触状态改变为紧密咬合状态，因此，应选择工作质量在 12t 以上的重型振动压路机、工作质量在 2.5t 以上的重锤或 25t 以上的轮胎式压路机压（夯）实。

填石路基在压实时，应先碾压两侧（即靠近路肩部分）再碾压中间，压实路线对于轮碾应纵向平行，反复碾压。对于夯锤应成弧形，当夯实密实程度达到要求后，再向后移动一夯锤位置。行与行之间应重叠 40 ～ 50cm，前后相邻区段应重叠

100cm～150cm。其余注意事项与土质路基相同。

4. 土石路基的压实

土石路基的压实方法和技术要求，应根据混合料中巨粒土含量多少来确定。当巨粒土的含量大于70%时，应按填石路基的方法和要求进行压实；当巨粒土的含量小于50%时，应按填土路基的方法和要求进行压实。

第三节　路面施工技术

一、路面基层施工技术

（一）路面基层概述

1. 基层、垫层的含义

（1）基层

基层是面层的下卧层，主要承受由面层传来的车辆载荷的垂直力，并将其扩散到下面的垫层和土基中去，它是路面结构中的承重层，应具有足够的刚度和强度。虽然位于面层之下，但仍有可能经受地下水和渗入雨水的侵蚀，所以应具有足够的水稳定性和冰冻稳定性，以及足够的抗冲刷能力。

（2）垫层

垫层介于土基与基层之间，它的功能是改善土基的湿度和温度状况，以保证面层和基层的强度、刚度和稳定性不受土基水温状况变化造成的不良影响。另外，可以将基层传下的车辆荷载应力加以扩散，从而减小土基产生的应力和变形。

2. 路面基层的分类

（1）有结合料的稳定类

有机结合料稳定类：包括了热拌沥青碎石或乳化沥青碎石混合料、沥青贯入碎石等。

无机结合料稳定类主要包括以下几种：

水泥稳定类：包括水泥稳定沙砾、沙砾土、碎石土、未筛分碎石、石屑、土等，以及经加工性能稳定的钢渣、矿渣等。

石灰稳定类：包括石灰稳定土（石灰土）、天然沙砾土、天然碎石土，以及用石灰土稳定级配沙砾、级配碎石和矿渣等。

综合稳定类：石灰粉煤灰类包括石灰粉煤灰、二灰土、二灰砂、二灰碎石、二灰矿渣等；石灰粉煤灰包括水泥粉煤灰沙砾、碎石及砂等；石灰煤矿渣包括石灰煤渣、石灰煤渣土、石灰煤渣碎石、石灰煤渣沙砾等。

（2）无结合料的检料类

嵌锁型：包括泥结碎石、泥灰结碎石以及填隙碎石等。

级配型：包括级配碎石、级配砾石、符合级配的天然沙砾、部分经轧制掺配而成的级配砾石、碎石等。

3. 路面基层的作用

沥青类路面通过厚度较薄的柔性面层分布传递荷载于基层，常须铺筑较厚的基层作为承重层；有时当基厚度较大时，还可视受载情况和当地材料供应情况等，分两层铺筑。

直接位于沥青面层（可以是一层、二层或三层）下用高质量材料铺筑的上层为主要承重层，称作基层；位于主要承重层下用质量较差一些的材料铺筑的下层为次要承重层，称作底基层。

水泥混凝土路面通过厚度较厚的刚性路面板（面层）极大地扩散荷载，故分布于基层的荷载很小，水泥混凝土路面板本身就起到了承重作用。但水泥混凝土是脆性材料，变形能力较小，抗弯拉强度仅有抗压强度的1/6或1/7左右。

因此，要求混凝土板下的基层起连续、均匀支承的弹性地基作用，使混凝土板获得可靠支撑，不脱空，从而充分发挥水泥混凝土板的承重作用。通常水泥混凝土路面基层厚度比沥青类路面基层要小得多，一般不设底基层。

（二）半刚性基层施工

1. 半刚性材料的概念和特点

半刚性路面基层是指在路面基层材料中掺入一定比例的石灰、水泥、粉煤灰或其他工业废渣等结合料，加水拌和形成的混合料，经摊铺压实以及养护后形成的路面基层，与传统的全柔性路面基层（级配碎石、级配砾石、填隙碎石等）相比，半刚性路面基层具有较高的强度、刚度及良好的板体性、水稳性和一定的抗冻性，大大提高了路面的承载能力，因而被称为半刚性材料。

20世纪中叶以来，半刚性路面基层在国内外被广泛用作路面基层，特别是理化、力学性能优越的水泥稳定粒料与石灰、粉煤灰稳定粒料（通常称为二灰稳定粒料），被广泛用作高等级道路路面的基层与底基层。因其强度大、承载能力高，对于适应较薄的沥青面层，适当减薄沥青面层厚度，具有很大的现实意义与经济意义。半刚性基层材料以其强度高、原材料来源广、修建成本低等优势，成为我国公路建设中的主导路面基层类型。

但是半刚性基层材料组成设计指标、材料结构单一，致使所设计的基层抗裂、抗冲刷能力不足，降低了其应用效果。

2. 半刚性基层施工工艺

（1）路拌法施工（以石灰稳定土为例）

①准备下承层

当石灰稳定土用作基层时，要准备底基层；当石灰稳定土用作底基层时，要准备土基。对土基必须用 12～15t 三轮压路机或等效的碾压机械进行碾压检验。

在碾压过程中如发现土过干、表层松散，应适当洒水；比如土过湿，发生"弹簧"现象，应采用挖开晾晒换土、掺石灰或水泥等措施进行处理；在槽式断面的路段，两侧路肩上每隔一定距离（如 5～10cm）应交错开挖泄水沟（或做盲沟）。

②施工放样

在底基层、老路面或土基上恢复中线；直线段每 15～20m 设一桩，平曲线段每 10～15m 设一桩，并在两侧路肩边缘外设指示桩；进行水平测量；在两侧指示桩上用明显标记标出水泥稳定土层边缘的设计高。

③备料

根据灰土层的宽度、厚度及最大干密度，计算出需要干燥土的数量；再根据土的含水量和所用运料车辆的吨位，计算每车料的堆放距离和每平方米灰土需要的石灰用量，确定石灰摆放的纵横间距。

按照松铺厚度将土摊铺均匀一致，有利于机械化施工；铺土后，先用推土机大致推平，然后用平地机整平，清余补缺，保证了厚度一致，表面平整。

④洒水闷料

如果已经整平的土含水量过低，那么需要在土层上洒水闷料；需要注意的是，洒水要均匀，杜绝出现局部水分过多的现象，严禁洒水车在洒水段内停留和调头。

⑤摆放和摊铺石灰

按计算所得的每车石灰的纵横间距，用于石灰在土层上做标记，同时划出摊铺石灰的边线；用刮板将石灰均匀摊开，石灰摊铺完后，表面应没有空白位置。测量石灰的松铺厚度，根据石灰的含水量和松密度，校核石灰用量是否合适。

⑥拌和与洒水

对于二级及二级以上公路，使用生石灰粉时，宜先用平地机或多铧犁将石灰翻到土层中间，但不能翻到底部；对三、四级公路的石灰稳定细粒土和中粒土，在没有专用拌和机械的情况下，可用农用旋转耕作机与多铧犁或平地机相配合拌和四遍；为石灰稳定级配碎石或沙砾时，应先将石灰和需添加的黏性土拌和均匀，然后均匀地摊铺在级配碎石或沙砾层上，再一起进行拌合；用石灰稳定塑性指数大的黏土时，应采用两次拌和。第一次加 70%～100% 预定剂量的石灰进行拌和，闷放 1 天到 2 天，此后补足需用的石灰，再进行第二次拌和。

⑦整形与碾压

混合料拌和均匀后应立即用平地机初平。

一般在直线段，由两侧向路中心刮平；在曲线段，由内侧向外侧刮平。然后，用轮胎压路机、轮胎拖拉机或者平地机快速碾压。不平整的地方，用齿耙把表面5cm耙松，必要时，用新拌的混合料找平，再进行碾压。每次整平碾压，均需按要求调整坡度和路拱。为避免出现薄层贴补，在总厚度满足要求的情况下，摊铺时宜宁高勿低，整平时宜宁刮勿补。

整平后当混合料处于最佳含水量不超过1%～2%的范围时，进行碾压。如表面水分不足，应适当洒水。在人工摊铺和整平的情况下，应先用拖拉机、6～8t两轮压路机或轮胎轧路机碾压1～2遍，再用重型轮胎压路机、振动压路机或12t以上的三轮压路机进行碾压。碾压结束之前，用平地机终平一次，使高程、路拱和超高符合设计要求，局部低注之处不得找补，以免出现薄层贴补现象。

⑧接缝和调头处的处理

两个工作段之间，需要采用对接的形式进行搭接。在上一部分拌和之后，留下5～8m的距离不进行碾压工作。当进行下一路段的施工时，再与上一段没有碾压的部分共同进行拌和。需要注意的是，在实际的施工过程中，由于工作需要，拌和机械常常需要调头，但已压成的石灰稳定土层上不允许拌和机械调头。其他拌和机械的调头位置需要采取必要的保护措施，例如，在上面覆盖10cm左右厚的沙或者沙砾等，使得石灰稳定土层的表面不被机械破坏。

在石灰稳定土层阶段的施工过程中，需要避免纵向接缝的出现，如果必须分两幅施工，纵缝与纵缝之间不能够出现斜接的情况。

（2）厂拌法施工（以水泥稳定土为例）

①准备工作

向驻施工现场监理单位报送"基层开工报告单"，经同意后方可进行基层施工；土基、垫层、底层及其中埋设的各种沟、管等隐蔽构造物，必须经过自检合格，报请驻场监理单位检验，签字认可后，方可铺筑其上面的基层；各种材料进场前，应检查其规格和品质，不符合技术要求的不得进场；材料进场时，应检查其数量，并且按施工平面图堆放，而且还应按规定项目对其抽样检查，其抽样检查结果，报驻场监理单位；水泥稳定土基层施工前应铺筑试验段。

②施工放样

恢复中心线，每10m设标桩，桩上划出基层设计高和基层松铺的厚度。

松铺厚度 = 压实厚度 × 松铺系数

中心线两侧按照路面设计图设计标桩，在标桩上划出基层设计高和基层松铺厚度，这样做的目的是使基层的高度、厚度和平整度达到了标准。

③拌和与摊铺

拌和时应按混合料配合比要求准确配料，使集料级配、结合料剂量等符合设计，并根据原材料实际含水量及时调整向拌和机内的加水量。水泥稳定土混合料的含水量可比最佳含水量大 1 ～ 2 个百分点，这样可获得较好的压实效果。

拌和好的水泥稳定类混合料应尽快运到施工现场摊铺并碾压成型，以免因时间过长而使混合料强度损失过大。运输混合料的距离较长时，应用篷布等覆盖混合料以免水分损失过大。

对于二级及二级以上公路，应采用了专用稳定土拌和机进行拌和，并设专人跟随拌和机，随时检查拌和深度并配合拌和机操作员调整拌和深度。拌和深度应达稳定层底并宜侵入下承层 5 ～ 10mm，以利于上下层黏结，严禁在拌和层底部留有素土夹层。

对于三、四级公路，在没有专用拌和机械的情况下，可用农用旋转耕作机与多铧犁或平地机相配合进行拌和，但应注意拌和效果，拌和时间不能过长；也可用缺口圆盘耙与多铧犁或平地机相配合，拌和水泥稳定细粒土和中粒土，但应注意拌和效果，拌和时间不可过长。

④整形碾压

在整形施工过程中，平土机是最受欢迎的施工机械。除了使用机械之外，还可以直接人工整形。

但需要注意的是，高速公路施工作业一般都使用机械进行整平；在初步整平的阶段，使用轻型的机械快速碾压路面，进而将潜在不平整的位置暴露出来，再进行整平地工作也就更加方便了。

一般情况下，整形要进行 1 次到 2 次；路面局部地区可能会出现低洼现象，那么需要使用齿耙把低洼路面表层 5cm 耙松，再使用新拌的混合料进行找补、整平；在整形工序进行过程中，路面不能够有任何车辆通过；在整形工作完成以后，使用大于 12t 的三轮压路机、重型轮胎压路机或振动压路机碾压。

在碾压过程中，碾压的速度应该适中，采用了由低处向高处、由近处向远处的方式进行碾压作业，直到达到需要的压实度位置。施工时，基层表面不能过于干燥，需要始终保持潮湿的状态，如果出现表层水蒸气蒸发过快的现象，那么需要施工人员及时补洒少量的水。在碾压过程中如果出现了"弹簧""松散""起皮"等现象，施工人员要及时将这样的路面翻开，重新进行拌和，或者采用其他有效的方式将这一问题解决，使路面的质量达到使用标准的要求。

⑤接缝处理

横向接缝的处理方式主要包括以下几点。

使用摊铺机将混合料摊铺，混合料摊铺是持续的过程，不能被中断，如果有特殊情况造成摊铺作业中断 2h 以上，再施工时应该设置横向接缝，并且摊铺机要远离混合料的末端。

末端的混合料需要进行人工整平，在混合料的边缘放置两根方形的木棍，方木的高度需要与混合料压实的厚度相等，将方木附近的混合料整平；方木的另一侧用沙砾或碎石回填，回填的距离为 3m 左右，并回填的高度应该高于方木几厘米；在重新进行摊铺工作之前，把方木、沙砾或者碎石全部清理，下承层也需要进行彻底清扫；此时将摊铺机放置到已压实层的尾部,重新进行混合料的摊铺工作。

如果摊铺工作因为种种原因中断,也没有按照上述方式将横向接缝进行科学的处理,并且摊铺工作被中断的时间超过了2h。此时再进行摊铺工作时,需要把摊铺机附近以及机械底部没有完全被压实的混合料清理掉,并且将已碾压密实且高程和平整度符合要求的末端挖成一横向垂直向下的断面,这一工作完成之后,才可以进行后续的摊铺工作。

纵向接缝处理方法主要包括以下几点。

在施工过程中,应该尽量避免出现纵向接缝,如果由于某些原因,必须要产生纵向接缝,那么纵向接缝必须是垂直的,并且采用以下措施进行科学的处理。

在上一幅摊铺作业过程中,在后面一幅的一侧施工钢模板或者方木作为支撑,这时使用的钢模板或者方木的厚度应该等同于路面压实的厚度;在道路养生完成之后,在摊铺另一幅路面之前,先将钢模板或者方木拆除。

⑥养生及交通管制

养生期应采取洒水保湿措施,在铺筑上层之前,至少养生7d。养生方法根据情况可采用洒水、覆盖沙等方法。未采用覆盖措施时,应封闭交通。采用了覆盖沙或喷洒沥青膜养生,不能封闭交通时,应限制车速不得超过30km/h。养生期结束,应立即施工上层,以免产生收缩裂缝;或先铺封层,开放交通,待基层充分开裂后,再施工上层,以减少反射裂缝。

(三) 粒料类基层施工

1. 级配碎 (砾) 石

(1) 路拌法施工

①准备下承层

级配碎石路拌法施工的下承层表面应保持平整,具有规定的路拱,平整度和压实度应符合规范规定。需要注意的是,下承层断面不宜做成槽式。

②测量放样

应该按照规范的具体规定逐个断面检查下承层的标高。

③备料

计算材料用量,根据各路段的基层或底层的宽度、厚度以及规定的压实干密度并按确定的配合比,分别计算各段需要的未筛分碎石和石屑的数量或者不同粒级碎石和石屑的数量,并计算每车料的堆放距离。

未筛分碎石的含水量较最佳含水量宜大1%左右。未筛分碎石和石屑可按预定比例在料场混合,同时,洒水加湿,使混合料的含水量超过最佳含水量约1%。

④运输与摊铺

集料装车时,应控制每车料的数量基本相等。在同一料场供料的路段内,宜由远到近卸置集料。卸料距离应严格掌握,避免料不够或过多。未筛分碎石和石屑分别运送时,应先运送碎石。

应事先通过试验确定集料的松铺系数并确定松铺厚度。人工摊铺混合料时，其松铺系数约为 1.40～1.50；平地机摊铺混合料时，其松铺系数约为 1.25～1.35。用平地机或其他合适的机具将料均匀地摊铺在预定的宽度上，表面应力求平整，并且具有规定的路拱。同时，应摊铺路肩用料。

⑤拌和及成型

施工时根据拟定的混合料配合比、基层宽度与厚度及预定达到的干密度等计算确定各规格集料的用量，以先粗后细的顺序将集料分层平铺在下承层上，然后用人工或平地机进行摊平；级配碎（砾）石混合料可用稳定土拌和机、自动平地机、多铧犁与缺口圆盘耙相配合拌和，拌和应均匀，避免出现集料离析现象，确保级配碎（砾）石基层具有良好的整体强度。应边拌和边洒水，使混合料达到最佳含水量。表面整理成规定的路拱横坡，随后用拖拉机、平地机或轮胎压路机在初平的混合料上快速碾压 1～2 遍，使潜在的不平整部位暴露出来，再用平地机整平。

⑥碾压

整形后，当混合料的含水量等于或略大于最佳含水量时，轮压路机、振动压路机或轮胎压路机进行碾压。直线和不设超高的平曲线段，由两侧路肩开始向路中心碾压，在设超高的平曲线段，由内侧路肩向外侧路肩进行碾压。

碾压时，后轮应重叠 1/2 轮宽；后轮必须超过了两段的接缝处。后轮压完路面全宽时，即为一遍，碾压一直进行到符合要求的密实度为止。一般需碾压 6～8 遍，应使表面无明显轮迹。压路机的碾压速度，头两遍以采用 1.5～1.7km/h 为宜，以后用 2.0～2.5km/h。路面的两侧应多压 2～3 遍。严禁压路机在已完成的或正在碾压的路段上调头或急刹车。凡含土的级配碎石层，都应进行滚浆碾压，一直压到碎石层中无多余细土泛到表面为止，滚到表面的浆（或事后变干的薄土层）应清除干净。

⑦接缝处理

位于两个作业段之间衔接处的横缝，需要进行搭接拌和；在施工过程中，应该尽量避免纵缝的出现，如实在难以避免纵缝，那么纵缝也需要进行搭接拌和。

2.填隙碎石基层施工

填隙碎石基层施工的顺序为：准备下承层→施工放样→运输和摊铺粗骨料→稳压→散布石屑→振动压实→第二次撒布石屑→振动压实→局部补撒石屑并扫匀→振动压实，填满空隙洒水饱和（湿法）或洒少量水（干法）→碾压。其中，运输和摊铺粗骨料及振动压实是确保施工质量的关键。

填隙碎石施工时，细集料应干燥；采用了振动压路机充分碾压，尽量使粗碎石骨料的空隙被细集料填充密实，而填隙料又不覆盖粗碎石表面自成一层，粗碎石应"露子"。

填隙碎石的压实度用固体体积率来表示，用作基层时，不应小于 83%；用作底基层时，不应小于 85%。填隙碎石基层碾压完毕，铺封层前禁止开放交通。

二、沥青路面施工技术

(一) 沥青路面概述

1. 沥青路面的特点

沥青路面由于使用了黏结力较强的沥青材料，使经嵌挤压实的矿料之间的黏结力大大加强，路面的使用质量和耐久性都大为提高。表面平整、坚实、无接缝、行车平稳舒适以及噪声小。

路面强度可根据矿料的粒径、颗粒级配和沥青用量的不同进行调节，以适应不同的需要。面层透水小，特别是密实沥青混凝土面层透水更小，能大大防止地表水进入路面基层和路基，从而使路面强度稳定。同时，土基和基层内水分也难以排出。

在潮湿路段，若路面结构处理不当，易发生土基和基层变软，导致路面破坏。沥青混合料的生产可工厂化，质量易得到保证。面层适宜机械化施工，且施工进度快，摊铺完成后就可开放交通，分期建设和后期修补也较方便。

但沥青路面抗弯强度低，温度稳定性差，夏季高温暴晒，路面易变形而破坏；冬季低温时，沥青材料变脆而开裂。此外，履带式车辆不能在沥青路面上行驶。

2. 沥青路面的分类

(1) 按强度构成原理划分

沥青路面按强度构成原理划分可分为密实类路面和嵌挤类路面。

密实类沥青路面要求矿料的级配按最大密实原则设计，其强度和稳定性主要取决于混合料的黏聚力和内摩阻力。

密实类沥青路面按其空隙率的大小可分为闭式和开式两种：闭式混合料中含有较多的小于 0.6mm 和 0.074mm 的矿料颗粒，空隙率小于 6%，混合料致密而耐久，但是热稳定性较差；开式混合料中小于 0.6mm 的矿料颗粒含量较少，空隙率大于 6%，其热稳定性较好。

嵌挤类沥青路面要求采用颗粒尺寸较为均一的矿料，路面的强度和稳定性主要依靠骨料颗粒之间相互嵌挤所产生的内摩阻力，而黏聚力则起着次要的作用。按嵌挤原则修筑的沥青路面，其热稳定性较好，但因空隙率较大、易渗水，且耐久性较差。

(2) 按施工工艺划分

按施工工艺，沥青路面可分为层铺法、路拌法和厂拌法。

层铺法是用分层洒布沥青，分层撒铺矿料和碾压的方法修筑，其主要优点是工艺和设备简便、功效较高、施工进度快以及造价较低；其缺点是路面成型期较长，路面需要经过炎热季节行车碾压之后方能成型，用这种方法修筑的沥青路面有沥青表面处治和沥青贯入式两种。

路拌法是在道路现场用机械将矿料和沥青材料就地拌和、摊铺和碾压密实形成沥青面层的方法。

此类面层所用的矿料为碎（砾）石，称为路拌沥青碎（砾）石；所用的矿料为土则称为路拌沥青稳定土。路拌沥青面层，通过就地拌和，沥青材料在矿料中分布比层铺法均匀，可以缩短路面的成型期。但是因所用的矿料为冷料，需使用黏稠度较低的沥青材料，故混合料的强度较低。

厂拌法是把具有一定级配的矿料和沥青材料在工厂用专用设备加热拌和，然后送到工地摊铺碾压而成的沥青路面。

矿料中细颗粒含量少，不含或含少量矿粉，混合料为开级配的（空隙率达10%～15%），称为厂拌沥青碎石；若矿料中含有矿粉，混合料按最佳密实级配配制的（空隙率10%以下）称为沥青混凝土。厂拌法按混合料铺筑时温度的不同，又可分为热拌热铺和热拌冷铺两种。

（3）按沥青路面材料技术特点划分

①沥青混凝土路面

沥青混凝土路面指按级配原理选配的矿料与适量沥青在严格控制条件下均匀拌和、经摊铺碾压而成型的沥青各面。沥青混凝土是经人工选配具有一定级配组成的矿料（碎石或轧碎砾石、石屑或者砂、矿粉等）与一定比例的路用沥青材料，在严格控制条件下拌制而成的混合料。

热拌的沥青混合料宜在集中地点用机械拌制。一般选用固定式热拌厂，在线路较长时宜选用移动式热拌机。冷拌的沥青混合料可以集中拌和，也可就地路拌。沥青混凝土根据厚度不同可适合于各级路面。

②热拌沥青碎石路面

热拌沥青碎石路面指由一定级配的集料与适量的沥青在要求的控制条件下均匀拌和、经摊铺碾压而成型的沥青路面。热拌沥青碎石适合于三及四级公路。

③乳化沥青碎石路面

乳化沥青碎石路面指用乳化沥青作结合料与相关集料。在要求的控制条件下均匀拌和、经摊铺碾压而成的沥青路面。乳化沥青是将黏稠沥青加热至热熔状态，经机械的强力搅拌作用，使沥青以细微液滴状态分布在含有乳化剂的水溶液中，成为水包油状的沥青乳液。乳化沥青碎石适合于三、四级公路。

此外，还有沥青玛瑙脂碎石 SMA 路面、沥青贯入路面及沥青表面处治路面等。

（二）沥青路面施工

1. 沥青材料的选择

（1）沥青路面原材料的选择

沥青路面原材料包括沥青、粗集料、细集料、填料等。

①沥青材料

A.石油沥青

沥青路面一般采用道路石油沥青，或经过乳化、稀释、调和、改性等工艺加工处理的石油沥青产品作为结合料。有时也采用了煤沥青，但是由于煤沥青对人体健康有害，已很少采用。

B.乳化沥青

乳化沥青是石油沥青或煤沥青在乳化剂、稳定剂的作用下经乳化加工制得的均匀的沥青产品，也称沥青乳液。按乳化沥青的使用方法分为喷洒型（用P表示）及拌和型（用B表示）乳化沥青两大类。

其主要优点为：冷态施工、节约能源；利便施工、节约沥青；乳化沥青施工不需加热，故不污染环境；避免了劳动操作人员受沥青挥发物的毒害。乳化沥青适用于沥青表面处置路面、沥青贯入式路面、常温沥青混合料路面，以及透层、黏层与封层。乳化沥青的类型应根据使用目的、矿料种类、气候条件选用。

对酸性石料，以及当石料处于潮湿或在低温状态下施工时，宜采用阳离子乳化沥青；对碱性石料，且石料处于干燥状态或与水泥、石灰、粉煤灰共同使用时，宜采用阳离子乳化沥青。

C.改性沥青

改性沥青是掺加橡胶、树脂、高分子聚合物、磨细的橡胶粉或其他填料等外掺剂（改性剂），或者采取对沥青轻度氧化加工等措施，使沥青或沥青混合料的性能得以改善制成的沥青结合料，使用改性沥青通常对改善沥青路面高温及低温稳定性有明显效果。

改性沥青使用范围如下：目前，改性道路沥青主要用于机场跑道、防水桥面、停车场、运动场、重要交通路面、交叉路口和路面转弯处等特殊场合的铺装应用。近来欧洲将改性沥青应用到公路网的养护和补强，较大地推动了改性道路沥青的普遍应用。

②粗集料

沥青混合料用粗集料，可以采用碎石、破碎砾石、筛选砾石、矿渣等。沥青混合料用粗集料，应该洁净、干燥、无风化、不含杂质。在力学性质方面，压碎值和洛杉矶磨耗率应符合相应道路等级的要求。

粗集料应具有良好的颗粒形状，用于道路沥青面层的碎石不宜采用颚式破碎机加工。筛选砾石仅适用于三级及三级以下公路和次干路以下的城市道路的沥青表面，处置路面和拌和法施工的沥青面层的下面层，不能用于贯入式路面及拌和法施工的沥青面层的中上面层。

对用于抗滑表层沥青混合料中的粗集料，应该选用坚硬、耐磨、韧性好的碎石或碎砾石，矿渣及软质集料不得用于防滑表层。用高速公路、一级公路、城市快速道路、主干路沥青路面表面层及各类道路抗滑用的粗集料，应符合磨耗值和冲击值的要求。在坚硬石料来源缺乏的情况下，允许掺加一定比例普通集料作为中等或小颗粒的粗集料，但掺加比例不应超过粗集料总质量的40%。

③细集料

细集料是指集料中粒径小于 4.75mm（或 2.36mm）的那部分材料。沥青面层的细集料可采用机制沙、天然沙、石屑。细集料应洁净、干燥、无风化、无杂质，并有适当的颗粒级配。

④填料

填料的粒径小于 0.6mm，沥青与填料混合而成的胶浆是沥青混合料形成强度的重要因素，所以填料必须采用由石灰岩或者岩浆岩中的强基性岩石等憎水性石料经磨细的矿粉。矿粉要求干燥、洁净、能自由地从矿粉仓流出，其质量应符合技术要求。有时为提高沥青混合料的黏结力，也可掺加部分消石灰或水泥作为填料，其用量一般为矿料总量的 1% ～ 3%。

（2）沥青混合料的选择

沥青混合料是由矿料（粗集料、细集料和填料）与沥青拌和而成的混合料，包括沥青混凝土混合料和沥青碎石混合料。沥青混合料是一种黏弹塑性材，具有优良的物理力学性能（包括抵抗各种荷载的能力、高温稳定性、低温柔韧性、水稳定性等），施工较容易，修筑路面时不需要设置接缝，具有减震吸声的效果，保证行车舒适。施工方便、速度快，能及时开放交通，并可再生利用。因此，沥青混合料是高等级道路修筑的一种主要路面材料。

①沥青混合料的特性

良好的力学性能。沥青混合料是一种黏弹性材料，采用了它修筑的路面，夏季具有一定的高温稳定性，冬季具有一定的低温抗裂性。路面平整无接缝且有弹性，特别是在高速公路上可使客运快捷、舒适，货运损坏率低。

良好的抗滑性。沥青混合料路面既平整又具有一定的粗糙度，有利于高速行车的安全。在潮湿状态下，路面仍具有较高的抗滑性。

施工方便。采用沥青混合料修筑的路面，施工操作方便。采用机械化施工，进度快，养护期短，能及时开放交通。

经济耐久。采用沥青混合料修筑的路面，造价比水泥混凝土路面低得多。高速公路和机场道面可以保证 15 年无大修，使用期可达 20 余年。

便于维修养护、分期改建和再生利用，当沥青混合料路面出现坑槽可以补修。随着道路交通量的增加可分期改建，在旧路面上拓宽和加厚。对旧有的沥青混合料还可再生利用，节约能源、节约投资，社会和经济效益较高。另外，路面的噪声小，晴天无尘，雨天不泞，易于清洁，黑色无强烈反光，便于汽车高速行驶。

此外，沥青路面具有易老化、感温性大等缺点。

②沥青混合料的选择

沥青混合料类型的选择主要要满足以下要求。

沥青面层集料的最大粒径宜从上至下逐渐增大，并与压实层厚度相匹配；沥青面层一般应采用双层或三层式结构，各层之间应联结成为整体，在沥青层下必须浇洒透层油，沥青层与沥青层之间必须喷洒黏层油；沥青路面应满足耐久性、抗车辙、抗裂、密水、抗滑等多方面性能要求，便于施工，并应根据施工机械、工程造价等实际情况选择沥青混合料的种类；可对上面层或中面层沥青结合料采取改性措施，或采用 SMA 等特殊的矿料级配；保证各层的组合不致发生早期破坏，并且在此基础上优先或侧重考虑各层的服务功能做出选择；高速公路的紧急停车带（硬路肩）沥青面层应采用与车行道相同的结构，但表面层一般应采用密级配沥青混凝土混合料铺筑；各层沥青混合料应满足所在层位的功能上的要求，便于施工，不容易离析。各层应连续施工并连接成为一个整体。当发现混合料结构组合及级配类型的设计不合理时，应进行修改、调整，以确保沥青路面的使用性能。

2. 沥青混合料路面施工

（1）热拌沥青混合料路面施工

①施工准备

材料准备：做好配合比设计，报送监理工程师审批，对各种原材料进行符合性检验。选购经调查试验合格的材料进行备料，矿粉应分类堆放且不得受潮，必要时做好矿粉场地的硬化处理和场地四周排水及搭设库房或储存罐。

测量放样：沥青混合料路面施工前，应在下承层上重新恢复道路中线，放样边桩根据摊铺机的宽度和摊铺方案控制纵向摊铺条带的划分。

机械准备：检查、调试沥青混合料路面施工机械的工作状态，确保了机械性能正常摊铺机、压路机组合、运料车及其他机械设备各就各位。

下承层准备：铺筑沥青层前，应检查基层或下卧沥青层的质量，检查下承层的高程、路拱、平整度等参数，不符合要求的不得铺筑沥青面层。旧沥青路面或下承层已被污染时，必须清洗或经铣刨处理后方可铺筑沥青混合料。仔细清扫下承层，待干燥后洒布黏层油。

试验段：各层开工前在监理工程师批准的现场备齐全部机械设备进行试验段铺筑，以确定松铺系数、施工工艺、机械配备、人员组织、压实遍数，并检查压实度，沥青含量、矿粉级配、沥青混合料马歇尔各项技术指标等。注意气象预报，加强了工地现场、沥青拌和厂及气象台站之间的联系，待天气条件合适，其他准备工作均已就绪，就可以开始混合料的摊铺作业。

②混合料配合比设计

沥青混合料配合比设计的主要任务就是确定粗集料、细集料、矿粉和沥青材料相互配合的最佳组成比例，使之既能满足沥青混合料的技术要求又符合经济的原则。连续级配的沥青混合料配合比设计，通常按下列两个步骤进行。

第一，根据沥青混合料的矿料最佳级配范围，计算各组成矿料的配合比。矿料的最佳级配范围可以通过理论计算的方法并且结合生产实践经验予以确定。实际施工时，往往人工轧制的各种矿料的级配很难完全符合某一级配的范围。这就必须采用两种或两种以上符合质量要求的矿料，分别进行筛析试验，并测定各种矿料的相对密实度。根据各种矿料的颗粒组成，确定达到级配曲线要求时各种矿料的配比，并按配比配合起来，以满足级配要求。矿料配比确定方法有试算法、正规方程法以及图解法等。

第二，确定最佳沥青用量。现行规范采用马歇尔试验确定沥青混合料的最佳沥青用量，以 OAC 表示。沥青掺量可以采用油石比或沥青用量两种表达方式。

油石比是指沥青占矿料总量的百分比；沥青用量是指沥青占沥青混合料总量的百分比。确定最佳沥青用量，首先应根据当地的实践经验选择适宜的沥青用量，分别制作几组级配的马歇尔试件，初选一组满足或接近设计要求的级配作为设计级配，再进行马歇尔试验确定最佳沥青用量。

③沥青混合料的拌制与运输

沥青混合料必须在拌和厂采用拌和机械拌制。拌和机械分为连续式和间歇式两种，前者的单位时间生产能力大于后者。拌和设备的选型应根据工程量和工期综合考虑，并且拌和设备的生产能力应与摊铺能力相匹配，最好略高于摊铺能力。拌和机可以是固定式的或移动式的。

热拌沥青混合料采用较大吨位的自卸卡车运输到铺筑工地。运输车的运能应略大于拌和能力和摊铺速度。运送路途中，应在混合料上覆盖篷布，防止雨淋或污染环境。混合料运送到摊铺地点的温度应符合《公路沥青路面施工技术规范》的规定。车厢内侧板表面应涂薄层掺水柴油(油：水 =1：3)，以此来防止沥青黏接到车厢体上。运送到工地时，已经成团块、温度不符合要求或者遭受雨淋的沥青混合料，不得使用。

④沥青混合料的摊铺

热拌沥青的混合料使用沥青摊铺机械进行摊铺工序，在摊铺机械的受料斗事先要涂一层薄薄的隔离剂，或者涂防黏结剂也可。

在高速公路、一级公路、城市快速路或者主干道铺筑沥青混合料的过程中，如果是双车道，那么一台摊铺机进行铺筑的宽度需要在6m以内；如果是3车道或者大于3车道，那么一台摊铺机进行铺筑的宽度需要在7.5m以内。

一般情况下，铺筑作业最少使用两台机械进行作业，摊铺机两两之间错开大约10～20m的距离同时进行铺筑工作。在两幅之间需要进行搭接，搭接的宽度应该控制在30～60mm。搭接部分需要避开车轮印迹，上下层的搭接位置最少需错开200mm。

在施工前的半个小时到1个小时，摊铺机就要开始进行预热，在施工过程中，熨平板的温度应该在100℃以上。铺筑时，要调整好熨平板的振捣或夯锤压实装置的振动频率和振幅，保证路面初始压实度符合标准需求。熨平板加宽连接应仔细调节至摊铺的混合料没有明显的离析痕迹。摊铺机运行速度不需要过快，但必须保证摊铺机能够匀速行驶，以确保能够均匀摊铺混合料，并且摊铺作业是一个连续的过程，尽量避免在摊铺过程中出现停顿。

一般情况下，摊铺机的摊铺速度为 2～6m/min。如果在摊铺过程中混合料出现了离析、龟裂或者拖痕等问题，施工人员应该马上分析出现这些问题的原因，并且在最短的时间内将问题解决。

摊铺机应采用自动找平方式，下面层或基层宜采用钢丝绳或者路缘石、平石引导的高程控制方式，上面层宜采用平衡梁或雪橇式摊铺厚度控制方式，中面层根据情况选用找平方式，直接接触平衡梁的轮子不得黏附沥青。铺筑改性沥青或 SMA 路面时宜采用非接触式平衡梁，沥青混合料的松铺系数应根据混合料类型施工，机械和施工工艺等应通过试验段确定，试验段长不宜小于100m。摊铺过程中应随时检查摊铺层厚度及路拱、横坡。

摊铺机的螺旋布料器也需要进行均衡、稳定的转动。一般情况下，摊铺机的螺旋布料器的转动速度与摊铺机的摊铺速度相对应。在摊铺机的两侧有大于或者等于送料器高度 2/3 的混合料，这是为了避免混合料在摊铺作业中出现离析。

使用摊铺机进行作业过程中，最好不要频繁的进行人工修正。如果出于某些原因必须要使用人工进行局部的摊铺或者进行混合料的更换工作，要求人工施工必须小心仔细，如果出现特别严重的问题，那么应该将整层全部都清理干净，重新进行摊铺。

在路面狭窄部分、平曲线半径过小的匝道或加宽部分，以及小规模工程不能采用摊铺机铺筑时可用人工摊铺混合料。人工摊铺沥青混合料应符合下列要求。

半幅施工时，路中一侧宜事先设置挡板；沥青混合料宜卸在铁板上，摊铺时应扣锹布料，不得扬锹远甩。铁锹等工具宜沾防黏结剂或加热使用；边摊铺边用刮板整平，舌U平时应轻重一致，控制次数，严防集料离析；摊铺不得中途停顿，并且加快碾压。

如因故不能及时碾压时，应立即停止摊铺，并对已卸下的沥青混合料覆盖苦布保温；低温施工时，每次卸下的混合料应覆盖苦布保温；在雨季铺筑沥青路面时，应加强气象联系，已摊铺的沥青层因遇雨未行压实的应予以铲除。

⑤碾压成型

压路机在施工过程中的速度需要与上一阶段摊铺机的工作速度相适应。压路机每次应由两端折回的位置阶梯形的随摊铺机向前推进，使每一次折回的位置最终都不在同一个横断面之上。摊铺机如果一直在正常工作，没有出现停顿，那么压路机也应该持续进行作业，保证碾压温度始终保持在正常的范围内波动。

在实际作业过程中，如果是较为平缓的路段，那么压路机的驱动轮可以适当靠近摊铺机，这样可以减少波纹或者热裂缝的出现。在碾压过程中，压路机的轮子可能会附着沥青混合料，影响路面的平整度和压实度，此时绝对不能向碾压轮喷洒柴油，只需要喷洒少量的水或者洗衣粉溶液。

在碾压的末尾处，如果此时压路机能够稍微转动方向，就可以将摊铺机后面的压痕减至最小。在作业过程中，压路机不允许在没有经过碾压成型的路段上进行停顿、停车以及调头。在已成型的路面上，振动压路机在行驶时必须要将振动装置关闭。

压路机的体积较大，桥梁、挡墙等构造物拐弯死角、加宽及道路边缘等位置无法使用压路机进行压实，这样的位置可以使用振动夯板进行压实处理工序。雨水井或者其他检查井的边缘还应用人工夯锤、热烙铁补充压实。

在完成碾压并且沥青的温度依旧很高的和混合料之上，任何车辆以及机械设备都不得停放，矿料、油料等也不得洒于表面。待路面温度在 5℃ 以下时，才能够允许通车。如果有紧急事件需要尽早恢复通车，可以在沥青路面洒水，加快了路面的降温速度。

⑥接缝处理

沥青路面的各种施工缝（包括纵缝及横缝）都必须密实、平顺。

纵向接缝施工：摊铺时采用梯队作业的纵缝应采用热接缝；半幅施工不能采用热接缝时，宜加设挡板或采用切刀切齐；铺另半幅前必须将缝边缘清扫干净，并涂洒少量黏层沥青，摊铺时应重叠在已铺层上 5～10cm。

横向接缝的施工：对高速公路和一级公路，中、下层的横向接缝时可采用斜接缝，在上面层应采用垂直的平接缝。其他等级公路的各层均可采用斜接缝。平接缝应做到紧密粘接、充分压实、连接平顺。

三、水泥混凝土路面施工技术

水泥混凝土路面也称刚性路面，具有强度高、刚度大、稳定性好、养护维修费用低、使用寿命长等优点，在道路工程特别是高等级、重交通量的道路中已得到广泛应用。水泥混凝土包括普通混凝土、钢筋混凝土、连续配筋混凝土、预应力混凝土、装配式混凝土和钢纤维混凝土等面层板和基层及垫层所组成的路面。普通混凝土路面是指除接缝区和局部范围（边缘和角隅）外不配置钢筋的混凝土路面。水泥混凝土路面与沥青路面相比有对水泥和水的需要量大、开放交通迟、有接缝和修复困难等缺点。

（一）水泥混凝土路面材料组成

1. 水泥

公路、城市道路、厂矿道路应采用硅酸盐水泥或普通硅酸盐水泥（简称普通水泥），水泥强度等级不应低于 42.5 级。

当条件受限制时，可采用矿渣水泥，其强度不应低于 42.5 级；中轻交通等级道路强度等级不宜低于 32.5 级，并严格控制用水量，适当地延长搅拌时间，加强养护工作；亦可采用 325 号普通水泥，但应采取掺外加剂、干硬性混凝土或真空吸水措施。

民航机场道路和高速公路，必须采用强度不低于 42.5 级的硅酸盐水泥，水泥应有出厂合格证（含化学成分、物理指标），并经复验合格，方可使用。不同强度等级、厂牌、品种、出场日期的水泥，不得混合堆放，严禁混合使用。出场期超过三个月或受潮的水泥，必须经过试验，按其试验结果决定正常使用或者降级使用。已经结块的水泥不得使用。

2. 粗集料

粗集料的最大公称粒径，碎砾石不应大于 26.5mm，碎石不应大于 31.5mm，砾石不宜大于 19.0mm；钢纤维混凝土粗集料最大粒径不宜大于 19.0mm。混凝土所用的集料应坚硬耐磨、表面粗糙、有棱角，并符合规定级配。

3. 沙（细集料）

混凝土的细集料是指细度模数在 2.5 以上的天然沙、机制沙或混合沙，海沙不得直接用于混凝土面层。淡化海沙不应用于城市快速路、主次干道，但是可用于支路混凝土。用沙应质地坚硬、耐久、洁净。其技术指标与级配符合规范要求。

4. 水

饮用水可直接作为混凝土搅拌和养护用水。非饮用水应进行水质检验，并应符合有关规定，还应与蒸馏水进行水泥凝结时间与水泥胶沙强度的对比试验。

（五）外加剂

1. 流变剂

流变剂是改善新拌混凝土流变性能的外加剂，工程中常用的流变剂为减水剂。工程中常用的减水剂有木质素系减水剂（简称 M 剂）、萘系减水剂（简称 NF、MF 剂等）、水溶性树脂（蜜胺树脂）类减水剂等等。

2. 调凝剂

调凝剂是调节水泥混凝土凝结时间的外加剂，通常有早强剂、促凝剂、速凝剂和缓凝剂。早强剂常用的有氯化钙和三乙醇胺复合早强剂。促凝剂常用的有水玻璃、铝酸钠、碳酸钠、氟化钠、氯化钙和三乙醇胺等。速凝剂是使水泥混凝土迅速凝结和硬化的外加剂，可用冬季施工。

常用的有红星 1 号、711 型、782 型等，通常掺入量为水泥用量的 2.5%～4.0%，初凝时间可在 5min 之内，终凝时间在 10min 之内，缓凝剂常在气温较高时拌制混凝土使用。目前，主要有羟基羧酸盐类（酒石酸等）、多羟基碳水化合物（糖蜜等）和无机化合物类等。

3. 引气剂

引气剂能在混凝土中形成细小的、均匀分布的空气微泡，对新拌混凝土可改善其工作性、减少泌水和离析，对于硬化后的混凝土，可缓冲其水分结冰膨胀的作用。目前，常用的有松香热聚物、烷基磺酸钠和烷基苯丙酸钠等。

（二）水泥混凝土面层施工技术

1. 施工准备

（1）施工机械选择

常见的水泥混凝土路面的摊铺机械有滑模摊铺机、轨道摊铺机、三辊轴机组、小型机具和碾压混凝土摊铺机械等。

（2）技术准备

当采用自拌混凝土时，应选择合适的拌和场地，要求运送混合料的运距尽量短，水、电等方便，有足够面积的场地，能合理布置拌和机和沙、石堆放点，并能搭建水泥库房等；有碍施工的建筑物、灌溉渠道和地下管线等，均应在施工前拆迁完毕；混凝土摊铺前，对基层进行整修，检测基层的宽度、路拱、标高、平整度、强度和压实度等各项指标达到设计和规范要求，并且经监理工程师同意后进行。混凝土摊铺前，基层表面应洒水润湿，以免混凝土底部水分被干燥基层吸去。

2. 模板与钢筋

模板安装应符合下列规定：支模前应核对路面标高、面板分块、胀缝和构造物位置；模板应安装稳固、顺直、平整，无扭曲，相邻模板连接应紧密、平顺，不应错位；严禁在基层上挖槽嵌入模板；使用轨道摊铺机应采用专用钢制轨模。

钢筋安装应符合下列规定：钢筋安装前应检查其原材料品种、规格与加工质量，确认符合设计规定；钢筋网、角隅钢筋等安装应牢固、位置准确；钢筋安装后应进行检查，合格后方可使用；传力杆安装应牢固、位置准确；胀缝传力杆应与胀缝板、提缝板一起安装。

3. 混凝土搅拌

混凝土的搅拌时间应按配合比要求与施工对其工作性要求，经试拌确定最佳搅拌时间，每盘最长总搅拌时间宜为 $80 \sim 120s$；外加剂宜稀释成溶液，均匀加入进行搅拌；混凝土应搅拌均匀，出仓温度应符合施工要求。

搅拌钢纤维混凝土，除了应满足上述要求外，还应符合下列要求：当钢纤维体积率较高、搅拌物较干时，搅拌设备一次搅拌量不宜大于其额定搅拌量的80%；钢纤维混凝土的投料次序、方法和搅拌时间，应以搅拌过程中钢纤维不产生结团和满足使用要求为前提，通过试拌确定；钢纤维混凝土严禁用人工搅拌。

4. 混凝土拌合物的运输

（1）机动车运送

在路面施工中，为便于混凝土的摊铺，一般采用自卸车运送混凝土拌和物（工程量一般，现场条件有一定限制时，也可以使用机动翻斗车）。机动车运送混凝土拌和物，主要的风险类型是车辆伤害，其风险控制的重点在于以下几点。

杜绝超载、超速行驶的不安全行为；遇视线不良天气（大雾、沙尘暴等）时，严防快速行驶的不安全行为；卸料前，严防不确认车厢上方无电线或者障碍物（尤其是乡村公路）的不安全行为；车厢处于举升状态时，杜绝作业人员上车厢清除残料的不安全行为；卸料后，杜绝在车厢倾斜情况下行驶的不安全行为。

除了要严防车辆伤害外，还应加强现场指挥，防止机动车与其他施工机械之间发生碰撞而导致各种意外伤害事故，防止造成地面作业人员的意外伤亡。

（2）手推车运送

在工程量很小或现场条件不适合使用大中型运输车时，可使用现场拌和混凝土，采用手推车将混凝土运送到摊铺现场，手推车运送混凝土拌和物的风险控制重点在于以下几点。

杜绝猛跑、撒把溜车的不安全行为，以免手推车倾翻而导致机械伤害（很可能是伤害他人）；严防车斗内载人的不安全行为，以免造成机械伤害；多车推送混凝土时，防止前后车之间距离过近（一旦后车控制不住手推车，很可能造成前车的推车人受到挤压伤害）。

（三）滑模式摊铺机施工

1. 施工前的准备

铺筑前需要保证基层平整，设有沙垫层的，垫层表面应平整、密实；模板尺寸、位置、高程等应满足设计要求，支撑牢固稳定，隔离剂涂刷均匀，模板接缝严密、模内洁净；预埋胀缝板的位置正确；边缘、角隅及其他部位的钢筋安装牢固，位置准确，传力杆与胀缝垂直，绑扎牢固，套筒安装齐全、位置准确；各种检查井井盖、井座，雨水口篦子、篦圈应预先安装完成，且安装牢固，位置准确，标高和路面标高协调一致；水泥混凝土运输应确保及时、连续；设有纵缝的水泥混凝土路面层，在成型水泥混凝土板块侧立面，应按要求涂刷隔离剂。

2. 正确设置滑模摊铺机各项工作参数

（1）振捣棒位置

振捣棒的位置应在压板最低点以上，振捣棒的横向间距大于450mm均匀排列，两侧最边缘振捣棒与摊铺边缘距离不宜大于250mm。振捣棒位置是保证面板不产生纵向收缩裂缝的关键，振捣棒随滑模摊铺机拖行时，将粗集料推开，会形成无粗集料的沙浆暗沟，由于沙浆的干缩量是混凝土的20倍。所以，如果主要振捣棒掉下来，摊铺后的路面留有发亮的沙浆条带，路面必然纵向开裂。在所有公路路面摊铺时，振捣棒的最低点位置必须设置在路表面以上。也有很深的厚面板，比如广州新白云机场，面板厚度达42cm。除了缩窄一倍加密振捣棒的横向间距外，一半振捣棒安装在表面，另一半是插入板中的。公路没有这么厚的面板，均必须设置在路表面以上，防止了开裂。

（2）前倾斜角

挤压底板前倾角宜设置为30℃左右，提浆夯板位置宜在挤压底板前缘以下5～10mm之间，这是横向拉裂与否的关键要素。

（3）超铺角及搓平梁

两边缘超铺角宜在3～8mm间。搓平梁前宜调整到与挤压板后沿同高，搓平梁的后沿比挤压底板后沿低1～2mm，并与路面同高。

（4）位置校准

滑模摊铺机首次摊铺路面，应对挂线以及其铺筑位置、几何参数和机架水平度进行校准，正确无误后，方可开始摊铺。

（5）复核测量

在开始摊铺的 5min 内，应在铺筑行进中对摊铺出的路面标高、边缘厚度中线、横坡度等参数进行复核测量。所摊铺的路面精确度应控制在规范的规定值范围内。

3. 混凝土搅拌与运输

搅拌前应先检查搅拌设备的各机构是否运转正常，并根据实验室提供的配料单将各材料数据输入搅拌设备微机里，接到前方通知后，进行搅和。

搅和时应根据搅和物粘聚性、均质性及强度稳定性试拌确定最佳拌和时间。所生产的拌和物应色泽一致，如有生料、干料、离析或外加剂成团的非均质混合物时，严禁用于路面铺筑。

把搅拌好的混凝土拌和物运到摊铺现场，在运输过程中要保证不漏浆、不变干、不离析，卸料时尽量不要堆积太高。卸料高度不应超过 1.5m。远距离运输或运输桥面、钢筋混凝土路面混凝土拌和物时，宜采用了混凝土运输车。机前布料尽量使混凝土在全宽方向厚度较均匀，中间可高一点，布料高度一般比成型后的路面高出 6～10cm 为宜。

4. 铺筑作业技术要领

（1）摊铺速度

操作滑模摊铺机应缓慢、匀速、连续不间断地作业。摊铺速度应当根据拌和物稠度、供料多少和设备性能控制在 0.5～3.0m/min，一般宜控制在 1m/min 左右。拌和物稠度发生变化时，应先调振捣频率，后改变摊铺速度。

（2）松方控制

应随时调整松方高度板控制进料位置，开始时宜略设高些，以保证进料。正常摊铺时应保持振捣仓内料位高于振捣棒 100mm 左右，料位高低上下波动宜控制在 ±30mm 之内。为了摊铺高平整度的路面，挤压底板的料和振动仓内的混凝土之间，始终应维持相互间压力的均衡，才不至于因挤压力忽大忽小而影响平整度。

（3）振捣频率控制

正常摊铺时，振捣频率可在 6000～11 000r/min 之间调整，宜采用 9000r/min 左右的频率。应防止混凝土过振、欠振或调振。应根据混凝土的稠度大小，随时调整摊铺的振捣频率或速度。摊铺机起步时，应先开启振捣棒振捣 2～3min，再缓慢平稳推进。摊铺机脱离混凝土后，应立即关闭振捣棒组。

（4）纵坡施工

滑模摊铺机满负荷时可以铺筑的路面最大纵坡为：上坡 5%、下坡 6%。

上坡时，挤压底板前仰角宜适当调小，并适当调轻抹平板压力，坡度较大时，为防止摊铺机过载，推不动，宜适当地调整挤压底板前仰角；下坡时，前仰角宜适当调大，并适当调大抹平板压力。板底不小于 3/4 长度接触路表面时抹平板压力适宜。

（5）纵缝拉杆安置

摊铺单车道时，必须根据路面设计配置单侧或者双侧打拉杆机械装置，打拉杆装置的正确插入位置应在挤压底板下的中部或偏后部，无论采用何种方式打入拉杆，其压力应满足一次打到位。打入拉杆位置必须在板厚中间，中间和侧向拉杆的高低和左右误差不得大于 ±2mm。

第三章　道路工程养护与维修

第一节　路基常见病害及防治措施

一、路基常见病害及处治方法

（一）路基常见病害

在自然界中，路基受各种因素的作用，产生不可恢复的变形，危及路基以及其各组成部分的完整和稳定，形成路基的病害。

1. 路基沉陷

路基沉陷是指路基表面在垂直方向产生较大的沉落。

路基沉陷分两种情况：

（1）因路基填料选择不当、填筑方法不合理以及压实不足，在路基堤身内部将形成过湿的夹层，在荷载和水温综合作用下，引起路基自身沉缩。

（2）原天然地面为新近填土、软土及泥沼等，其承载能力不足，路基修筑前又未经处理，在路基自重作用下，地基沉陷或向两侧挤出，引起了路基下陷。

2. 边坡滑塌

根据边坡土质类别、破坏原因和规模的不同，路基边坡滑塌可分为以下四种：

（1）溜方

溜方是由少量土体沿土质边坡向下移动所形成的，通常是指边坡上薄的表层土下溜，可能是由于流动水冲刷边坡或者施工不当而引起的。

（2）滑坡

滑坡是指一部分土体在重力作用下沿路堤的某一滑动面滑动。滑坡现象主要是土体的稳定性不足而引起的。滑坡分为路堤滑坡和路堑滑坡。

边坡坡度过陡，边坡坡脚被冲刷挖空，填土层次安排不当，是导致路堤边坡的主要原因。边坡高度和边坡坡度与天然岩土层次的性质不适应是路堑边坡滑坡的主要原因。黏性土层和蓄水的砂石层交替分层蕴藏，特别是有倾向路堑方向的斜坡层理时，就更容易诱发滑坡。

（3）风化剥落

风化剥落是指风化的石质路堑边坡，在外界环境因素如降水、强风、振动等影响下，成片或块体剥落，从而危及线路与行车安全。风化剥落一般多指因地形、地质原因而造成的体积较小而数量较多的风化岩石剥落。

（4）不良地质和水文条件

不良地质条件（如泥石流、溶洞等）和较大自然灾害（如大暴雨）均可能导致路基的大规模毁坏。

（二）常用地基处治方法

1. 换填法

换填法就是将路基底面以下一定范围内的软弱土层挖去，然后以质地坚硬、强度较高、性能稳定、具有抗侵蚀的砂、碎石、卵石、素土、灰土、煤渣、矿渣等材料分层填筑、压实成为良好的人工地基。就道路病害而言，通常只在上部路堤较矮并且下部软弱土层较薄的情况下采用换填法。

2. 静压注浆法

静压注浆法的实质是用气压、液压或电化学原理，把某些能固化的浆液注入各种介质的裂缝或孔隙，以改善地基的物理力学性质。注浆法可用于防渗、堵漏、加固和纠正结构物倾斜。它广泛应用于水利、道桥以及地下建筑等工程中的砂及砂砾石地基、软黏土地基、杂填土地基、淤泥以及湿陷性黄土地基等。在地基处理中，常用的静压注浆方法按其依据的理论可分为渗透注浆法、劈裂注浆法、压密注浆法以及电动化学注浆法。

（1）劈裂注浆法

浆液在压力作用下，克服地层的初始应力和抗拉强度，引起土体结构的破坏和扰动，进而使浆液沿垂直于小主应力平面上发生劈裂，进一步使地层中原有的孔隙或裂隙扩张或形成新的裂缝和孔隙，从而使低透水性地层的可灌性和浆液扩散距离增大。劈裂注浆法可以通过劈裂压密土体形成充填裂缝，浆液进一步扩散和延伸，最终形成板状和树根状浆脉，达到改善土体化学性能、增加土体抗压强度、降低了土体渗透性的目的。

（2）压密注浆法

通过钻孔向土层中压入浓浆，随着土体的压密和浆液的挤入，在压浆点周围形成浆泡空间，并向四周不断膨胀挤压土体，压入的浆泡使一定范围内的土体被挤密，浆泡本身凝结后也最终形成硬质块体存在于土体中，使一定范围内的土层得到强化改善。此外，浆液的挤压作用会引起地面的局部隆起和路基不均匀沉降有所抵消现象。

（3）渗透注浆法

在注浆压力作用下，浆液克服各种阻力而渗入孔隙和裂隙，注浆压力越大，吸浆量及浆液扩散距离就大。该法假定在注浆过程中地层结构不受扰动和破坏，所用的注浆压力相对较小。渗透性注浆是在地层结构不被破坏的条件下渗入地层，浆材的颗粒尺寸必须至少小于土的孔隙尺寸，才能实现渗透性注浆。

（4）电动化学注浆法

在黏性土中插入金属电极并通以直流电后，就在土中引起电渗、电泳和离子交换等作用，促使在通电区域的土中以高价金属离子代换钠离子，使土的含水量显著降低，并可使土内形成渗浆"通道"。若在通电的同时向土中灌注硅酸盐浆液，就能在"通道"上形成硅胶，并且与土体胶结成具有一定力学强度的加固体。

3. 旋喷桩法

旋喷桩法利用旋喷钻机将预先配置好的水泥浆液通过高压脉冲泵使液流获得巨大能量后，通过注浆管道从高压喷嘴中高速喷射，形成一股能量高度集中的液流。切削土体的同时，钻杆以一定的速度边旋转，边提升，从而使浆液与土体充分搅拌，并按一定的浆土比例和质量大小有规律地重新排列，胶结硬化后便形成一个有一定直径的柱状固结体。

采用旋喷桩法，在软弱土层中形成由水泥固结体和桩间土组成的复合地基，可大大提高地基的抗剪强度，改善土的变形性质，提高地基的承载力，减少地基的沉降变形。此方法可以利用小直径钻孔旋喷成比孔大 8 ～10 倍的大直径固结体，具有设备简单、施工速度快、机械化程度高、用途广、成本低的特点。

4. 混凝土挤密桩法

混凝土挤密桩的实质是一种钻孔桩，即利用钻机从路面向下钻孔至不良地基中，成孔后将混凝土分层压实，在一定的压力作用下，对于周围的不良土体起挤密作用，同时挤出的水分被干混凝土吸收，形成改良后的复合桩基础，从而达到治理的目的。

5. 树根桩托换法

树根桩就是在套管导向下用旋转方法钻进（钻孔直径 100 ～300mm），穿过原有建筑物的基础进入地基土中至设计高程，清孔后下放钢筋（钢筋数量视桩孔直径而定），再用压力灌注水泥浆、水泥砂浆或细石混凝土，边灌、边振、边拔管，最后成桩。利用该方法所形成的桩可以是垂直的也可以是倾斜的，可以是单根的也可以是成排的，由于桩基形状如"树根"而得名。它的突出优点是能够最大限度地保持结构物和地基之间原有的平衡状态，保证在加固地基的同时，又不破坏地基土对结构物的支撑作用。树根桩的三维结构增加了地基的刚度，可使基础的沉降大大降低，且树根桩在施工时无振动，不需要笨重的设备。

二、路基不均匀沉降及防治措施

（一）路基不均匀沉降原因及防治措施

1. 路基不均匀沉降原因分析

路基不均匀沉降是地基、路基本身、水等多方面因素综合作用的结果。

（1）地基

表土处理、伐树除根不彻底，基底压实度不符合要求，易致地基松软及不均匀沉降。填筑前地基未按规定要求挖成台阶的大横坡路段，荷载作用下与地基结合不良的填料极易失稳而沿坡面发生滑移，从而产生横向不均匀沉降。

软土地基在附加应力作用下，会发生固结沉降、次固结沉降和侧向塑性挤出，导致明显的沉降变形。当清淤处理不彻底或回填材料控制不好时，易形成了相对软土层，导致地基不均匀沉降，造成路基的不均匀沉降及路面开裂。

在碳酸盐岩地区，路基下有时分布有岩溶洼地或漏斗，其中的沉积物松软，在荷载作用下，沉积物压实、侧向流动和下陷，形成路基沉陷。

（2）路基

在路基施工过程中，填料、级配难以得到有效控制。填料多用挖方、废方，其性质、级配差异大，若填料中混入种植土、腐殖土等劣质土，或土中含有大块土或冻土等，在一定期限可能产生局部明显横向下沉。

压实不足往往导致了填方路基的横向不均匀沉降变形，在路基两侧出现纵向裂缝。路基土体压实度不足的原因很多。在施工过程中，填方土体的最佳含水量控制不力，压实时的松铺厚度、碾压机具选择不当，压实或压实作用时间不足，路基压实不充分，压实效果达不到要求；分层碾压厚度过大，小颗粒填料和软弱物质难以有效压实，长期荷载作用下，路基会产生不协调沉降变形；局部路堤填料含水量低，土块粉碎不足易致路基压实度不均匀；加减速道与行车道拼接处，路基边缘不能超宽碾压处，容易产生压实度不足的情况。填方土体压实度不足，使土体前期固结压力小于自重应力和各种附加应力之和，在自重作用下就会发生沉降变形。路基压实不足，密实度达不到要求，土体易发生积水，造成水分积聚和侵蚀路基，使路基土软化或因冻胀而产生不均匀沉降。

在半填半挖路段，由于填方和挖方的沉降系数不同，在行车荷载的作用下，填方与挖方的沉降差值随着时间的增加而增大，易在交界处出现不均匀沉降，从而产生纵向裂缝。

（3）水

在地下水的交替作用下，路基土体内水含量反复变化。土体重度在一定范围内波动，由毛细管张力引起孔隙水压力达到相当的数值，可使路基产生横向沉降变形。降雨量过大、洪水、冰冻、积雪或温差过大，都可能使高路堤产生横向不均匀下沉。

施工过程不注意排水，雨天时路基积水严重，无法自行排水，积水浸入路基内部，形成水囊；晴天施工时，积水未及时排除就继续填筑，形成隐患。

2. 路基不均匀沉降防治措施

（1）勘察设计

①做好地质勘探调查

对道路沿线的地形、地貌、水文地质进行详细勘察，对特殊路基段应提供详细的设计资料。地表不良路段，可考虑换土或掺石灰、水泥及铺设土工合成材料等措施。

②设计要求

按照设计规范要求，根据土基干湿类型及毛细水位高度确保路基最小填筑高度，保证不因地面水、地下水、毛细水及冻胀作用的影响而降低其稳定性。当路基填筑高度受限制而不能达到规范规定时，则应采取相应的处治措施，比如换填砂砾、石渣等透水性材料，设置隔离层或修筑地下渗透沟等以避免地面积水和地下水浸入路基，影响路基工作区内的土基强度与稳定性。

遵循因地制宜、整体规划、综合考虑的原则，进行路基纵、横向排水设计，避免造成两侧长期积水浸泡路基，使路基承载力下降而发生沉降变形。

高填、深挖路基的边坡应根据填料种类、边坡高度和工程地质条件等确定，且高填路堤必须进行路基稳定性验算。填方边坡过高时，可考虑在边坡中部加置边坡平台。

积极推行植物防护与硬防护相结合的综合防护形式，在比较稳定的土质边坡采用种草、铺设草皮、植树等植物防护措施。岩体风化严峻、节理发育、软质岩石、松散碎（砾）石土的挖方边坡以及受水流侵蚀、植物不易生长的填方边坡可以采用护面墙、砌石等工程防护措施，沿河路基、受冰侵害和冲刷路段采用挡土墙、砌行护坡、石笼抛石等直接防护措施。

③防治方法

强夯法处治是利用大能量直接作用在被处治范围上，通过对整体提高被处治体的密实度来减少不均匀沉降变形。其作用效果明显，施工速度快。

压力灌浆法是利用机器施加高压，把能固化的浆液压入土体空隙，浆液凝固后把压力区范围内的土体固结，使用松散的土颗粒形成整体，达到控制沉降、减少不均匀沉降的目的。特别是针对路基下软土基的处治，可以直接改善土体结构，固结土体，控制沉降。

应用土工合成材料（土工格栅、塑料网格等）进行加筋或制或柔性褥垫层，使之调节和控制不均匀沉降。

（2）施工

施工前要做好施工组织设计，做好施工前的准备工作，认真清除地表土，严格控制填土含水量，选取满足规范要求的路基填料，做好监测工作，处理好填石路基与鸡爪形地段等特殊地段施工，做好路基填筑碾压工作，路基施工必须分层填筑，分层碾压，并做好路基施工中的排水工作，对于半填半挖部位做台阶以控制不均匀沉降。

路基土石方施工时或完工后，应及时进行路基防护工程施工和养生。各类防护与加固应在稳定的基础或坡体上施工。防护工程的砂浆、混凝土，应采用机械拌和，随拌随用，并注重做好养生。

（二）纵向填挖交界处不均匀沉降原因及防治措施

1. 纵向填挖交界处存在的质量问题

在新建的道路上，经常出现填方地段与挖方地段发生错台，致使整个路段产生不均匀沉降，路面也随之发生破坏。由于填挖结合部位是填挖方的过渡段，其特点是填方的高度和挖方的深度都较小，作为行车荷载直接作用区域，随时间的推移，由于填、挖方的沉降值不同，使路基出现纵向不均匀沉降。

2. 纵向填挖交界处不均匀沉降原因分析

（1）在道路施工中，路基填方和挖方结合处的填方一般处于一个"倒三角"的地形。在这种地形填方时，机械难以在底部展开工作，一般倾填至机械能及的位置后才进行碾压。倾填的部分由于大石料集中、填料的空隙率大，极不稳定。尤其是基底未经处理，地基的承载能力不均匀也导致了变形过大而挖方地段基础处于天然密实状态，即使有沉降也是均匀的。

（2）高填方地段的工后沉降量大于挖方地段。

（3）填方时，填挖衔接处没有按要求采取挖台阶处理或者处理的宽度及高度不满足要求。

3. 纵向填挖交界处不均匀沉降预防措施

（1）填方前应对基底进行处理，清除淤泥、腐殖土、杂草树根。

（2）做好临时排水设施。当坡面或者坡脚处裂隙水比较丰富或有地下泉水时，应在沿坡脚位置每间隔 2～3 个填层高度设置一个盲沟，将丰富的裂隙水或泉水导流至填方区以外排水沟内。此外，路堤在填筑过程中要按设计纵横坡保持路拱，以便雨季排水畅通。另外，对于半填半挖、填挖交界处施工，最好不要用推土机直接进行填土作业，这样容易形成推堆区，且满足不了压实要求。

（3）高填方路基前边坡应用较大石块，码砌高度不小于2m，厚度不小于1m；控制倾填料颗粒径，避免大石料过于集中；采用大吨位机械振动压实，避免出现过大的工后沉降。

（4）填方前，对填挖交界处或自然横坡陡于1:5时，应将原地面挖台阶，宽度不小于2m，其顶做成2%～4%的内倾斜坡，压实度不得小于85%，挖好横向联结台阶，分层压实。

（5）做好挖方段地表及地下排水工作，避免水对新填路基的危害。

（6）在进行填方区压实度检测时，应将纵向填挖交界处作为重点检测对象，若压实度不合格，要根据不合格原因坚决进行返工或补压。

（7）工程实践已证明，应用土工合成材料处治路基非均匀沉降，不失为一种有效的工程技术措施。

为保证纵向填挖交界处路基的稳定性，减少不均匀沉降，对于部分填挖交界路基进行土工格网加固处理。山体自然坡度比不小于1:2,且填高大于4m时，在路基顶部至0.4H（H为填土高度）高度处，每间隔100cm高度铺设一层土工格网。纵向填挖交界处土工格网沿横向铺设，当土工格网铺设长度超出路基边坡的范围时，则铺至离坡面30cm处即可。

4. 纵向填挖交界处不均匀沉降处理措施

如果纵向填挖交界处的沉降已经发生，可采取以下措施：

（1）分析产生的原因，观察沉降发展的情况，设计处理措施方案。

（2）错台差异不大的地方，对于开裂的路面使用沥青砂或者水泥浆进行灌缝处理，避免路面水浸入而影响路面基层强度或路基的整体强度。

（3）如果沉降已经稳定，视差异高度加铺一层路面结构或重新填筑。

第二节　沥青路面养护与维修

一、沥青路面病害维修

（一）沥青路面变形维修

1. 车辙类型与维修

沥青路面车辙一般包括了结构性车辙、流动性车辙、磨损性车辙、压实不足引起的车辙。

根据车辙类型的不同，常用的车辙维修措施有：稀浆封层、微表处、石屑封层、罩面或改建等。高速公路一般采取局部铣刨、局部填补或整体改造措施。沥青路面车辙的具体维修方法的选择如下：

（1）因表面磨损过度出现的车辙，可先行铣刨，喷洒黏层沥青后，铺筑沥青混合料。

（2）属于路面横向推挤形成的横向波形车辙且已稳定者，可按上述方法修补；如因不稳定夹层引起，则应清除该夹层，重铺局部下沉造成的车辙，可按路面沉陷的处理方法进行修补。

（3）车道表面因车辆行驶推移而产生的车辙，应将出现车辙的面层切削或铣刨清除，然后重铺沥青面层。在高速公路及一级公路上可采用了 SMA 混合料或改性沥青混合料修补车辙。

（4）路面受横向推挤形成的横向波形车辙，如果已经稳定，可将凸出的部分铣刨，在波谷部分喷洒或涂刷黏结沥青并填补沥青混合料并找平、压实。

（5）因面层与基层间有不稳定的夹层而形成的车辙，应将面层挖除，清除夹层后，重做面层。

（6）由于基层强度不足、水稳性不好，使基层局部下沉而造成的车辙，应先处治基层。

2. 纵向变形及维修

（1）纵向变形

路面的纵向变形是由路基的纵向变形造成的。软土地基和非软土地基都可以产生纵向变形，纵向变形造成路面大波浪形的不平整，包括路面沉陷、桥头跳车、波浪、搓板、壅包等。

沉陷是由于路基路面产生竖向变形而导致路面下沉的现象，通常有均匀沉陷、不均匀沉陷、局部较大面积沉陷等。桥头跳车是由桥台背填土压实不够而引起路基不均匀沉降，从而使路面产生沉陷，形成跳车。沉陷、桥头跳车都是因为施工质量没有严格控制所造成的，可采用新技术、新材料以及新工艺来加强填方的压实度，使其达到要求。

波浪是指路面有规律地纵向起伏，波峰与波谷交替出现，间隔很近，一般在 60cm 之内。造成波浪的主要原因是材料组成设计差、施工质量差，使面层材料不足以抵抗车轮水平力的作用。此外，产生波浪也可能是由于旧面层已有搓板，而加铺沥青面层时未予妥善处理（铲除搓板）所致。

（2）壅包维修

①属于施工时操作不慎将沥青漏油在路面上形成的壅包，将壅包除去即可。

②已趋于稳定的轻微壅包，应将壅包用机械刨削或人工挖除。如除去壅包后，路表不够平整，应予以处治。

③因基层沥青用量过多或细料集中而产生较严重壅包，或路面连续多次出现壅包且面积较大，但路面基层仍属稳定，则应用机械或人工将壅包全部除去，并且低于路表面约 10mm。扫尽碎屑、杂物及粉尘后，用热沥青混合料重做面层。

④因基层局部含水率过大，使面层与基层间结合不良而被推移变形造成的壅包，应

把壅包连同面层一起挖除，将水分晾晒干，或用水稳定性较好的材料更换已变形的基层，再重做面层。

⑤由于基层局部强度不足或水稳定性不好，使基层松软而导致的壅包，应将面层和基层完全挖除。如土基中含有淤泥，还应将淤泥彻底挖除，换填新料并夯实。在地下水位较高的潮湿路段，应当采取措施引出地下水并在基层下面加铺一层水稳定性较好的材料，最后重做面层。

（3）沉降维修

第一，因路基不均匀沉降而引起的局部路面沉陷，若土基和基层已经密实稳定，不再继续下沉，可只修补面层，并根据路面的破损状况分别采取下列处治措施：

①路面略有下沉，无破损或仅有少量轻微裂缝，可在沉陷处喷洒或涂刷黏层沥青，再用沥青混合料将沉陷部分填补，并压实平整。

②因路基沉陷导致路面破损严重，矿料已松动、脱落形成坑槽的，应按照坑槽的维修方法予以处治。

第二，因土基或基层结构遭到破坏而引起路面沉陷，应处治好基层后再重做面层。

第三，桥涵台背因填土不实出现不均匀沉降的，可视情况选择以下处理方法：

①挖除沥青面层，在沉陷的部分加铺基层后重做面层。

②对于台背填土密实度不够的，应重新做压实处理，台背死角处的压实宜采用机械夯实。

③对含水率和孔隙比较大的软基或含有有机物质的黏性土层，宜采取了换土处理，换土深度应视软层厚度而定。换填材料首先应选择强度高、透水性好的材料、如碎石土、卵砾土、中粗砂及强度较高的工业废渣，且要求级配合理。

（4）波浪与搓板维修

第一，属于面层原因形成的波浪或搓板可按下述方法进行维修：

①路面仅为轻微波浪或搓板，可在波背部分喷洒沥青，并且匀撒适当粒径的矿料，找平后压实。

②波浪（搓板）波峰与波谷高差起伏较大时，应顺着行车方向将凸出部分铣刨削平，并低于路表面约 10mm。削除部分喷洒热沥青，再匀撒一层粒径不大于 10mm 的矿料，扫匀、找平，并压实。

③严重的、大面积波浪或搓板，需将面层全都挖除，然后重铺面层。

第二，若面层与基层之间存在不稳定的夹层，面层在行车荷载的作用下推移变形而形成波浪（搓板），应挖除面层，清除了不稳定的夹层后，喷洒黏结沥青，重铺面层。

第三，因基层局部强度不足或稳定性差等原因造成的波浪（搓板），应先对基层进行处治，再重做面层。

（二）表面损坏维修

沥青路面表面损坏形式有泛油、磨光、油包、啃边和脱皮等。

1. 泛油维修

泛油是指沥青从沥青混凝土层的内部从下向上移动，使表面出现过多沥青。泛油主要是由于沥青用量过大、稠度太低或热稳定性差等原因所引起的。此外，也可能由于低温季节施工，层铺法沥青路面的嵌缝料失散过多，在气温转暖后，自行车荷载作用下多余沥青溢出表面而形成的。

在轻微泛油的路段，可撒上 3～5mm 粒径的石屑或粗砂，并用压路机或者控制行车碾压在泛油较重的路段，可先撒上 5～10mm 粒径的碎石，用压路机碾压，待稳定后，再撒 3～5mm 粒径的石屑或粗砂，并用压路机或控制行车碾压。

面层混合料中沥青含量过高，且已形成软层的严重泛油路段，可视情况采用下述方法：①先撒一层 10～15mm 粒径（或更大的）碎石，用压路机将其强行压入路面，待基本稳定后，再分次撒上 5～10mm 粒径的碎石，并碾压成型。②将沥青含量过高的软层铣刨清除后，重做面层。

维修要点：①泛油处治时间应选择在泛油路段已出现全面泛油的高温季节，并在当日气温最高时进行。②撒料应顺行车方向撒，先粗后细，做到少撒、薄撒、匀撒、无堆积、无空白。③禁止使用含有粉粒的细料。④采用压路机或引导行车碾压，使所做料均匀压入路面，如采用行车碾压，应及时将飞散的粒料扫回。

2. 磨光维修

高速公路、一级公路路表抗滑能力降低并且已磨光的沥青面层，可用路面铣刨机直接恢复其表面的粗糙度。

路面石料棱角被磨掉，路面光滑，抗滑性能低于要求值时，应加铺抗滑层。加铺前，应先处治好原路面上的各种病害，若原路表有沥青量过多的薄层，应将其刮除后洒黏层油。罩面形式可以采用拌和法或层铺法施工的单层表面处治和各类表面封层措施，高速公路一般采用超薄磨耗层及薄层罩面等措施。

3. 油包维修

对于较小的油包、油垄或轻微的搓板，在气温较高时（或用加热器烘烤）铲除，也可用机械铣刨铲除后找平补顺，再用热熔铁烙平。因基层强度不足或稳定性差而引起的严重壅包或波浪（搓板），应对基层做补强处理后，再铺面层。如面层与基层间有不稳定层，应清除不稳定层，再铺筑面层。

4. 啃边维修

啃边的处治因路面边缘沥青面层破损而形成的啃边，应将破损的沥青面层挖除，在接茬处涂刷适量的黏结沥青，用沥青混合料进行填补，再整平压实。修补啃边后的路面边缘应与原路面边缘齐顺。因基层松软、沉陷而形成的啃边，应先对路面边缘基层局部补强后再恢复面层。应加强路肩的养护工作，保持了路肩稳定。随时注意填补路肩上的车辙、坑洼或沟槽，保持路肩与路面衔接平顺，并保持路肩应有的横坡，以利排水。

5. 脱皮维修

（1）因沥青面层与封层没有黏结好以及初期养护不良引起的脱皮，应清除已脱落和已松动的部分，再重新做上封层，所做封层的沥青用量及矿料粒径规格应视封层的厚度而定。

（2）比如沥青面层层间产生脱皮，应将脱落及松动的部分清除，在下层沥青面上涂刷黏结沥青，并重做沥青层。

（3）面层与基层之间因黏结不良而产生的脱皮，应先清除掉脱落、松动的面层，并分析黏结不良的原因。若面层与基层间所含水分较多，应晾晒或烘干；若面层与基层之间夹有泥层，则应将泥砂清除干净，喷洒透层沥青后，再重做面层。

（三）裂缝维修

1. 路面裂缝

沥青路面在使用期内开裂，是普遍存在的问题，如果不及时对路面裂缝进行合理处治，必然会加剧路面的进一步损坏。路面裂缝的危害在于，从裂缝中不断进入的水使基层甚至路基软化，导致路面承载力下降，产生唧浆、错台、网裂，加速路面破坏。

沥青路面裂缝按形成原因可分为温度裂缝（由沥青面层温差导致的温缩裂缝）、干缩裂缝（主要由半刚性基层干燥开裂引起，反射到沥青面层形成的反射裂缝）、荷载裂缝（行车荷载作用导致的结构性破坏裂缝）、沉降裂缝（由填土固结沉降或路基不均匀沉降引起）等几种主要形式。

沥青路面开裂的原因和裂缝的形式是多种多样的。影响了裂缝轻重程度的主要因素有沥青和沥青混合料的性质、基层材料的性质、气候条件（特别是冬季气温及其变化量）、交通量和车辆类型以及施工因素等。由调查可知，往往由于路面设计或施工原因造成结构层本身强度不足，不适应日益增长的交通量及轴载作用而产生开裂，最初一般表现为纵向开裂，然后发展成为网裂。由荷载产生的这一类裂缝，在我国中低级道路及一些超载严重的高等级公路车行道中是常见现象，然而，对于我国大多数高等级公路来说，由于普遍采用半刚性基层，有足够的强度，这一类荷载性裂缝并不是主要的。相反，另一类裂缝即非荷载性裂缝的普遍存在，却引起了极大的关注，尤其是横向裂缝，是与半刚性基层材料与沥青及沥青混合料的性质密切相关的。

2. 路面裂缝修补技术

沥青混凝土路面的早期病害多以裂缝的形式出现，加上半刚性基层反射裂缝的普遍存在，沥青路面产生裂缝后，大量路表水沿裂缝侵入路面结构内部，甚至进入路基，致使沥青混凝土路面在车辆荷载特别是重载交通与动态水的交互作用下，经常出现基层细集料流失、唧泥（浆）现象，严重的则可能导致坑槽的出现。及时进行维修，控制裂缝的进一步发展，可以防止路面早期破坏，而选用适宜、经济可行的维修方法，严格的工艺操作是维修裂缝的关键。维修方法一般有灌缝、封层、薄房罩面、现场再生等，常用的方法是灌缝。

开裂后路面的养护措施取决于裂缝的密度与开裂程度。如果裂缝已经钝化或裂缝边缘已损坏，甚至达到了高度损坏，这类路面则最好采用诸如石屑封层、稀浆封层等措施。如果裂缝处于低度至中度损坏状态，开始向边缘损坏发展，维修措施宜采用修补。

如果裂缝处伴有其他形式的损坏，比如沉陷、边缘损坏、错台等，或在荷载作用下弯沉显著增大，维修措施可以采取修补或铣刨。但如果弯沉很大或损坏非常严重，为了临时服务交通，可先对裂缝进行临时性处治，并尽快安排大修计划。

（四）水损坏路面维修技术

1. 沥青路面水损坏的破坏类型及破坏原因

（1）自上而下的表面层水损害

许多初期的路面水损害是自上而下发生的，它往往局限于在表面层发生松散和坑槽，如果及时修补，路面性能可以很快恢复。在降雨过程中，雨水首先渗入并滞留在表面沥青混凝土的空隙中，当下层的沥青混合料密水性好，且沥青层层厚较大、向下渗透相对比较困难时，在大量高速行车的作用下，反复产生的动水压力逐渐使沥青从集料表面剥离，局部沥青混凝土变得松散，碎石被车轮甩出，导致路面产生坑槽。实际上，无论表面层沥青混凝土是密实式的还是半开式的，是采用了改性沥青或加了抗剥落剂的 SMA结构，许多工程都有类似的表面层坑洞，只是坑洞的个数和面积的比例有显著差别。

国际上通称的典型的水损害是雨水使沥青膜从集料表面脱落，失去了附着力的过程。水损害的先决条件是水的存在，同时存在外力作用的环境。汽车荷载的压应力和高速行驶产生的真空吸力形成剪应力的反复泵吸作用，使沥青膜从剥离发展到松散、掉粒、坑槽，损害的进程与荷载的大小、频度有关。在初始阶段，集料与集料之间发生剪切滑移，伴有沥青膜移动和脱离，当剪切应力超过沥青与集料的黏附力时导致附着力丧失，这个过程很短暂。一条公路在长时间干燥少水的情况下可以稳定地使用，一旦有充足的水大量地从裂缝和大的孔隙中迅速渗入达到饱和，经行车反复泵吸很快就造成了沥青膜剥离，成为水损害的典型模式。这和疲劳破坏有根本不同之处。

另外还有一种理论认为，沥青混合料中涂敷沥青的集料颗粒遭遇水的浸泡后，由于水具有很强的表面张力和浸润性，可以通过沥青自发的乳化作用进入并穿透沥青膜侵入沥青集料界面上，并最终将沥青膜取代。如果界面上包含有乳化剂时，集料表面的沥青膜有可能比一般情况下更容易乳化，因此抗剥落剂一方面增强了沥青和酸性石料的黏附性，同时也增加了沥青被乳化流失的可能性。

由此可见，自上而下的沥青路面的水损害主要表现为表面型坑槽。产生水损害坑槽的原因如下：

①沥青混合料的设计空隙率或施工后的残余空隙率大，渗水严重。我国有些工程采用的Ⅱ型沥青混合料，抗滑表层级配等，空隙率较大。它的沥青层很厚，水渗入下层的路径长，很难到达下层，而表面层的 AC-16n 型混合料的空隙率较大，所以路面破坏普遍表现为表面型的坑槽，如果产生的坑槽不及时修补，将会迅速扩展，导致坑槽连片，小坑变大坑。

空隙率包括开孔隙和闭孔隙，造成水损害的原因是渗水，而真正能够渗水的路径只有开孔隙，闭孔隙是不会引起渗水的。研究表明，渗水系数和空隙率有密切的关系，但又有根本的不同。据研究，渗水系数更能够反映路面离析的真实情况。

②在平均空隙率并不大的路段上，产生局部性坑槽的主要原因是沥青混合料的离析。坑槽为什么不同时在所有的地方发生，而首先在某一些地方发生呢？那就是因为某些地方有比其他地方大的空隙存在，而这种大的空隙基本上都是由于离析造成的。沥青混合料的离析有两种含义，一种是集料粗细不均的离析，一种是温度的离析。离析的后果是压实度不均，致使空隙率不一样。粗细集料的离析可以凭肉眼观察，国外检测离析是通过表面构造深度和渗水程度评价的。

近年来，离析问题已经成为施工中最迫切需要解决的问题，粗细集料的离析同时还伴随着油石比的不均匀，直接导致空隙率不一致。由于沥青混凝土的不均匀性，坑洞总是首先在局部沥青混凝土孔隙率较大处产生，因此是随机分布的一个个孤立的坑洞。很多实例证明：不管是传统的纯沥青混凝土，还是新型的沥青混凝土，在大量行车作用下，都会产生沥青剥落现象和水损坏。

③发生表面层坑槽的路段，经常是表面层与中面层之间有严重的层间污染，存在两层皮似的脱开现象。层间污染对路面的寿命有直接影响，界面上的泥在遇水后成为泥浆，界面条件就由设计时假定连续变为半连续，甚至滑动，严重影响了疲劳寿命。有相当一部分的表面坑槽，是因为某个地方先进水，成为滑动的界面条件，在表面层独立的承受交通荷载的作用下，表面层底都就出现大的弯拉应力，从而在短期内损坏。

自上而下的水损害即使出现表面型坑槽，也容易修补，但是如果不及时维修，损坏面积的扩散也很快。所以要尽快纠修，从而尽量减小对路面的损坏。

2. 自下而上的水损坏

当半刚性基层沥青路面的沥青层较薄时，沥青路面的水损坏经常是自下而上发展的。

水是水损坏的主要原因，水进入沥青路面几乎是不可避免的。但是，由于半刚性基层本身的强度较高，细料含量又多，本身非常致密，它基本上是一种不透水或者渗水性很差的材料。

基层不能排水，不等于水就不进入沥青层，沥青混合料即使是空隙率很小的密级配，也不是完全不进水，水从各种途径进入路面并到达基层后，不能迅速排走，只能沿沥青层和基层的界面扩散、积聚。

水通过多种形式途径进入路面，比如：

（1）降雨。有的地方梅雨季节能持续数月之多，时间越长，进入路面的水越多，相比较之下，暴雨形成的积水反而能很快从表面排走。

（2）雪水。冬季下雪后融化需要很长的时间，路面一直处于水泡的状态下。有时为了融雪还需要向路面洒盐水或融雪剂。

（3）夏季为使路面降温也经常洒水。为防止车辙，在高温季节的中午和下午洒几次水，不失为降低路面温度的好办法，但如果沥青层的孔隙较大，洒水的同时也会有水不断渗入路面，路面混合料在有水的情况下，车辙变形可能会更严重。

（4）汽车为了降温向轮毂不断喷水，以保持汽车的制动性能，这种情况在超载车众多的山区和丘陵区路段特别常见。

（5）中央分隔带的绿化浇水，以及从中央分隔带渗入路面的水（尽管大部分是渗入路基）。

（6）挖方路段的裂隙水。现在普遍是挖方路段的水损害破坏比填方路段严重，其中很重要的一个原因是挖方破坏了山体的水文地质平衡，使路基下方出现水压力，而向上涌水，有泉水的地方更加严重。目前，挖方路段的边沟几乎全部都是浆砌片石的，这种边沟将路堤内的水彻底地封闭住，使路基冒上来的水没有出路。如果山区挖方路段没有排水层，涌水无处可走，水损坏将不可避免。

（7）冬季由于冰冻引起的水分积聚。我国北方地区是典型的季节性冰冻地区，入冬以后，温度降低，地层由上而下封冻，并且开始结冰，下方的水分逐渐向上积聚，至超过饱和含水量。如果在冬季挖开路面，可以清楚地发现路面沥青层下方基层上面有一层厚薄不均的冰层。待到春天升温冰雪融化时，情况恰好相反，基层还没有化开，上方的冰层先融化。这种情况是最典型的由界面连续变为滑动的状态。

（8）有些道路在沥青层铺筑过程中采用水冲洗方法处理层间污染，污水大量储存在下卧层的缝隙中（同时进入的泥土危害更大）。反复的冲洗必然使污物和水同时下渗进路面，从而造成隐患。

因此在沥青路面内部，水的存在几乎是无可避免的，只不过程度不同而已。而沥青层的水是易进不易出，在不能及时排走的情况下，危害性就更大。

这种类型的水损坏基本过程是：

①表面雨水从裂缝和较大孔隙的裂隙中进入路面、当沥青路面存在薄弱环节，例如由于离析造成上下有连通的孔隙，水在这些地方比其他地方更容易进入了路面内部，并很快进入基层表面。

②由于半刚性基层过分致密，不能迅速将水排除，水滞留在沥青层和基层的界面上。

③在汽车荷载的作用下，下面层沥青混合料的粗集料对基层造成损伤，并形成灰浆。如果基层表面存在薄弱环节，比如铺筑沥青层前就有浮灰、修补的薄层等，遇水很快就成为灰浆。

④灰浆从上下连通的孔隙中被荷载挤出，成为唧浆，通过观察唧浆部位发现，开始

发生唧浆的孔一般都很小，肉眼看只有 $1 \sim 2\text{mm}$，被挤出的灰浆可能喷射到数米以外，尤其是有重载车辆高速通过时，这种集中的冲击力很大。

⑤与此同时，沥青层和基层的界面条件恶化，可能很快转变为滑动的界面条件，沥青层底部承受很大的拉应力，反复荷载的疲劳作用同时发生，拉应力超过极限而开裂。

⑥下面层的公称最大粒径较大，离析也比较严重，并存在一些孔隙较大的部位，水在孔隙中承受很大的高速汽车荷载的抽吸作用，孔隙率较大的下面层将很快出现沥青从集料表面剥离，沥青膜逐渐被水乳化而丧失，导致了集料松散。这种情况逐渐向上发展，最后顶破及面，成为坑槽。

总结以上的各种情况，第二类水损坏有以下特点：

A. 水损坏发生在雨季或梅雨季节、季节性冰冻地区的春融季节，有时一场持续几天的大雨就导致严重破坏。

B. 行车道破坏严重，超车道一般没有破坏，显然与重车、超载有关。

C. 水损坏之初一般都先有小块的网裂、冒白浆（唧浆）、然后松散成坑槽。

D. 发生水损坏的地方一般是透水较严重且排水又不畅的部位，如挖开可见下面有积水或浮浆。

3. 沥青路面水损坏的破坏形式与维修措施

（1）麻面与集料外露

对于轻微的麻面和集料外露，且数量较小的路段，可薄刷一层沥青，撒石屑或粗砂扫平压实。当沥青面层不贫油时，可在高温季节撒适当的细料，并用扫帚扫匀，使集料填充到路面的空隙中。大面积麻面应喷洒稠度较高的沥青，并撒适当粒径的石屑或粗砂，应使麻面部分中部的集料稍厚，周围与原路面接口要稍薄，定型要整齐，并碾压成型。

对于麻面和集料外露严重，或者有松散且数量较大的路段，可在气温10℃以上时，清扫干净，重做沥青封层，也可铺筑 $10 \sim 15\text{mm}$ 厚的沥青砂罩面。如在低温季节，也可用稀浆封层。高速公路宜采用超薄磨耗层或改性沥青薄层罩面。

（2）松散

因沥青用量偏少或因施工气温较低造成的沥青面层松散，其处治方法是：先将路面上已松动了的矿料收集起来，待气温升至15℃以上时，喷洒沥青，再均匀撒上 $3 \sim 6\text{mm}$ 的石屑或粗砂，用轻型压路机压实。

对于因油温过高、沥青老化失去黏结性而造成的松散，应将松散部分全部挖除后，重做面层。

因沥青与酸性石料间的黏附性不良而造成的路面松散，应将松散部分全部挖除后，重做面层。重做面层的矿料不应使用酸性石料，在缺乏碱性石料的地区，应在沥青中掺入抗剥落剂、增黏剂或使用干燥的生石灰、消石灰、水泥等表面活性物质作为填料的一部分，或采取用石灰浆处理粗集料等抗剥落措施，从而提高沥青与矿料的黏附力，并增加混合料的水稳性。

由于基层或土基软化变形而造成的路面松散，应先处理好基层后，再重做面层。

（3）坑槽

坑槽修补可分为永久性修补、半永久性修补和临时性修补。永久性修补用于条件尚好、设计寿命较长的道路，包括挖除破损处材料、置换新的沥青混合料等；半永久性修补用于防止较小的坑槽向更大损坏变化，修补方法与永久性修补相同，但是不必将坑槽切割成矩形；临时性修补用于需立即修补的已经影响车辆行驶的坑槽，也可用于严重影响行车的道路或已计划进行罩面或重建的道路。

①坑槽的修整

a.局部挖补

局部挖补适用于坑槽范围内结构稳定的损坏，可采用人工挖凿、人工摊铺。

首先沿坑槽损坏部分扩大 10cm 画线，线框呈矩形且与路中心平行或垂直。切割机沿画线位置进行切割，深度约为 3cm。人工凿除画线内的面层损坏部分，深度至坚实稳定的底面，但不应小于 3m。槽壁要垂直，槽底要平整，清除坑槽内碎粒和尘土。

b.机械铣刨

当路面出现大面积坑槽病害时，应采用铣刨机铣刨路面，重新铺筑面层。根据路面铣刨的范围，画矩形框线，且尽可能与路面中心平行。铣刨的宽度一般采用了铣刨机铣刨宽度的倍数，长度不宜小于 3m，铣刨深度以 3cm 为宜，铣刨面应平整，铣刨后，底面凡已松动的原沥青混合料应予挖除，底面如为光滑的表面（如旧路面）则应予凿毛，局部低洼处用沥青混合料填平、夯实。铣刨时，应边铣刨边清扫路渣，便于铣刨机行走、找平。铣刨后，横向边口往往不整齐，可用切割机沿边线切割后，人工凿齐。最后扫除尘土和积水，晾干。

由于基层原因而出现的坑槽或者沉陷，坑槽的修整还包括对强度或稳定性不足的下卧层或基层进行处治。

②摊铺与压实

在修整好的凿壁四周切割面上仔细涂上黏层油，然后摊入热拌沥青混凝土或冷铺沥青混合料铺平。混合料应首先摊入凿壁四周，由边向中摊铺，并避免混合料离析、面积小的修补面可用夯板先四周后中间均匀夯实，面积大的宜用压路机碾压、挖补部分与原路面一样平后，用烙铁熨平修补面的四周，使新旧路面结合良好。

③常温混合料修补

用常温混合料修补坑槽时，其施工工艺如下：

a.在坑槽处放样，确定作业面，用切缝机在坑槽周围切缝，刨出多余的混合料、如没有切缝机，可用人工刨出规整的作业面。作业面要与路面纵向平行，槽壁要垂直。

b.彻底清扫坑槽，使槽内、槽壁无尘土以及杂物。

c.为使常温混合料与原路面结合良好，应在坑底槽壁上刷黏层油。

d.待常温混合料在坑槽内均匀摊铺整平，松铺系数一般为 1.1 ～ 1.3。深度大于 4cm

的坑槽要分层铺筑压实。

e.用振动夯板将混合料夯实，如没有振动夯板，可用 6～8t 压路机压实。

f.碾压后为防止初期松散，应及早通车，可以在作业面上加适量矿粉或石屑，以吸收水分，加快混合料成型。

常温混合料不同于热拌沥青混合料，需待乳化沥青破乳后方能成型，为此，要加强初期养护工作。一般来说，在乳化沥青未破乳、混合料未成型时，不能让任何车辆在修补面上通行，不得已时要设专人指挥过往车辆均匀、慢速行驶，并且及时处理发软、泛油等病害，使用常温混合料修补完坑槽后，应按热拌沥青混合料质量检验标准，对其施工质量进行严格的检验。

二、沥青路面加铺维修技术

（一）沥青路面加铺方案

1.路面状况判定

对现有路面的使用情况进行调查和判定的目的是了解现有路面的物理或结构状况，评定它对当前和今后使用要求（结构和功能）的适应程度，以便确定需采取修复措施的路段和方案，选择合适的修复对策，并为加铺层设计提供依据和参数。

2.加铺层结构方案

对沥青路面进行加铺层设计可以分为两种类型，旧沥青路面上的沥青加铺层和旧沥青路面上的水泥混凝土加铺层。

在原沥青路面开裂不太严重的情况下，可以在对原路面的病害进行修补后，直接在原沥青路面上铺设沥青加铺层，其中包括了最下面的整平层。

在原沥青路面开裂较严重的情况下，可以在对原路面的病害进行修补后，在原沥青面层与加铺层之间增加一个粒料层，以减少原沥青层或半刚性基层的裂缝对加铺层的反射作用。或者，对损坏严重、无法修补（经济上不合算）的原沥青层予以铲除或就地进行再生利用。

（二）旧沥青路面处治技术

1.加铺前预处理

在对现有沥青路面的损坏状况进行调查、检测和评定的基础上，对于原路面存在的病害提出相应的处治措施：

（1）面层出现中等或严重程度的龟裂时，进行全深度修补。

（2）面层出现纵向裂缝时，按裂缝深度进行部分深度（疲劳裂缝）或者全深度（施工接缝）修补。

（3）面层出现横向裂缝时，进行全深度修补或采取其他控制反射裂缝的措施。

（4）面层出现沥青老化和由此引起的裂缝时，采用冷磨措施铣刨表层。

（5）面层出现轻度或中度车辙或者纵向不平衡时，采用冷磨措施铣刨表层；出现严重车辙或纵向不平衡时，进行整层更换。

（6）沥青层出现严重沥青剥落时，采用了冷磨措施铣刨该层。

（7）半刚性基层出现严重碎裂、粒料层被细粒土渗入和污染或者路基湿软沉降变形过大时，不应在旧面层上直接采用加铺层措施，而应对整个路面结构进行重建设计。

2. 反射裂缝防治

反射裂缝产生是由于应力集中造成的，在荷载和温度收缩的作用下，产生弯曲或剪切应力。荷载产生的应力集中与加铺层厚度、材料劲度以及路面结构整体强度有关，温度收缩产生的应力集中与温度的日（季）变化、材料温度胀缩系数有关。加铺前的预处理，如裂缝修补或灌缝有助于减少反射裂缝产生，同时采取一些反射裂缝防止措施则更有利。常用的措施有：

（1）应力吸收层：在控制轻度或者中等程度的龟裂裂缝反射方面，应力吸收层被证明是有效的，同时，在控制温度收缩裂缝的反射裂缝方面也是有效的，和灌缝一起使用效果更好。但一般不能延缓由显著的水平和竖向位移产生的裂缝反射。

（2）集中应力释放层：7.5cm以上厚度的裂缝集中应力释放层在控制大位移产生的反射裂缝方面是有效的，这类材料一般是低沥青含量的开级配粗集料组成的沥青混合料。

（3）锯缝与填缝：在直裂缝的对应位置，对于 AC 加铺层进行锯缝处理，并用适当的材料填缝，这种措施对于控制反射裂缝的损坏是很有效的。

（4）增加加铺层厚度：可有效降低荷载作用下的弯曲和剪切位移，也可减少路面内的温度变化，在延缓反射裂缝和其他损坏的反射方面最为有效，但缺点是费用较高。

反射裂缝对加铺层的寿命影响很大，一旦出现反射裂缝，应及时封缝或采取其他措施处理。

（三）沥青路面加铺薄层水泥路面

1. 白色罩面技术

在旧沥青路面上加铺水泥混凝土面层，也称白色罩面（whitetopping），由于所加水泥混凝土层薄（5～10cm），也称超薄水泥混凝土路面（Ultrathin White-topping，简称 UTW）。

通过路的修筑与观测表明，UTW 路面是一种经济、快速、有效、简便以及修复后可维持较长时间的旧沥青路面修复技术。这种做法开始是一种尝试，也是一种突破。按照传统的刚性路面设计方法，这样的面层很快就会被破坏，而实际情况并非如此。

2. UTW 的结构和性能特点

（1）与通常的水泥混凝土面层相比，UTW 主要有三个结构特点：一是其厚度很薄，一般在 5～10cm 之间；二是 UTW 与作为基层的旧沥青面层之间有良好的黏结，形成一复合路面结构；三是 UTW 接缝间距较短，缝较窄。这些结构上的特点，使 UTW 表现出其独特的性能。

（2）在成本上，由于 UTW 充分利用了旧沥青面层，在其上加铺很薄的水泥混凝土面层，因而降低了建设成本。

（3）UTW 降低了成本，但是仍能满足使用要求。UTW 能承受较大的荷载，原因有以下三方面：①由于与沥青层形成一复合结构，使面层中和轴的位置降低，混凝土板中的应力大为减小；②UTW 板的尺寸小，也降低了板中应力，使板中弯矩不会太高；③采用了纤维混凝土，这种路面材料的抗弯强度要比素混凝土高，抗弯韧性也因掺加纤维而成倍乃至数十倍地增加。在 UTW 中，尽管接缝数量较多，但缝的宽度较小，缝宽为 0.32cm，因此无须填缝。同样由于接缝很小，不易产生跳车，而且使混凝土板的翘曲和弯曲减小，路面更加平整。

由于 UTW 的结构特点和材料特点，还使路面抗裂性能大为提高。此外，UTW 也可快速开放交通。总的来说，UTW 通过使用掺有纤维网加筋的混凝土，减小厚度（5～10mm），有效利用有限资源，降低建设投资；缩小接缝间距（6～18cm），减小板内荷载应力，满足路面强度要求，且便于后期维修；混凝土配合比设计中，采用了合理外加剂，形成高强混凝土，缩短施工时间，及时开放交通，提高使用效益；可根据当地材料分布情况，利用粉煤灰替代部分水泥，使废物资源化；利用混凝土材料的特点，解决了车辆频繁制动或启动路段沥青路面易剪切破坏的问题等。

3. UTW 的施工要求

（1）基础准备

UTW 是在旧的沥青路面上铺筑的，要求旧沥青路面有一定的厚度，通常在表面凿毛处理后，厚度应大于 8cm，若小于该厚度，则不宜使用 UTW，在施工前，一般要钻芯取样以测定沥青层的厚度并了解底基层的情况。旧沥青路面一般要凿毛，并用气喷或水喷法保持凿毛面清洁，以提高与罩面层的黏结力。施工前，沥青层表面应干燥，天气较热时，可以喷洒水雾以降低沥青表面温度，以防水泥混凝土中水分的蒸发，但表面不得带有自由水分，以确保面层和沥青层黏结在一起，形成了一复合路面结构。

（2）混凝土配合比

配合比是根据面层的厚度、交通状况和路面开放交通的时间限制来确定、同时还要考虑地方材料情况。美国的 UTW 项目，混凝土配合比中普遍采用减水剂和超塑化剂，以提高班工和易性，有时还掺入引气剂，对路面交通开放时间较紧的工程通常采用较高的水泥用量配合比的另一个特点是普遍采用纤维增强技术，UTW 中使用的纤维有很多种、如钢纤维、聚丙烯纤维、聚烯烃纤维以及尼龙纤维等，其中以聚丙烯纤维应用最广。

（3）接缝切割与处理

切缝必须在路面内具有一定张度但产生开裂之前进行，一般当路面可以上人时，即可开始切缝。

（4）养护

由于 UTW 厚度很薄，其表面与体积比较大，养护时要使用养护剂。

三、沥青路面再生技术

（一）现场热再生技术

1. 沥青路面的现场热再生

沥青路面的现场热再生是采用了特殊的加热装置在短时间内将沥青路面加热至施工温度，然后利用一定的工具将路面面层刨削 25～50mm，再根据混合料性能要求掺加新集料、再生剂等，搅拌摊铺，然后压实完成的一整套工艺。

2. 现场热再生法特点

采用现场热再生具有如下几个显著的优点：

（1）可以对旧路面上已经剥落的集料重新进行混合，保证沥青的裹覆。

（2）通过对旧沥青路面的重新加工，可以使得已经老化变脆的沥青路面重新恢复其柔性。

（3）增加了路面的抗滑性，从而提高路面行车安全性。

（4）与传统常温修补工艺相比，采用现场热再生方法可以使得施工工艺大大简化，只需要进行热软化、补充新料、拌和、整平和碾压成型五道工序。

（5）施工配套设备大大减少，可以减少传统常温修补工艺所需要的空气压缩机、挖切机具、装运新混合料和废旧料的车辆等配套设备，因此不仅减少了设备投资，而且减少了施工人员和路面施工时的封闭区域，保证车辆畅通。

（6）废料可以就地再生使用，通过对旧料进行加热后与一定量的新料掺配后再生利用，从而保护了环境和节约了成本。

（7）与其他修复方法相比，可以大大减少对交通的影响。

（8）由于现场热再生工艺使得新旧料互相融合，没有明显的接缝，因此结合强度高，平整度好，可完全避免车道接缝所产生的纵向开裂。

（9）减少了材料的运输量，减少对载货汽车的使用以及燃油的消耗。

（10）与传统路面维修方法相比，其维修成本可以节约 20%～50%。

3. 现场热再生法适用性

现场热再生适用于表面产生波浪、推移、纵向开裂和表面车辙等病害。由于施工工序简化，缩短施工时间，节省运输费用，因此适用于交通繁忙、不能中断交通太久的公路以及市政道路的维修。这种方法虽然将旧沥青层全部利用，但是加上新集料搅拌重铺后会改变原路面的高程，不符合原高速公路的纵断面标准。此外，旧沥青混合料的再生质量往往难以达到高等级道路沥青面层的要求。因此，现场热再生路面主要用于路基完好、路面破损深度小于6cm的沥青混凝土路面的维修，并要求原有沥青材料经再生处理后，能恢复其原有的性能和寿命。

4. 现场热再生法施工技术

（1）现场热再生施工机械配备

现场热再生施工使用加热刨削机、加热靶松机、冷刨机等将路面面层的表面刨削25mm左右，然后根据再生沥青混合料的配合比设计结果添加新集料、新沥青和再生剂进行再生处理。该方法采用连续施工、一次完成，对机械的成套要求比较高。

现场热再生所用的再生机一般要求包括下列装置：

①一个配备多组加热装置的预加热机，它能在将热能辐射到路面层理想深度的同时，不会燃焦沥青，也不会破坏集料。

②一个靶松装置，其旋转式靶松器可以将旧沥青层均匀靶松到规定深度，并可以进行定程度的破碎，然后通过传输带传输到拌和锅内。

③一个整平装置，可以在整个工作宽度上使靶松后的路面层具有所要求的横坡度和平整度。

④一个拌和装置，可以将旧料和新料及新沥青和再生剂充分均匀拌和成满足质量要求的再生沥青混合料。

（2）现场热再生施工工艺流程

现场热再生施工将再生混合料的生产、拌和和摊铺压实等集中在路面现场进行，减少了工序，提高了效率，是较有发展前景的一种再生路面施工方法。

（3）现场热再生施工工艺分类

现场热再生施工一般有三种具体的处理方法，针对于不同的路面损坏状况和表面处理要求选取不同的方法。

①表面整形法

一般的翻松深度为20～25mm，尽管在某些情况下也可达到50mm的深度，但很少见。因为旧路面的强度不同，路面通常不很平顺和均匀。这种方法适合修复破损不严重的路面，修复后可以消除车辙、龟裂等变形，恢复路面的平整度，改善路面性能。

②重铺法

重铺法是用复拌机在整形法的基础上，把旧路材料翻松、搅拌均匀后作为中层，同时在上面再铺设一层新的沥青混合料作为磨耗层，形成了全新材料的路面，最后用压路机压实。这种方法适用于破损较严重的路面维修翻新和旧路面升级改造施工，修复后形成与新建路面道路性能相同的全新路面。

③复拌法

如果加入一些矿物料或新的热沥青混合料与翻松过的材料一起搅拌，可以提高现有路面的厚度，或者通过改变集料的级配或调整黏合剂的性质从而提高旧的沥青混合料的再铺一层新的热混合料的等级。这种过程有时和重铺法过程有点相似，但通常是比重铺法更彻底地加热和搅拌。这种方法适用于维修中等程度破损的路面，修复后可恢复沥青路面的原有性能。

（4）现场热再生施工注意事项

①施工前，应先对路面进行清扫，以保证基层表面平整、干净。

②应该控制旧沥青路面的过度加热，防止旧沥青被烧焦。

③应该严格按照再生沥青混合料设计的用量添加再生剂、新集料和新沥青。

④再生材料摊铺后应立即进行压实，保证碾压温度。

⑤应采取必要措施保证附近环境免受加热的影响。

（二）现场冷再生技术

1.沥青路面的现场冷再生

沥青路面的现场冷再生是指利用旧沥青路面材料以及部分基层材料进行现场破碎加工，并根据级配需要加入一定量的新集料或细集料，同时加入一定剂量的添加剂和适量的水，根据基层材料的方法确定出最佳的添加剂用量和含水率，从而得到混合料现场配合比，在自然的环境温度下连续完成材料的铣刨、破碎、添加、拌和、摊铺以及压实成型的作业过程，重新形成结构层的一种工艺方法。

2.现场冷再生法特点

（1）简化施工工序，不存在旧路材料的运输和弃置问题。

（2）可以修补各种类型的路面损坏。

（3）可以改善原有路面的几何形状以及横断面坡度。

（4）可以通过提高基层承载力，提高路面等级。

（5）铣刨、破碎、添加、拌和、摊铺、压实可一次完成，大大提高了生产率，简化了施工工序，使工期缩短。

（6）可延长施工季节，不受特殊气候条件的影响。

（7）现场无需加热沥青等，减少了环境污染，满足了环保要求。

（8）可以同时对面层和基层进行破碎，保证了结构的整体性，对旧路路基的影响和破坏很小。

（9）利用旧路面和基层材料，大大减少了新材料的用量，节约了资源。

（10）再生后只需要在上面加铺薄的罩面，就可以恢复路面强度。

（11）大大降低了工程费用。

3. 现场冷再生法机理

铣刨、破碎的沥青混凝土路面材料作为基层中的集料重新利用，与添加剂和水充分拌和后，会发生一系列化学反应和物理反应，如水泥与水发生水化反应，同时与破碎的旧路材料发生各种反应，而石灰加入旧路材料中后，则出现离子交换反应和 $Ca(OH)_2$ 的结晶反应等絮凝现象。这些反应致使新的基层材料刚度不断增大，强度和稳定性也不断提高，经过进一步的碾压成型及养生后形成与水泥土、水泥稳定级配粒料以及二灰稳定级配粒料等半刚性基层性质类似的基层材料。

4. 现场冷再生法适用性

现场冷再生可以用来修复原有路面的车辙、养护时的补丁以及荷载导致的路面块状开裂等。由于不需要对沥青混凝土进行加热，从而不会对环境造成大的影响、适用于对环境要求比较高的地方。由于工序比较简单，缩短了施工时间，完成以后只需要在其上进行薄的罩面就可以恢复原有路面等级，因而尤其适用于交通比较繁忙的路段、可以尽量缩短交通的中断。但现场冷再生质量不能达到沥青面层的质量标准，只能用于基层，在国外多用于乡村道路的翻修。而对于高速公路来讲，原先的优质旧沥青混合料如果仅仅用来作为基层的集科、其利用效率是比较低的。只有对原有的等级较低的沥青路面进行升级时、采用这种方法才能带来比较好的效益。

5. 现场冷再生法施工技术

（1）现场冷再生施工设备

现场冷再生设备由沥青铣刨装置、乳化沥青喷洒装置及行走系统和控制系统等组成。

（2）现场冷再生施工工艺流程

现场冷再生技术的工作过程为：随着设备的行走，铣刨装置将旧路面铣刨并破碎、喷洒装置按照配比的要求喷入乳化沥青，同时铣刨装置将各种材料搅拌均匀并且整平、最冒用压路机压实路面成型。

（3）现场冷再生施工工艺技术分类

现场冷再生技术主要有两种方式，一种方式是利用专用再生机械在现场铣刨、破碎、加入新料（包括乳化沥青或其他再生剂、稳定剂和集料）、拌和、摊铺和预压，再由压路机进一步压实；另一种方式是在旧路面上洒布再生剂封层，再生利能渗入路面 $5\sim6mm$，浅复表层被氧化沥青的活性，并且形成抵抗燃油泄漏的封层，延长路面的使用寿命 $2\sim3$ 年。

（4）现场冷再生施工注意事项

①路面施工中应严格控制原材料的质量，外购材料应注意存放时间，混合料摊铺应严格按照相关施工技术规范执行，严格控制施工温度和时间，确保工程质量。

②施工前应对路面各结构层材料的质量、级配、配合比以及强度等进行。

③对于罩面路段，在罩面施工前，应先对旧路面进行拉毛处理，深度不小于5cm，以确保罩面质量。

④修补面层时应采用刷黏层等措施，保证修补部分与原路面联结紧密。

⑤冷再生路段在施工前，对原路面的所有病害均应处治。

（三）场拌热再生技术

1. 场拌热再生技术

旧路面就地翻松、就地打碎后运到再生处理厂或运至厂内打碎，利用一种可以添加旧沥青混合料的沥青混凝土搅拌设备，根据路面不同层次的质量要求，进行配合比设计，确定旧沥青混合料的添加比例，并添加新集料、稳定处理材料或者再生剂等，从而得到满足路面性能要求的新的沥青混合料。

2. 场拌热再生技术特点

（1）由于是将原有旧沥青路面直接回收处理后重新铺筑，所以对于所有的路面损害，这种方法均适用。

（2）将新旧沥青混合料采用集中厂拌法生产，沥青混合料的质量可以得到较好保证。

（3）由于是重新摊铺路面，所以可以保证路面的各项性能，如平整性、抗滑性等，与传统的热拌沥青混凝土路面的使用性能类似。

采用了场拌热再生法增加了对旧料的加热拌和工艺，从而需要对原有的沥青混合料拌和等生产工艺进行一定的调整，这也增加了一定的成本，同时也可能带来一定的环境污染。

3. 场拌热再生技术适用性

场拌热再生技术可以修复所有的路面损坏情况，并且可以充分保证路面的使用性能。但由于对旧沥青混合料的掺加比例有一定限制，一般在15%～30%，不超过50%，因此不能充分利用回收的旧料，该方法适合于要求完全达到原有高等级沥青路面使用性能的修复。

4. 场拌热再生技术施工技术

（1）场拌热再生施工设备

场拌热再生设备是指回收料的加热在专门的干燥筒内完成，该设备也与强制间歇式沥青混合料搅拌设备配套使用。它主要由回收料供给系统、提供系统、干燥系统、热回收料储存仓、热回收料称量斗、有害气体吸收管道及控制系统等组成。

（2）场拌热再生施工工艺流程

场拌热再生技术的施工工艺流程为：沥青混合料搅拌设备开始工作时，回收料供给系统开始供料，提升系统开始提料，干燥系统加热回收料，加热后的回收料进入热回收料储存仓储存；当需要添加回收料时，热回收料储存仓的放料门打开，热回收料进入称料斗称量；当达到了所需要的数量时，热回收料储存仓的放料门关闭，热回收料称量斗的放料门打开，向搅拌器内放料，一个搅拌周期完成。气体吸收管安装在热回收料储存仓的顶部，以吸收在热回收料储存仓中加热后的热回收料所排出的有害气体。如果回收料成大块状，还可以配备块状挤压设备，可在不破坏染料外形尺寸的情况下，将大块状的回收料挤压成小块状。

（3）场拌热再生施工工艺分类

场拌热再生施工主要有两种施工方法，即间歇式施工和连续式施工。

①场拌热再生间歇式施工

"枫木法"是现在应用最广的场拌热再生间歇式施工方法，即先将回收料筛分好，然后经由回收料仓与预热的外加集料一起加入计量仓中。在进料过程中，回收料应在第一热料斗和第二热料斗之间加入，这样有利于回收料充分混在热集料当中进行热交换。这些混合料进入拌和仓时，可能会产生少量的水蒸气喷发，所以可在计量仓中配备功率强大的排气装置或在拌和楼后面建一个大蒸汽室。

②场拌热再生连续式施工

"中间加料法"是广泛应用于场拌热再生连续式施工的施工方法。该方法要求回收料在新加集料的下游进入拌和筒，新集料将热量传递到回收料中，前面加入拌和筒的新石料形成了一层幕布，使回收料不会直接接触燃烧的火焰，从而可以避免回收料直接接触火焰产生大量浓烟。有时还可以使用特殊提升叶片、金属漏斗形叶片或者环形钢制火焰网，防止火馅接触回收料以消除浓烟。

（四）场拌冷再生技术

1. 沥青路面场拌冷再生

沥青路面场拌冷再生是将回收沥青路面材料运至拌和厂、经粉碎、筛分、以一定的比例与新集料、沥青类再生结合料、活性填炭（水泥、石灰等）、水进行常温拌和、常温铺筑形直路面结构层的沥青路面再生技术。

2. 场拌冷再生技术特点

与就地冷再生相比，场拌冷再生主要有以下优点：

（1）材料控制严格。就地冷再生对原路面材料难以做到严格控制，而场拌冷再生却可以通过掺配不同材料以满足再生混合料的质量要求。用场拌的材料可以在拌和前储存和测试，材料的添加比例可以根据要求改变。

（2）控制拌和质量。通过调整拌和机参数，可以改变材料在拌和仓的拌和时间，从而提高混合料的质量。

（3）具备储存性能，拌和好的材料可以储存一段时间，并且根据需要使用从而消除了生产和摊铺相互依赖的情况。

3. 场拌冷再生技术适用性

场拌冷再生技术适用于低等级道路的面层和各种基层的病害处理，但大多数情况下应用于基层，冷再生最广泛的工程应用是处理反射裂缝和提高行车舒适性。乳化沥青、泡沫沥青、稀释沥青、粉煤灰和水泥都在冷再生技术中普遍应用。而且，乳化沥青和泡沫沥青还可以同石灰和水泥配合使用。冷再生结构层一般需要加罩表面处治或加铺热拌沥青罩面作为磨耗层，磨耗层可减少再生层的水损害和行车磨损。

4. 场拌冷再生技术施工技术

（1）场拌冷再生施工设备

回收料的加热是在搅拌器内完成的，场拌冷再生设备与强制间歇式沥青混合料搅拌设备配套使用，它主要由回收料供给系统、提升系统、皮带、皮带秤称量系统、有害气体吸收管道及控制系统等组成。

（2）场拌冷再生施工工艺流程

场拌冷再生施工根据搅拌设备和搅拌工艺的要求，当需要添加回收料时，整个再生设备全部运转，供给装置供料、提升装置提升，皮带秤称量，然后加入搅拌器内。当达到需要数量时，整个再生设备全部停止运转，一个搅拌周期完成。气体吸收管道吸收冷再生料在搅拌器内与热沥青混合料结合时产生的有害气体。如果回收料成大块状，还可以配备块状挤压设备，可以在不破坏集料外形尺寸的情况下，将大块状的回收料挤压成小块状。

（3）场拌冷再生施工工艺分类

场拌冷再生施工包括以下四个步骤：现有旧路面的挖除处理、破碎和堆放、拌和、摊铺、压实和养生。

旧路面的挖除和处理可以采取以下三种方法：第一种方法是全厚度破碎旧路面，破碎后的材料在工厂中再进行破碎并筛分。在工厂加工的优点是可有效控制再生料尺寸，避免大块材料的存在。第二种方法是破碎和加工再生料都在现场完成，然后再将材料运往工厂。这种挖除方法的特点是需要特殊现场生产设备和完善的现场组织调度，并且交通管制时间长。此外，在现场很难控制再生料的尺寸，会有大料出现。第三种方法就是路面冷铣刨。这种方法容易控制挖除的路面深度，而且生产效率也很高。一般不同铣刨深度和不同结构层材料的回收料，应当分开堆放，以便根据这些铣刨材料的形状，采取不同的处理方法。

拌和再生料可以使用间歇式、滚筒式或连续式拌和设备。连续拌和式再生设备是应用最广的一种。在再生拌和工厂，通过调节各冷料仓的添加速率可以控制再生料和外加集料的混合比例。大块再生料在通过过滤筛时会被自动剔除出去，掺配后的材料通过传送带进入搅拌器。场拌冷再生的拌和器通常采用了双卧轴强制搅拌系统。破碎好的回收料、外加集料、新的沥青胶结料和外加水等按照设计比例加入拌和器中，添加顺序通常是回收料和外加集料、水泥等外加固体填料、水、沥青胶结料。这些材料在拌和器中搅拌均匀形成混合料装到运输车上，然后准备拌和下一批料。

冷再生混合料的摊铺设备与传统热沥青相同。拌和好的再生混合料摊铺在路上以后，由平地机刮平，形成设计路拱断面；也可以用平地机来回翻刮混合料，使混合料的水分尽快蒸发。养护过程中的水分（或溶剂）蒸发可以提高混合料的初期黏结性，使其尽快达到可以压实的条件。水分（或溶剂）的蒸发速度与沥青胶结料的改进类型、含水率、集料级配、温度和风速有关。如摊铺过程不需要翻动混合料来加速水分蒸发，或含水率很小，可以采用普通的热沥青混合料摊铺机来进行摊铺，这种情况下必须保证混合料中的水分不会过少，以免造成熨平板下面沥青剥落。另外，熨平板不必加热，否则其下面的混合料也会因过快失去水分而容易出现沥青剥落。泡沫沥青冷再生混合料的松铺系数一般为 1.1～1.3，而乳化沥青冷再生混合料为 1.1～1.4。混合料应该摊铺均匀，最好由远离拌和厂的一端开始摊铺。

压实可以应用普通钢轮压路机、轮胎压路机或振动压路机、也可以用任意两者的组合。20t 以上的重型轮胎压路机比较适合进行第一次碾压，特别是厚度大于 7.5cm 的情况，振动压路机要采用高频低幅的方法碾压。碾压的次数应该考虑混合料的类型、层厚、压路机的类型和重力，以及环境条件。冷再生混合料碾压过程中有时会出现"弹簧现象"，需要调整混合料的厚度才有利压实。含水率对压实效果会有很大的影响：充足的水分可以帮助压实、起到润滑作用，然而含水率过大又会造成混合料的密度降低、早期强度低等缺点。因此，混合料的合理含水率应该在路的施工中调整和确定。

（4）场拌冷再生施工注意事项

①在道路现场破碎的回收料有很多大块材料，在再生工厂还需要对再生料进一步破碎和筛分。回收料堆应该尽量避免在高温和重力作用下使材料黏结在一起，为了减少料堆的

结块现象和水分增加，应该适当选择料堆高度、并且要便于取料和混合操作，施工和运输机械不许碾压或停留在回收料堆上。

②密级配冷再生混合料压实厚度要尽量小于 7.5cm，如果要进行多层摊铺，那么在各层摊铺之间需给出养护时间，通常为 2～5d。开级配冷再生混合料可以摊铺 10cm 以上，乳化沥青冷再生不应该在低于 10℃的条件下继续施工，而且避免雨季施工。

③常冷再生沥青混合料比较适用于路面的下面层或者基层，然后上面再加罩热拌混合料磨耗层。在罩面之前，应该保证冷再生的水分彻底蒸发，其稳定性达到要求。在水分蒸发期间，应该禁止车辆在新冷再生路面上通行。

第三节　水泥路面养护与维修

一、裂缝与断板维修

（一）裂缝的类型及产生的原因

水泥路面裂缝可分为表面裂缝和贯穿板全厚裂缝（以下简称贯穿裂缝）。混凝土板表面裂缝主要是混凝土浇筑后表面未及时养生，在炎热或大风天气表面游离水分蒸发过快，混凝土体积急剧收缩和碳化收缩引起的。贯穿裂缝又有横向裂缝、纵向裂缝、交叉裂缝和板角裂缝等。横向裂缝主要由干缩、温缩和切缝不及时造成，纵向裂缝主要由路基或基础不均匀沉降及板底脱空造成，交叉裂缝和板角裂缝主要是由荷载、温度和基础不均匀沉降等综合因素造成。

（二）断板产生的原因

由纵向、横向、斜向交叉裂缝发展而产生的贯穿板厚折断成两块以上的水泥混凝土路面板称为断板。混凝土面板浇筑完成后，未完全硬化和开放交通就出现的断板为早期断板或施工断板；混凝土面板开放交通后出现的断板称为使用期断板或后期断板。

（三）裂缝与断板的维修

裂缝与断板的维修，应根据其损坏程度，采取不同的维修方法与使用不同的维修材料。

1. 维修材料

裂缝与断板的维修材料，根据其功能可分为密封材料和补强材料。当水泥混凝土路面出现裂缝或贯穿裂缝而板面强度仍能满足使用要求时，应选用密封维修材料；当路面由于裂缝断裂造成强度不足时，应选用补强材料。

（1）密封材料宜选用聚氨酯、聚硫环氧树脂（聚硫橡胶＋环氧树脂）等高分子工程材料。

（2）高模量补强材料宜选用经过改性的环氧树脂类材料或者经乳化反应过的环氧树脂乳液。

2. 裂缝维修

（1）扩缝灌浆法

该法适用于裂缝宽度小于 3mm 的表面裂缝。其修补工艺如下：

①扩缝。顺着裂缝用冲击电钻将缝口扩宽成 1.5～2cm 淘槽，槽深根据裂缝深度确定，

最大深度不得超过板厚的 2/3。

②清缝填料。清除混凝土碎屑，用压缩空气吹净灰尘，并填入粒径 0.3 ～ 0.6cm 的清洁石屑。

③配料灌缝。采用聚硫橡胶：环氧树脂 =6：2 ～ 6：16，配成聚硫环氧树脂灌缝料，拌和均匀并倒入灌浆器中，灌入扩缝内。

④加热增强。宜用红外线灯或者装有 60 ～ 100W 灯泡的长条形灯罩，在已灌缝上加温，温度控制在 50 ～ 60℃，加热 1 ～ 2h 即可通车。

（2）直接灌浆法

该法适用于裂缝宽度大于 3mm，且无碎裂的裂缝。其修补工艺如下：

①清缝。将缝内泥土、杂物清除干净，并确保缝内无水、干燥。

②涂刷底胶。在缝两边约 30cm 的路面上及缝内涂刷一层聚氨酯底胶层，其厚度为 0.3±0.1mm。

③配料灌缝。由环氧树脂（胶结剂）、二甲苯（稀释剂）、邻苯二甲酸二丁酯（增稠剂）、乙二胺（固化剂）、水泥或滑石粉（填料）组成。采用配合比为胶结剂 = 稀释剂增稠剂：固化剂填料 =100：40：10：8：（200 ～ 400）。视缝隙宽度掺加，按比例配制好，并搅拌均匀后将配料直接灌入缝内，养护 2 ～ 4h 即可开放交通。

（3）条带罩面补缝法

该法适用于贯穿全厚大于 3mm、小于 15mm 的中等裂缝。其罩面补缝工艺如下：

①切缝。顺裂缝两侧各约 15cm，且平行于缩缝切 7cm 深的两条横缝。

②凿除混凝土。在两条横缝内侧用风镐或者液压镐凿除混凝土，深度以 7cm 为宜。

③打钯钉孔。沿裂缝两侧 15cm，每隔 50cm 钻一对钯钉孔，其直径各大于钯钉直径 2 ～ 4mm，并在两钯钉孔之间打一与钯钉孔直径相一致的钯钉槽。

④安装钯钉。用压缩空气吹除孔内混凝土碎屑，将孔内填灌快凝砂浆，把除过锈的钯钉（宜采用 φ6mm 螺纹钢筋）弯勾长 7cm，插入钯钉孔内。

⑤凿毛缝壁。将切割的缝内壁凿毛，并清除松动的混凝土碎块及表面松动裸石。

⑥刷黏结砂浆。将修补混凝土毛面上刷一层黏结砂浆。

⑦浇筑混凝土。应浇筑快凝混凝土，并且及时振捣密实，磨光和喷洒养护剂，其喷洒面应延伸到相邻老混凝土面板 20cm 以上。

（4）全深度补块法

该法适用于宽度大于 15mm 的严重裂缝。全深度补块法又分为集料嵌锁法、刨挖法、设置传力杆法。

①集料嵌锁法

该法适用于无筋混凝土路面交错的接缝，并且接缝的间隔小于 300 ～ 400cm。其施工工艺如下：

A. 画线、切割。将修补的混凝土路面沿面板平行于横向纵缝画线，并沿画线用切割机进行全深度切割，在全深度补块的外侧锯 4cm 宽、5cm 深的缝。

B. 破碎、凿毛。用风镐破碎并清除旧混凝土，将全深锯口和半锯口之间的 4cm 宽条混凝土垂直面凿成毛面。

C. 基层处理。基层强度如果符合规范要求，应整平基层，若低于规范要求应予以补强，并严格整平；若基层全部损坏或松软，应按原设计基层材料重新做基层。

D. 混凝土配合比。新的混凝土配合比应和原混凝土材料一致。若采用 JK 系列混凝土快速修补材料，水灰比以 0.30 ~ 0.40 为宜，坍落度宜控制在 2cm 内。混凝土 24h 的弯拉强度应不低于 3.0mPa。

E. 混凝土拌和、摊铺。严格按配合比用搅拌机将混凝土搅拌均匀，将拌好的混合料摊铺在补块区内，并振捣密实。浇筑的混凝土面层应与相邻路面的横断面高程一致，其表面纹理应原路面相同。

F. 养生。补块的养生宜采用养护剂养生，其用量根据养护剂材料性能确定。

G. 接缝处理。做接缝时，将板中间的各缩缝锯切 1/4 板厚处，并将接缝材料填入缩缝内。

H. 浇筑混凝土达到通车强度后，即可开放交通。

②刨挖法（倒 T 形法）

该法适用于接缝间传荷很差的部位。其施工工艺如下：

A. 其施工要求按集料嵌锁法的进行。

B. 在相邻板横边的下方暗挖一块面积为 15cm×15cm 的槽，用来传递荷载。

③设置传力杆法

该法适用于在寒冷气候和承受重型交通荷载的混凝土路面。其施工工艺如下：

A. 其施工要求按集料嵌锁法的进行。

B. 处理基层后，应修复、安设传力杆和拉杆。

C. 原混凝土面板没有传力杆与拉杆折断时，应用与原尺寸相同的钢筋焊接或重新安设。安装时应在板厚 1/2 处钻出比传力杆直径大 2 ~ 4mm 的孔，孔中心间距 30cm，其误差不应超过 3mm。

D. 横向施工缝传力杆直径为 φ25mm 的光圆钢筋，长度为 45cm，嵌入相邻保留板内深 22.5cm。

E. 拉杆孔直径宜比拉杆直径大 2 ~ 4mm，并且应沿相邻板间的纵向缝，在板厚 1/2 处钻孔，中心距为 80cm。拉杆采用 016mm 螺纹钢筋，长 80cm（40cm）嵌入相邻车道的混凝土面板内。

F. 传力杆和拉杆宜用环氧砂浆牢牢地固定在规定位置。摊铺混凝土前，光圆传力杆的伸出端应涂少许润滑油。

G. 新补块与沥青混凝土路肩相接时，应和现有路肩齐平。

H. 传力杆若安装倾斜或松动失效，应予以更换。

二、接缝、板边与板角修补

（一）接缝病害产生的原因

1. 灌缝材料的老化、脱落，软化和溢出。
2. 垫料的老化、变形、脱落。
3. 接缝结构、机能不完善。
4. 接缝内嵌入硬物会造成接缝处剥落或胀裂。
5. 填缝材料和接缝板质量欠佳。

（二）接缝的修补

1. 接缝填缝料损坏修补

（1）清缝。用清缝机清除接缝内杂物，并且将接缝内灰尘吹净。

（2）接缝作胀缝修补时，先将建筑热沥青涂刷缝壁，再将接缝板压入缝内。对接缝板接头及接缝与传力杆之间的间隙，必须用填缝料灌实抹平，上部用嵌缝条的应及时嵌入嵌缝条。

（3）用加熟式填缝料修补时，必须将填缝料加热至灌入温度，滤去杂物，倒入填缝机内即可填缝。在填缝的同时，宜用铁钩来回拌动，以增加与缝壁的黏结和填缝的饱满，在气温较低季节施工时，应先用喷灯将接缝预热。

（4）用常温式填缝料修补时，除无需加热外，其施工方法与加热式填缝料相同。

（5）填缝料的技术要求应符合规定。

（6）施工质量验收标准应当符合现行规范的规定。

2. 纵向接缝张开维修

（1）当相邻车道面板横向位移、纵向接缝张开宽度在 10mm 以下时，宜采取聚氯乙烯胶泥、焦油类填缝料和橡胶沥青等加热施工填缝料。

（2）当相邻车道面板横向位移，纵向接缝张口宽度在 10～15mm 时，宜采取聚酯类常温施工式填缝料进行维修。

①维修前应清除缝内杂物与灰尘。

②按材料配比配制填缝料。

③宜采用挤压枪注入填缝料。

④填缝料固化后，方可开放交通。

（3）当纵向接缝张口宽度为 15～30mm 时，采用了沥青砂进行维修。

（4）当纵缝宽度达 30mm 以上时，可在纵缝两侧横向锯槽并凿开，槽间距 60cm，宽 5cm，深 7cm。要设置 φ2mm 螺纹钢筋钯钉，钯钉在老混凝土路面内的弯钩长度为 7cm。纵缝内部的凿开部位用同强度等级的水泥混凝土填补，纵缝一侧涂刷沥青。

3. 接缝板边出现碎裂时接缝的修补

（1）在破碎部位边缘，用切割机切割成规则图形，其周围切割面应垂直板面，底面宜为平面。

（2）清除混凝土碎块，吹净灰尘杂物，并且保持干燥状态。

（3）用高模量补强材料进行填充，其材料技术性能应符合规定。

（4）修补混凝土达到通车强度后，方可开放交通。

（三）板边、板角修补

1. 板边剥落和板角断裂产生的原因

（1）接缝或纵横缝交叉处，水的浸入易产生唧泥、脱空，导致板边或角隅应力增大，产生破损或断裂。

（2）接缝处缺乏传荷能力或板块边缘附近的传力杆失效。

（3）路基基层在荷载和水的作用下，逐渐产生塑性变形，使板边、板角应力增大，产生剥落和断裂。

（4）面板边缘的接缝中嵌入硬物等。

2. 板边剥落、板角断裂修补

（1）板边修补

①当水泥混凝土板边轻度剥落时，应将混凝土剥落的碎块清理干净，可用于灌缝材料填充密实，修补平整。

②当水泥混凝土板边严重剥落时，在剥落混凝土外侧，平行于板边画线，用切缝机切割混凝土，切割深度略大于混凝土剥落深度，用风镐凿除损坏混凝土，用压缩空气清除混凝土碎屑立模，浇筑混凝土修补材料，用养护剂养生，达到设计强度后，即可开放交通。

③当水泥混凝土板边全深度破碎，可以按全深度补块的方法进行修复。

（2）板角修补

①板角断裂应按破裂面的大小确定切割范围并放样。

②用切割机切边缝，用风镐凿除破损部分，凿成规则的垂直面，对原有钢筋不应切断，如果钢筋难以全部保留，至少也要保留长 20～30cm 的钢筋头，且应长短交错。

③检查原有的滑动传力杆，如有缺陷应予更换，并在新老混凝土之间加设传力杆。

④如基层不良时，应用 C15 混凝土浇筑基层，并在面板板厚中央用冲击钻打水平孔，深 20cm、直径 30cm、水平间距 30～40cm。每个洞应先将其周围湿润，先用快凝砂浆填塞捣实，然后插一根直径为 2cm 的钢筋，待砂浆硬化后，浇筑快凝混凝土。

⑤与原有路面板的接缝如为缩缝，应涂上沥青，防止新旧混凝土黏结在一起；如为胀缝，应设置接缝板。

⑥浇筑的混凝土硬化后，用切割机切出宽3mm、深4cm接缝槽，并用压缩空气清缝，灌入填缝材料。

⑦待混凝土达到强度后，才能开放交通。

三、错台处治

（一）错台产生的主要原因

1.路基基层碾压不密实，强度不足。

2.局部地基不均匀下沉或矿区地基大面积沉陷。

3.水浸入基层，行车荷载使路面板产生泵吸现象。

4.传力杆、拉杆功能不完善或失效。

（二）错台处治的方法

对于轻微错台，其高差小于5mm时，可不作处理。

对于高差为5～10mm的错台，其处治方法有如下3种。

1. 人工处治法

（1）划定错台处治范围。

（2）用钢尺测定错台高度。

（3）用平头钢凿由浅到深从一边凿向另一边，凿后的面板应达到了基本平整。

（4）清除接缝杂物，吹净灰尘，及时灌入填缝料。

2. 机械处治法

（1）用磨平机从错台最高点开始向四周扩展，边磨边用3m直尺找平，直至相邻两块板齐平为止。

（2）磨平后，应将接缝内杂物清除干净，并且吹净灰尘，及时将嵌缝料填入。

3. 人工配合机械处治法

即先人工将高出的错台板基本凿平，然后用磨平机磨平，并清缝灌入填缝料。

对于高差大于10mm的严重错台，可以采取沥青砂或水泥混凝土进行处治。

（1）沥青砂填补法（此法不宜在冬季进行）。

①清除路面杂物和灰尘。

②喷洒一层热沥青或乳化沥青，沥青用量为0.4～0.6kg/m^2。

③摊铺沥青砂，修补面纵坡坡度小于等于1%。

④沥青砂填补后，应用轮胎压路机碾压。

⑤待沥青砂修补层冷却成型后才能开放交通。

（2）水泥混凝土修补法。

①用风镐将错台下沉板凿除 2～3cm，修补长度按错台高度除以坡度（1%）计算。

②用压缩空气清除了毛面混凝土上的杂物。

③浇筑细石混凝土。

④喷洒养护剂，养护混凝土。

⑤待混凝土达到通车强度后，即可开放交通。

四、沉陷、拱起处理

（一）沉陷的主要原因

1.路基基层稳定性不够，强度不均匀，造成地基不均匀下沉。

2.排水设施不完善，地面水渗入基层导致基层强度减弱，唧泥、面板严重破碎造成面板沉陷。

（二）沉陷处理

1. 板块灌砂顶升法

（1）板在顶升前，应用水准仪测量下沉板的下沉量，测站与下沉处距离应大于50m，并绘出纵断面，求出升起值。

（2）在每块板上，钻出两行与纵轴平行的直径为3cm的透孔，孔的距离约为1.7m，当板需要从一侧升起时，只需要在升起部分钻孔。

（3）在升起前将所有孔用木塞堵好，一孔一孔地灌砂，充气管与板接头处，用麻絮密封，用排气量为 6～10mVmin 的空气压缩机向孔中灌砂，直至砂冒出缝外时为止。

（4）板升起后，接连往另一个孔中灌砂，直至下沉板全部顶升就位。

2. 整板翻修法

当水泥混凝土整板沉陷并产生破碎时，应进行整板翻修。

（1）宜用液压镐将旧板凿除，尽可能保留原有拉杆，并且清运混凝土碎块。

（2）将基层损坏部分清除，并整平压实。

①对基层损坏部分，宜采用C15混凝土补强，其补强混凝土顶面高程应与旧路面基层顶面高程相同。

②宜在混凝土路面板接缝处的基层上涂刷一道宽20cm的薄层沥青。

（3）整块翻修的面板在路面排水不良地带，路面板边缘以及路肩应设置路基纵横向排水系统。

①单一板块翻修时，应在路面板接缝处设置横向盲沟。

②路面有纵坡时，宜设置纵向盲沟，在纵坡度底部设置横向盲沟。

（4）板块修复，混凝土施工时，配合比及所有材料宜采用快速修补材料。

①按配合比采用混凝土搅拌机拌和混凝土材料。

②将拌和好的混合料用翻斗车运送到施工现场，进行人工摊铺。

③宜采用插入式振捣器振捣边角混凝土，并用于振动梁刮平泥浆，人工抹平，要求与原混凝土板面高低一致。

④按原路面纹理对混凝土表面进行处理。

⑤宜采用养护剂进行养护。

⑥相邻板边的接缝，用切缝机切至 1/4 板块深度。

⑦清除缝内杂物，灌入接缝材料。

⑧待混凝土达到通车强度后，开放交通。

（三）拱起处理

水泥混凝土路面拱起主要是因胀缝失效，混凝土板块热胀而突然使横缝两侧的板体明显提高，其处理措施应根据具体情况，采取不同的方法。

1. 路面拱起的主要原因

（1）非高温季节施工时，胀缝设置间距过长或失效。

（2）接缝内嵌入硬物。

（3）夏季连续高温，使板体热胀。

2. 拱起处理方法

（1）对轻微拱起处理

①用切缝机或其他机具将拱起板间横缝中的硬物切碎。

②用压缩空气将缝中石屑等杂物和灰尘吹净，使板块恢复原位，并且灌入填缝料。

（2）对严重拱起处理

①板端拱起但路面完好时，应根据拱起高低程度，计算多余板的长度，将拱起板块两侧附近 1～2 条横缝切宽，待应力充分释放后切除拱起端，逐渐使板块恢复原位。

②将横缝和其他接缝内的杂物、灰尘用空气压缩机清除干净，并且灌入填缝料。

（3）拱起板端发生断裂或破损时，按整块路面板翻修进行。

（4）胀缝间因传力杆部分或全部在施工时设置不当，使板受热时不能自由伸长而发生拱起，应重新设置胀缝，按胀缝施工进行。

五、坑洞修补

水泥混凝土坑洞的产主要是粗集料脱落或者局部振捣不密实等原因。坑洞尽管对行车影响不大，但对路面的外观和表面功能都有较大影响。因此，对坑洞应根据实际情况采取相应措施进行修补。

（一）对个别坑洞的修补

1.用手工或机械将坑洞凿成矩形的直壁槽。

2.用压缩空气把槽内的混凝土碎块及尘土吹净。

3.用海绵块沾水后湿润坑洞，不得使坑洞内积水。

4.用高强度等级水泥砂浆等材料填补，并达到了平整密实。

（二）对较多坑洞的修补

对较多坑洞且连成一片，面积在 $20m^2$ 以内的坑洞，应采取罩面方法修补：

1.画出与路中心线平行或垂直的修补区域图形。

2.用切割机沿修补图形边线切割 $5 \sim 7cm$ 深的槽，槽内用风镐清除混凝土，使槽底平面达到基本平整，并将切割的光面凿毛。

3.用压缩空气吹净槽内混凝土碎屑和灰尘。

4.按混凝土配合比设计配制修补混凝土。

5.将拌和好的混凝土填入槽内，人工摊铺、振捣密实，并保持与原路面齐平。

6.喷洒养护剂养生。

7.待混凝土达到通车强度后，方可开放交通。

（三）对大面积坑洞的修补

对面积大于 $20m^2$，深度4cm左右成片的坑洞，可以用浅层结合式表面修复或沥青混凝土罩面进行修补。

1. 浅层结合式表面修复

（1）将连成片的坑洞周围标画出与路中心线平行或者垂直的区域，并用风镐凿除深度 $2 \sim 3cm$。

（2）将修复区内凿掉的混凝土碎块运出，并清除其碎屑和灰尘。

（3）在修复区表面用水喷洒湿润，并适时涂刷黏结剂。

（4）将拌和好的混凝土摊铺于修复区内振捣、整平。

（5）用压纹器压纹，压纹深度宜控制在3mm左右。

（6）养生，使修复板块经常处于潮湿状态。

（7）待混凝土达到通车强度后，开放交通。

2. 沥青混凝土罩面修补

（1）画出与路中心线平行或垂直的处治区，并用切割机在其周围切割 $2 \sim 3cm$ 深度。

（2）用风镐凿除处治区内的混凝土，并且清除混凝土块、碎屑和灰尘。

（3）将切割的槽壁面和凿除的槽底面喷洒黏层沥青，其用量为 $0.4 \sim 0.6kg/m^2$。

（4）铺筑沥青混凝土，并碾压密实。

（5）待沥青混凝土冷却后，即可开放交通。

六、换板

（一）清除混凝土碎块

首先，用风镐或液压镐凿除损坏的水泥混凝土板块，尽可能保留原有拉杆、传力杆，若拉杆、传力杆发生损坏，应该重新补设，将破碎的混凝土碎块，清运至指定的堆放场地。

（二）处治基层

视基层损坏程度采取不同的处治方法：

1.基层损坏厚度小于8cm，整平基层压实后，可直接浇筑和原路面强度相同的水泥混凝土，其施工方法应符合水泥混凝土路面施工规范要求。

2.基层损坏厚度大于8cm，且坑洼不平，应首先整平、压实基层后，采用C15贫混凝土进行补强，其补强层顶面高程应与旧路面基层顶面高程相同。

3.基层损坏极为严重，其厚度大于20cm时，应分层处理基层，其材料应符合有关规定。

4.在基层上，按$0.5kg/m^2$沥青用量，喷洒一层乳化沥青，作为防水层。

（三）排水处理

对于翻修的混凝土板，处在路面排水不良地带，路面板的边缘及路肩应设置路基纵、横向排水系统。

1.单一边板翻修时，应在路面板缩缝处设置横向盲沟。

2.连续数块混凝土板块翻修时，宜设纵、横向盲沟，并且应在纵坡底部设置横向盲沟。

（四）水泥混凝土翻修工艺

1.混凝土施工时配合比及所用的材料，应根据路面通车时间的要求，选用快速修补材料。

2.将混凝土拌和机设置在施工现场附近，可以采用翻斗车运送混合料。

3.混合料的摊铺由运输车辆直接卸在基层上，混合料尽可能卸成几个小堆，用铁锹摊均匀，严禁使用钉耙耙耧，以防离析，摊铺的材料厚度，应考虑振实的影响而预留一定的高度，松铺系数一般控制在1.1左右，或根据实际情况确定。

4.混合料的振捣应先用插式振捣器在板边、角隅处或者全面振捣一次，同一位置不少于20s，再用平板振捣器全面振捣，振捣时应重叠$10\sim20cm$，不小于$15\sim30s$，以不再冒泡并泛出水泥浆为止，全面振捣后再用振动梁振实整平，往返拖拉$2\sim3$遍，使表面泛浆，并赶出气泡，振动梁移动的速度应缓慢而均匀，其速度以$1.2\sim1.5m/min$为宜。对不平处，应及时人工补平，最后用滚杆进一步滚动表面，使表面进一步提浆。新浇的混凝土表面与旧混凝土表面不平整时，应填补找平并重新振滚平整。

5.混凝土表面整修，应用木抹多次抹面至表面无泌水为止。发现面板低凹处，应填补混凝土，并用3m直尺检查平整度。

6.按原路面纹理修面，可用尼龙丝刷或拉槽器在混凝土表面横向拉槽。

7.混凝土硬化后，要在尽早的时间内用切缝机切缝，切缝深度宜为板块1/4厚度，合适的切缝时间须依据经验并且进行试切后决定。

8.混凝土板块的养生措施：

（1）混凝土板抹平之后，可在混凝土板块表面喷洒养护剂进行养生，养护剂应在纵横方向交叉喷洒，养护剂洒布要均匀，其用量不得少于$350g/m^2$。

（2）混凝土也可采取洒水养生，用草帘或麻袋覆盖在混凝土板表面，每天洒水2～3次，使水泥混凝土板块经常保持潮湿状态。

9.在水泥混凝土板块养护期满后，应立即进行接缝填封。

（1）接缝填缝材料分接缝板和填缝料两种。填缝料又分为加热施工式及常温施工式两种。接缝板和填缝料的技术要求，应符合相关规定。

（2）填缝前，接缝缝内必须清理干净，灌注填缝料必须在缝槽干燥状态下进行，其灌注深度以3～4cm为宜，下部可填入多孔柔性材料。

（3）填缝料的灌注高度，夏天应和面板齐平，冬天宜稍低于面板。

10.待混凝土强度达到设计要求后，即可开放交通。

七、表面功能恢复

（一）薄层水泥混凝土罩面

对局部板块出现的露骨，可采用薄层水泥混凝土罩面。

1.用风镐凿除水泥混凝土面板表面，凿除深度为1～5cm。

2.清除水泥混凝土碎屑和松散块，用高压水冲洗水泥混凝土板块毛面，用压缩空气清除了水泥混凝土板块表面水分。

3.在现浇混凝土板边立模。

4.在水泥混凝土毛面上按$1kg/m^2$涂上一层界面黏结剂。界面黏结剂有较好的黏结性能，黏结强度高达了4.75mPa。界面黏结剂分A、B两组分，施工时现配现用，比例为：A组分：B组分 =10：1.5。

5.配制快速修补混凝土。

（二）刻槽

对于弯道、陡坡等磨光的路段，可采用刻槽的方法进行处治。

1. 采用自行式刻槽机进行刻槽。使用圆盘形的金刚石刀片、碳化钙冲头等，在路面上切成窄槽。这种方法可以防止雨天路面打滑现象。

2. 防滑槽的方向主要有两种：

①常采用的纵向刻槽，可以防止横向滑动和横向风力所造成的事故。

②横向刻槽，对缩短制动距离效果较好，适用于陡坡路段、交叉路口附近等。在路线纵向或横向，指定的方向上安置导向轨道，将导向轮扣在导向轨道上。

3. 防滑槽可根据刀片的宽度来选定适宜的形状。一般常用的刻槽深度为 3～6mm，槽宽为 3～6mm，缝距为 19～50mm。

4. 刻槽时应由高向低逐步推进。

（三）沥青磨耗层

对于水泥混凝土路面较大范围的磨光或露骨可铺设沥青磨耗层。

1. 对水泥混凝土板块进行修整和处理。在沥青磨耗层铺筑前，水泥混凝土路面应做到干燥、清洁，不得有尘土、杂物或油污。

2. 在水泥混凝土路面表面喷洒 0.4～0.6kg/mV 沥青含量的黏层沥青，可采用热沥青、乳化沥青，尽可能采用快裂型乳化沥青。

3. 采用沥青洒布车喷洒黏层沥青。在路缘石、雨水进水口、检查井等局部位置与沥青面层接触处用刷子人工涂刷。

4. 喷洒黏层沥青应均匀洒布或涂刷，喷洒过量处应予刮除。

5. 当气温低于 10℃或者路面潮湿时，不得喷洒黏层沥青。

6. 喷洒黏层沥青后，除沥青混合料运输车辆外，严禁其他车辆、行人通过。

7. 乳化沥青破乳、水分蒸发完后铺筑沥青层。

8. 沥青磨耗层采用砂粒式沥青混凝土，厚度一般为 1.0～1.5cm。

（四）稀浆封层

对大面积露骨或磨光的路段可采用稀浆封层进行处治。稀浆封层的施工温度不得低于 10℃。水泥混凝土路面表面要清洁、干燥。稀浆封层机施工时应当匀速前进，稀浆封层厚度应均匀、表面平整，稀浆封层机摊铺时应保持槽内有近半槽稀浆，摊铺过程中出现局部稀浆过厚现象时，要用橡皮板刮平。稀浆过少应用铁铲取浆补齐。流出的乳液要用刮板刮平，摊铺起终点接头处须平直整齐。稀浆封层铺筑后应封闭交通。待乳化沥青破乳、水分蒸发、干燥、路面成型后方可开放交通。开放了交通初期应有专人指挥，控制车速不得超过 20km/h，并不得制动调头。

（五）改性乳化沥青稀浆封层（微表处）

普通的稀浆封层厚度一般为 3～6mm。改性稀浆封层（微表处）的厚度可达

9.5～11mm，改性沥青稀浆封层的施工程序与普通稀浆封层基本相同，但必须使用具有储料、选料、拌和、摊铺计量控制等功能的稀浆封层机。将各种原材料的储存、运输、计量、拌和、摊铺、整平以及其控制系统集中于一台载重车底盘上，按比例要求，用很短时间制成混合料，并摊铺在路面上。

改性稀浆封层必须采用慢裂快凝的改性乳化沥青，在标准气温 25℃时，拌和时间不小于 120s；当气温为 30°．时，拌和时间应不少于 180s。拌和后的混合料、沥青能均匀地裹覆在集料表面上，没有花白现象。拌完的混合料在手中用力攥紧，能攥出水并黏成黑球，落地后不散。

施工前对原水泥路面进行修补，比如水泥砂浆板下封堵，改性乳化沥青灌缝，清洗原路面等工作。在原水泥混凝土路面上按沥青用量 0.15～0.3kg/m² 喷洒黏层沥青。

改性稀浆封层现场开始施工阶段，由于现场的气候与集料的情况变化多端，室内外条件瞬息多变，混合料的破乳和凝固速度不断变化，因而在室内选下的配合比数据，必须结合现场情况，作进一步地调整，然后确定现场最适合的配比，但是这个配比也随着气候在改变，操作人员必须熟练地掌握变化规律。

第四章 桥梁工程建设

第一节 桥梁工程概述

一、公路桥梁工程概述

（一）从思想上重视

从思想上重视施工管理工作，端正管理人员的工作态度，公路桥梁施工管理部门要转变思想，从思想上重视施工管理工作，从细节上抓好施工管理工作。施工单位要做好管理宣传工作，强化了施工管理人员的管理意识，使相关管理人员充分认识到施工管理的重要性。同时，要不断完善、优化施工单位的人员组织机构，明确划分相关人员的职权，建立健全责任奖惩制度，做到施工管理责任化、全局化、常态化，确保了公路桥梁施工管理工作深入现场，提高施工管理的成效，促进了我国公路桥梁事业的健康发展。

（二）建立健全管理体系

公路桥梁施工管理单位要深化体制改革，建立健全公路桥梁施工管理体系，保证在建工程的质量与安全。

1. 建立相关制度

公路桥梁施工管理部门要建立完善质量、进度、成本、安全控制体系和相关制度，健全激励机制，实行严格的问责制，严厉追究事故责任人。施工管理单位要根据施工现场的实际情况，制订切实可行的岗位职责方案，建立以总工程师为主、项目经理为中心的监管体系，根据相关制度将管理分解，落到实处，落到细部，及时反馈并且解决，做到管理"下得去、上得来、能溯源"。

2. 安全第一

公路桥梁施工管理的相关人员要始终提醒施工人员将安全生产放在第一位，并且依据严格的质量安全标准施工，保证公路桥梁的质量。

3. 建立奖励制度

公路桥梁施工单位还可以建立奖励制度，对工作认真负责的人员适时进行奖励，发扬正能量，以提高员工的管理积极性，形成一种良性发展的管理氛围。建立健全公路桥梁施工管理体系，能从根本上保证公路桥梁施工管理工作的顺利开展，有利于促进我国公路桥梁事业的发展。

（三）提高施工质量安全管理意识

施工单位要提升相关管理人员的质量安全管理意识，加强了思想宣传的力度，为公路桥梁施工管理工作的顺利开展奠定坚实的思想基础。

1. 创新管理方式

对于公路桥梁施工管理，我们要有一个科学、清醒的认识。同时，要创新管理方式，确保知识水平不高的施工人员也能及时准确了解施工管理的重要性。除此之外，要加强思想教育的力度，强化施工人员的质量安全意识，使大家时刻将施工质量管理放在关键位置。

2. 改进管理的模式

施工单位要改进公路桥梁施工管理的模式，确保施工质量管理的各项规定符合实际，具有较强的可操作性。细化工程管理措施，有计划及分步骤地进行施工管理，杜绝施工过程中不合理现象的出现。

（四）加强对工程进度的管理

公路桥梁施工管理部门要加强对工程进度的管理，确保管理工作的全面协调、及时有效，在保证工程质量的前提下，尽可能减少了财政支出，缩短工程周期。在公路桥梁施工过程中，施工管理人员要及时监管项目流程，狠抓关键工作，确保工程周期。对于工序延误工期滞后等现象，要及时找出原因，采取可行的补救措施，及时修改施工方案，保证工程进度。

除此之外，还要加强对施工人员的管理，确保工作落实到位，充分发挥集体的作用，提升团队的凝聚力，保证公路桥梁施工的质量和进度，确保施工管理工作的顺利开展。

（五）加强对公路桥梁施工过程的管理

公路桥梁施工管理部门要制定详细的、符合科学的施工规划，确保施工方案的总体性和可操作性，严格控制工程进度，随时掌握公路桥梁施工的最新进展并及时调整，保证在建工程的安全，提升了工程质量。

1. 深化认识

施工管理部门要深化认识，学会抓关键、找重点，对于关键工程、隐蔽工程和重点部位，施工单位要适时进行优化着重管理。除此之外，要建立健全公路桥梁的施工管理规范，配备专门的试验室进行管理，确保管理人员的专业化，从根本上保证公路桥梁工程的质量安全。

2. 加强风险管理

监理部门充分发挥自身职权，做好各项工程的检验验收工作，保证工程顺利完工。同时，强化抗风险意识，加强风险管理，积极妥善处理各种突发事件，保证工程进度，促进我国公路桥梁事业的发展。

（六）加强对施工工序的管理

1. 加强质量管理

加强公路桥梁建设的质量管理，要细致到每个环节，确保一次性合格，严格地控制返工率。在施工的过程中，施工人员、质检人员要严格把关施工过程中的每一道工序，特别是关键工作，要采取合理的防范措施，避免质量通病的出现。

2. 监管好施工

监管好施工是按照施工设计方案以及国家相关的规范及要求进行的，杜绝偷工减料和以次充好的问题。在工程交底验收的环节，要留心对隐蔽性工程以及中间部位的检查及验收。

随着我国公路事业的迅速发展，公路桥梁工程也处发展的鼎盛时期。公路桥梁建设工程的工期较长，且有较强的季节性，有些施工单位的硬件及软件条件并不能适应公路桥梁施工的现状，所以加强对公路桥梁建设工程的施工管理迫在眉睫。而施工管理是环环相扣、相互交叉的，并不是独立的，具有连续性，需要我们不断学习。总之，为了有效提升公路桥梁建设的水平，提升了施工企业的经济效益，我们必须不断强化管理意识，制定科学合理的监督管理规划，保证公路桥梁建设工程的质量，促进我国公路桥梁事业的发展，满足人们的生产生活需求。

二、公路桥梁施工的质量监督及其控制

（一）公路桥梁是息息相关的民生工程

1. 坚持质量理念

施工过程中，要坚持公路桥梁工程内实外美质量理念，精益求精，在高度重视主体、主要技术指标的同时，不放松对附属工程、外观质量要求，保持了质量均衡，全面提高桥梁工程质量。

2. 落实工程质量责任制

要严格落实工程质量责任制，明确现场原材料进场、保管，混凝土生产、运输、浇筑、养护、成品保护等环节施工质量控制工序的施工、监理责任人，并认真做好工序交接和记录签名工作，切实做到施工每个质量控制环节均可追溯。

3. 严格控制原材料采购程序

严格原材料采购程序并按照有关规定进行检验。任何原材料严禁未经检验即投入使用，同时应加强检验数据的统计分析工作，对技术质量指标波动情况进行评估和控制，发现异常的，及时处理。同时，要定期对现场操作人员和维修人员进行考核。对考核不合格的人员要有针对性地进行培训，对无法提高其素质的工作人员要将其调离施工岗位。

（二）加强公路桥梁施工中的质量控制

1. 建立严格、规范的工程标准体系

在实际工程施工中，必须严格按照已有或者本次工程的标准来施工，工程建设标准是从事各类工程建设活动的技术依据和准则，是政府运用技术手段规范建筑市场、推动科技进步和提高建设水平的重要途径。对整个施工过程建立统一的勘察、测量、设计、施工、材料、试验等工程标准体系。编制三级工程质量评定标准，并制定三级质量检验评定用表、统一制定工程检验及试验、过程记录用表。通过对严格规范的工程标准体系，实现工程建设标准项目的技术与质量双达标。

2. 完善原材料检验体系

完善原材料检验体系，严把原材料质量关。工程的质量主要在于材料和施工，因此，要想把控公路桥梁的工程质量，必须从源头上把好施工质量关，原材料质量直接关系到结构的强度、耐久性以及可靠性，是工程质量的关键。

（1）施工现场原材料的检验

对于进入施工现场的原材料必须由项目技术人员及质量检查员进行入场检验，并要求供货方提供产品的"出厂合格证、生产许可证、检验报告"等有关证件。

（2）对"三证"或"不合格"产品的检验

对无"三证"或"不合格"的产品，坚决杜绝进场，不得给予任何理由放行。建立原材料、半成品、成品的检验及试验承包商、监理、监督三级检验体系。施工中也应注意对原材料进行随机抽查，对项目部无法签定的材料，应送交有关检验部门进行检测，发现不合格材料应立即停止。

（3）对混凝土等的检验

对高等级混凝土使用高等级水泥，黄沙采用优质天然河砂，碎石采用优质天然石料人工轧制，石料抗压强度满足要求，碎石采用双掺级配，掺配后级配良好并符合规范要求，含泥量、泥块含量（小于1%）、坚固性指标、针片状含量小于5%、压碎指标值等各项指标均满足相关规范要求。外加剂选用合格的外加剂，质量符合 GB 8076 的国家标准。

3. 做好配合比设计，提高混凝土配制质量

混凝土是非均质的三相体，即固体、液体和气体。三相体配合比是影响水泥混凝土抗压强度的重要因素，不同的配合比设计和施工出的水泥混凝土，是完全不同的。

（1）三相体配合

在建筑后的凝结硬化过程中，三相所占的体积将不断地发生变化，的任务是配制满足强度、耐久性和易性要求的尽可能经济的混凝土。度、集料级配、水泥品种、外加剂品种、坍落度、耐久性要求等不同，比，经试拌确定试验的配合比，经施工现场调整而成施工配合比。

（2）要满足设计要求

混凝土试验的拌和、成型、养护以及试验方法均按公路工程水泥混凝土试验规程有关要求进行，混凝土试验的力学性能结果要满足设计要求。

综上所述，公路桥梁的质量问题是一个非常复杂、非常重要的问题，牵扯到方方面面的原因，从一开始的设计、到材料、到施工、到最后的监理都有关系。公路桥梁工程的质量管理要利用现代化技术，在当今信息时代，桥梁工程质量监督管理中也应运用信息技术，逐步向信息化管理方向转变。要想达到了这一目标，要从管理和技术两个重要方面加以创新。提高工程质量是我国经济工作中的长期战略任务，是我国道路交通基础设施建设整体战略中的一个重要任务。因此，工作质量涉及项目各个岗位的所有人员，要保证工程项目的质量就必然要求项目所有参与人员具有良好的敬业精神、过硬的职业素养和技术水平，对决定和影响工程质量的各个环节严加控制，确保公路桥梁的坚不可摧。

第二节　桥梁的基本组成和分类

一、桥梁的基本组成

桥跨结构是在线路中断时跨越障碍的主要承重结构。当需要跨越幅度比较大，并且除恒载外要求安全地承受很大车辆荷载的情况下，桥跨结构的构造就比较复杂，施工也相当困难。

桥墩和桥台是支承桥跨结构并将恒载和车辆等活载传至地基的建筑物。通常设置在桥两端的称为桥台，它除上述作用外，还与路堤相衔接，以抵御路堤土压力，防止路堤填土的滑坡和坍落。单孔桥没有中间桥墩。桥墩和桥台中使全部荷载传至地基的底部奠基部分，通常称为基础。它是确保桥梁能安全使用的关键。由于基础往往深埋于土层之中，并且需在水下施工，故也是桥梁建筑中比较困难的一个部分。

通常人们还习惯地称桥跨结构为桥梁上部结构，称桥墩或桥台（包括基础）为桥梁的下部结构。

一座桥梁中在桥跨结构与桥墩或桥台的支承处所设置的传力装置，称为支座，它不仅要传递很大的荷载，并要保证桥跨结构能产生依照设计意图的变位（变形）。

在路堤与桥台衔接处，一般还在桥台两侧设置石砌的锥形护坡，以保证迎水部分路堤边坡的稳定。

在桥梁建筑工程中，除了上述基本结构外，根据需要还常常修筑护岸、导流结构物等附属工程。河流中的水位是变动的，在枯水季节的最低水位称之为低水位；洪峰季节河流中的最高水位称为高水位。桥梁设计中按规定的设计洪水频率计算所得的高水位，称为设计洪水位。

二、桥梁的分类

（一）结构体系划分

1. 梁式体系

梁式体系是古老的结构体系。梁作为承重结构是以它的抗弯能力来承受荷载的。梁分简支梁、悬臂梁、固端梁和连续梁等。

2. 拱式体系

拱式体系的主要承重结构是拱肋（或者拱箱），以承压为主，可采用抗压能力强的圬工材料（石、混凝土与钢筋混凝土）来修建。拱分单铰拱、双铰拱、三铰拱和无铰拱。

拱是有水平推力的结构，对地基要求较高，一般常建于地基良好的地区。

3. 刚架桥

刚架桥是介于梁与拱之间的一种结构体系，整个体系是压弯结构，也是有推力的结构。刚架分直腿刚架与斜腿刚架。刚架桥施工较复杂，一般用跨径不大的城市桥或公路高架桥和立交桥。

4. 悬索桥

就是指以悬索为主要承重结构的桥，悬索桥是大跨桥梁的主要形式。

5. 组合体系

（1）连续刚构。

（2）梁、拱组合体系。

（3）斜拉桥。

（二）按桥梁种类划分

1. 板式桥

（1）板式桥的特点

实心板一般用于跨径13m以下的板桥。因为板高较矮，挖空量很小，空心折模不便，可做成钢筋混凝土实心板，立模现浇或预制拼装均可。空心板用于等于或大于13m跨径，一般采用先张或后张预应力混凝土结构。先张法用钢绞线和冷拔钢丝；后张法可用单根钢绞线、多根钢绞线群锚或扁锚，立模现浇或者预制拼装。成孔采用胶囊、折装式模板或一次性成孔材料如预制薄壁混凝土管或其他材料。

（2）板式桥的发展趋势

钢筋混凝土和预应力混凝土板桥，其发展趋势为：

①采用高标号混凝土，为了保证使用性能尽可能采用预应力混凝土结构；

②预应力方式和锚具多样化；

③预应力钢材一般采用钢绞线。

板桥跨径可做到25m，目前有建成35～40m跨径的桥梁。跨径太大，用材料不省，板高矮、刚度小，预应力度偏大，上拱高，预应力度偏小，可能出现了下挠；若采用预制安装，横向连接不强，使用时容易出现桥面纵向开裂等问题。由于吊装能力增大，预制空心板幅宽有加大趋势，1.5m左右板宽是合适的。

2. 梁式桥

（1）简支T形梁桥

20世纪80年代以来，我国公路上修建了几座具有代表性的预应力混凝土简支T形梁桥（或桥面连续），比如河南的郑州、开封黄河公路桥，浙江省的飞云江大桥等，其跨径达到 62m，吊装重 220t。

①简支 T 形梁桥的特点

T 形梁采用钢筋混凝土结构的已经很少了，从 16～50m 跨径，都是采用预制拼装后张法预应力混凝土 T 形梁。预应力体系采用了钢绞线群锚，在工地预制，吊装架设。

②简支 T 形梁桥的发展趋势

A.采用高强、低松弛钢绞线群锚：混凝土标号 40～60 号；

B.T 形梁的翼缘板加宽，25m 是合适的；

C.吊装重量增加。

为了减少接缝，改善行车，采用工型梁，现浇梁端横梁湿接头和桥面，在桥面现浇混凝土中布置负弯矩钢束，形成比桥面连续更进一步的"准连续"结构。预应力混凝土 T 形梁有结构简单、受力明确、节省材料、架设安装方便、跨越能力较大等优点。其最大跨径以不超过 50m 为宜，再加大跨径不论从受力、构造、经济上都不合理了。大于 50m 跨径以选择箱形截面为宜。

（2）连续箱形梁桥

箱形截面能适应各种使用条件，特别适合预应力混凝土连续梁桥、变宽度桥。因为嵌固在箱梁上的悬臂板，其长度可以较大幅度变化，并腹板间距也能放大箱梁有较大的抗扭刚度，因此，箱梁能在独柱支墩上建成弯斜桥；箱梁容许有最大细长度；应力值较低，重心轴不偏一边，同 T 形梁相比徐变变形较小。

①连续箱形梁桥的特点

箱梁截面有单箱单室、单箱双室（或多室），早期为矩形箱，逐渐发展成斜腰板的梯形箱。

A.箱梁桥可以是变高度，也可以是等高度；

B.从美观上看，有较大主孔和边孔的三跨箱梁桥，用变高度箱梁是较美观的；

C.多跨桥（三跨以上）用等高箱梁具有较好的外观效果。

由于连续箱梁在构造、施工和使用上的优点，近年来建成预应力混凝土连续箱梁桥较多。

②其发展趋势

A.减轻结构自重，采用了高标号混凝土 40～60 号；

B.随着建筑材料和预应力技术发展，其跨径增大，葡萄牙已建成 250m 的连续箱梁桥，超过这一跨径，也不是太经济的。

（3）T 形构桥

这种结构体系有致命弱点。从 20 世纪 60 年代到 80 年代初，我国公路桥梁修建了几座 T 形刚构桥，比如著名的重庆长江大桥和泸州长江大桥，80 年代以后这种桥型基本不再修建了，这里不赘述。

（4）连续刚构桥

连续刚构可以多跨相连，也可以将边跨松开，采用支座，形成刚构—连续梁体系。其优点如下：

①一联内无缝，改善了行车条件；

②梁、墩固结，不设支座。

合理选择梁与墩的刚度，可以减小梁跨中弯矩，从而可以减小梁的建筑高度。所以，连续刚构保持了T形刚构和连续梁的优点。连续刚构桥适合于大跨径、高墩。高墩采用柔性薄壁，如同摆柱，对于主梁嵌固作用减小，梁的受力接近于连续梁。柔性墩需要考虑主梁纵向变形和转动的影响以及墩身偏压柱的稳定性；墩壁较厚，则作为刚性墩连续梁，如同框架，桥墩要承受较大弯矩。由于连续刚构受力和使用上的特点，在设计大跨径预应力混凝土桥时，优先考虑这种桥形。当然，桥墩较矮时，这种桥型受到限制。

（5）钢筋混凝土拱桥

拱桥在我国有悠久历史，属我国传统项目，也是大跨径桥梁形式之一。石拱桥由于自重大，在料加工费时费工，大跨石拱桥修建少了。山区道路上的中、小桥涵，因地制宜，采用石拱桥（涵）还是合适的。大跨径拱桥多采用钢筋混凝土箱拱、劲性骨架拱和钢管混凝土拱。钢筋混凝土拱桥的跨径，一直落后于国外，主要原因是受施工方法的限制。我国桥梁工作者一直在探索，寻求安全、经济以及适用的方法。根据近年的实践，常用的拱桥施工方法有：

①主支架现浇；

②预制梁段缆索吊装；

③预制块件悬臂安装；

④半拱转体法；

⑤刚性或半刚性骨架法。

钢筋混凝土拱桥自重较大，跨越能力比不上钢拱桥。但，因为钢筋混凝土拱桥造价低，养护工作量小，抗风性能好，仍被广泛采用，特别是崇山峻岭的我国西南地区。

（6）斜拉桥

斜拉桥是我国大跨径桥梁最流行的桥型之一。

①我国斜拉桥的主梁形式

A.混凝土以箱式、板式、边箱中板式；

B.钢梁以正交异性极钢箱为主，也有边箱中板式。

现在已建成的斜拉桥有独塔、双塔和三塔式。以钢筋混凝土塔为主。塔形有H形、倒Y形、A形、钻石形等。斜拉桥的钢索一般采用自锚体系。

②发展趋势

近年来，开始出现自锚和部分地锚相结合的斜拉桥，比如西班牙的鲁纳（Luna）桥，主桥440m；我国湖北郧县桥，主跨414m。地锚体系把悬索桥的地锚特点融于斜拉桥中，可以使斜拉桥的跨径布置更能结合地形条件，灵活多样，节省费用。斜拉桥的施工方法：混凝土斜拉桥主要采用悬臂浇筑和预制拼装；钢箱和混合梁斜位桥的钢箱采用正交异性板，工厂焊接成段，现场吊装架设。钢箱与钢箱的连接，一是螺栓，二是全焊，三是栓焊结合。斜拉桥发展趋势：跨径会超过 1000m；结构类型多样化、轻型化；加强斜拉索防腐保护的研究；注意索力调整、施工观测与控制以及斜拉桥动力问题的研究。

（7）悬索桥

悬索桥是特大跨径桥梁的主要形式之一，可以说是跨千米以上桥梁的唯一桥型（从目前已建成桥梁来看说是唯一桥型）。

①发展趋势

从发展趋势来看，斜拉桥具有明显优势。但根据地形、地质条件，若能采用隧道式锚碇，悬索桥在千米以内，也可以同斜拉桥竞争。根据理论分析，就目前的建材水平而言，悬索桥的最大跨径可达到 3500m 左右。已建成的日本明石海峡大桥，主跨已达 1990m。正在计划中的意大利墨西拿海峡大桥，设计方案之一是悬索桥，其主跨 3500m。当然还有规划中更大跨径的悬索桥。

②悬索桥和斜拉桥的结合。

悬索桥跨径增大，如上所述当跨径达 3500m 时，动力问题将是一个突出的矛盾，所以，对特大跨桥梁，已提出了用悬索桥和斜拉桥相结合的"吊拉式"桥型。

第三节　桥梁总体设计要点

一、桥梁总体设计的基本要求

建设一座桥梁，不但对当地的经济、文化和人民生活有着密切关系，而且一座重要的桥梁还对国家发展交通运输事业，对发展国民经济，促进文化交流和巩固国防等方面，都具有非常重要的意义。公路桥梁的设计，根据其使用任务、性质和所在线路的远景发展需要，应符合技术先进、安全可靠、适用耐久以及经济合理的要求外，还应考虑造型美观和有利于环保的原则。同时还应考虑因地制宜、就地取材、便于施工和养护等因素。在靠近村镇、城市、铁路及水利设施的桥梁，应结合各有关方面的要求，综合考虑利用。我国公路桥涵结构的设计基准期为 100 年。设计人员在工作中要广泛吸取建桥实践中创造的先进经验，推广各种经济效益好的技术成果，积极采用了新结构、新技术、新设备、新工艺和新材料。设计中应结合我国的实际，学习和引进国外的最新科学成就，把学习外国经验和自己的创新结合起来，把桥梁设计同"两型"社会的建设结合起来。

（一）桥梁设计的基本要求

1. 使用上的要求

桥梁设计必须满足车辆畅通无阻、安全和舒适的要求；既满足当前的要求，又照顾到将来的发展要求；既满足运输的要求，又能满足农田排灌的要求；在通航或通车的桥位，桥型、跨度大小和桥下净空应满足泄洪、安全通航或者通车等要求；还要考虑桥梁建成后养护、维修和检查等方面的要求。

2. 设计上的要求

桥梁设计应积极采用新结构、新技术、新材料和新工艺。要使整个桥梁结构及其各部分构件，在制造、运输、安装和使用过程中应具有足够的强度、刚度、稳定性和耐久性。桥梁结构的强度应使全部构件及其连接构造的材料抗力或承载能力具有足够的安全储备。对于刚度的要求，应使桥梁在荷载等作用下的变形不超过规定的容许值。过度的变形会使结构的连接松弛，而且挠度过大会导致高速行车困难，引起桥梁剧烈振动，使人体感觉不适，严重者会危及桥梁结构的安全。结构的稳定性，是要使桥梁结构在各种外力作用下，具有能保持原来形状和位置的能力。比如，桥梁结构和墩台的整体不致倾倒或滑移，受压构件不致引起纵向屈曲变形等。在地震多发区修建桥梁时，在计算和构造上，大、中桥还要满足能够抵御烈度为 7 度的地震破坏力的要求。

3. 施工上的要求

桥梁的结构应便于制造和安装，应尽量采用了先进的施工工艺和施工机械，以利于加快施工进度，保证工程质量和施工安全。

4. 经济上的要求

桥梁设计应体现经济上的合理性，设计方案必须进行技术经济比较，一般地说，应使桥梁的造价最低，材料消耗最少。因此，设计应按照因地制宜、就地取材、方便施工的原则，合理选用适当的桥型。此外，能满足快速施工要求以达到缩短工期的桥梁设计，不仅能降低造价，而且提早通车在运输上将带来很大的经济效益。

然而，要全面而精确地考虑到所有的经济因素往往是困难的，在技术经济比较中，不能只按建筑造价作为全面衡量桥梁经济性的指标，还要考虑到桥梁的使用年限、养护和维修费用等因素。

5. 美观上的要求

在满足上述要求的前提下，尽可能使桥梁具有优美的建筑外形，并与周围的景物相协调。城市桥梁和游览地区的桥梁，应较多地考虑建筑艺术上的要求。公路上的特殊大桥宜进行景观设计；上跨高速公路、一级公路的桥梁应和自然环境和景观相协调。合理的结构布局和轮廓造型是桥梁美观的主要因素，决不应把美观片面地理解为豪华的细部装饰。

此外，优秀的、结构上既有特色且又美观的桥型方案，应使结构的造型与力学行为和谐协调。如果结构外形虽有特色、与众不同，但是其力学行为甚不合理的桥型方案，往往会显著提高经济造价和增加施工难度。

6. 环保上的要求

随着我国经济的不断增长和综合国力的提高，道路、桥梁建设在环境保护方面的问题也日益凸显出来：突出的问题是高填方路堤及深挖方路堑对自然环境和植被的破坏，一方面是大规模的高速公路建设的迅猛发展，另一方面是大量的自然植被和自然环境被破坏。近年来，尽管国家和地方的道路建设主管部门逐年加大道路绿化及环保防护方面的投入，但收效甚微。特别是高路堤及深路堑的护坡部分，由于其土质、道路所在地区的降水量等因素，使得人工绿化的植被成活率很低，造成大量护坡裸露。同时，深挖方路堑又是造成泥石流、山体滑坡的主要诱因，一旦遇到暴雨、地震等作用，便会引发大规模的泥石流、山体滑坡，造成更大的环境破坏和生命财产损失。

作为道路、桥梁的设计者，一定要提高环保意识，一方面要注重建筑材料的再生利用，另一方面要从长远利益考虑，从经济的可持续发展考虑，注重对自然环境的保护，尽量避免采用高填方路堤及深挖方路堑。

为避免深挖方路堑对环境的破坏，对深挖方路堑段尽量采用隧道过渡，这样既缩短里程，又提高线形标准，同时又最大限度地避免了深挖方和大量的弃方占地，很好地保护了自然植被。

（二）桥梁设计程序

我国桥梁的设计程序，大、中桥要求采用两阶段设计，小桥一般采用一阶段设计。

桥梁设计的第一阶段是编制设计文件。在这一阶段设计中，主要是选择桥位，拟定桥梁结构型式和初步尺寸，进行方案比较，编制最佳方案的材料用量和造价，然后报请上级单位审批。在初步设计的技术文件中，应提供了必要的文字说明，图表资料，设计和施工方案，工程数量，主要建筑材料指标以及设计概算。这些资料可作为控制建设项目投资和以后编制施工预算的依据。

桥梁设计的第二阶段是编制施工图。它主要是根据已批准的初步设计中所规定的修建原则、技术方案、总投资额等进一步进行具体的技术设计。在施工图设计中应提出必要的说明和适应施工需要的图表，并编制施工组织设计文件和施工预算。在施工图的设计中，必须对桥梁各部分构件进行强度、刚度和稳定性等方面的必要计算，并且绘出详细的结构构造图纸。

1. 桥位勘测及设计资料调查

合理的桥位选择常常是影响桥梁设计、施工和使用的全局问题。对于所选定的桥位，必须进一步调查研究，详细分析建桥的具体情况，才能做出合理的设计方案。现将一般桥梁设计中需要进行的资料调查工作分述于下：

（1）调查桥梁的使用任务。即根据桥梁所在的路线类别调查桥上的交通种类和行车、行人的往来密度，借以确定桥梁的荷载等级和行车道、人行道宽度等。调查桥上有否需要通过的各类管线（如电力、电话线和水管、输油管、输气管等），为此需设置专门的构造装置。

（2）测量桥位附近的地形，绘制桥位平面图供设计和施工使用。

（3）探测桥位的地质情况，包括土壤的分层高程、物理力学性能、地下水位等，并将钻探所得资料绘成地质剖面图。对所遇到的地质不良现象，如滑坡、断层、溶洞、裂隙等，应详加注明。

（4）调查和测量河流的水文情况，包括调查河道性质（如河床及两岸的冲刷和淤积、河道的自然变迁等），收集和分析历年的洪水资料，测量河床断面图，调查河槽各部分的形态标志、粗糙率等，通过计算确定各种特征水位、流速、流量等。了解河流上有关水利设施对新建桥梁的影响，与有关水利和航道部门协商确定通航水位和通航净空标准。

（5）调查当地建筑材料（砂、石料等）的来源，水泥、钢材的供应情况以及水陆交通的运输情况。

（6）调查了解施工单位的技术水平、施工机械等装备情况，以及施工现场的动力设备和电力供应情况。

（7）调查和收集有关气象资料，包括气温、雨量及风速（或台风影响）等情况。

（8）调查新建桥位上、下游有无老桥，其桥型布置、采用的基础类型及使用情况等。

很明显，为选择桥位就需要一定的地形、地质和水文等资料，而对所选定的桥位，又需要进一步为桥梁设计提供更为详尽的数据资料，因此以上各项工作往往是互相渗透、交错进行的。

2. 设计程序

设计工作是一座桥梁建设的灵魂。对于工程复杂的大、中桥梁的设计，为了能从错综复杂的客观情况中得出既经济又合理的设计，就需要循序渐进、逐步深入，科学地进行工作。一般大型桥梁的正规设计工作，分前期工作阶段和设计工作阶段进行。前者又分为工程预可行性研究（简称"预可研"）报告阶段和工程可行性研究（简称"工可研"）报告阶段。后者则又可以分为初步设计、技术设计和施工图设计3个阶段。各个阶段所包含的内容和深度、目的、解决的问题是不相同的。设计招标一般应在初步设计阶段进行。

（1）"预可研"和"工可研"研究阶段

两者所包含的内容基本一致，但研究的深度不同。"预可研"阶段要在工程可行的基础上，着重研究建桥的必要性和宏观经济上的合理性。"工可研"阶段则要在"预可研"被审批确认后，进一步研究工程技术上的可行性和投资上的可行性。

对一座大型桥梁的"预可研"报告，应从经济、政治、国防等方面，详细阐明工程建设的重要性和必要性。同时初步探讨技术上的可行性。对于区域性线路上的桥梁，应以桥位处的交通量调查（计及国民经济逐年增长率）为立论依据。

在"预可研"阶段的另一重点是：通过多个桥位的综合比较后，选定桥位和确定建设规模。

"预可研"阶段工作的主要目标是解决建设工程的上报立项问题。在"工可研"阶段，则要在"预可研"的基础上着重研究和制定桥梁设计的技术标准，包括设计荷载标准、桥面宽度、通航标准（通航净宽和净高）、设计车速、桥面纵向和横向坡度、竖曲线与平曲线半径等。在这一阶段，要与河道、航运以及城市规划等部门共同研究，处理好所有"外部条件"的关系。

在可行性研究阶段，尚不可能对桥式方案作深入比选，故不需要明确提出推荐方案。对工程量的估算亦不宜偏紧。

在此两阶段内，对经济分析方面，主要涉及造价估算、投资回报以及资金来源及其偿还等问题。一般来说，"预可研"中要有设想，"工可研"中要基本落实。

（2）初步设计

根据所批准的"工可研"报告而编制的"设计任务书"，是进行初步设计的依据。在进一步的水文、地质"初勘"后，比如发现原可行性研究阶段建议的桥位有问题，尚可适当挪动桥位轴线，推荐新桥位。

初步设计阶段的工作重点是：通过多个桥式方案的比选，推荐最优方案，报上级单位审批。在编制各个桥型方案时，要提供桥式布置图、主桥和引桥的横断面图，标明主要结构尺寸（包括重要的细节构造和尺寸），并估算工程数量，提供主要材料的用量，根据施工组织设计和概算定额编制出工程概算。初步设计的概算造价是作为控制建设项目投资和以后编制施工预算的依据。对于所做的工程概算加以适当调整，可以作为招标的"标底"。

（3）技术设计

技术设计本阶段的工作是对初步设计的补充修改、深化和完善。技术设计中所进行的补充勘探工作，称为"技勘"，对水中基础每墩要有必要数量的地质钻孔。进一步研究解决所批准桥式方案的总体和细部的技术问题，并提交详细的结构设计图纸和工程数量，修正工程概算。如果初步设计中有批准下达的科研项目，也要在这阶段予以实施解决。

（4）施工图设计

施工图设计阶段的工作是根据前面所批准核定的修建原则、技术方案、技术决定和总投资额等加以具体化。在施工图设计阶段，必要时需对重要的桥梁基础进行"施工钻探"，但此时一般不钻深孔。在此阶段中，必须对桥梁各部分构件进行详细的结构计算，绘制出施工详图，提供给施工单位，或进行施工招标。再由施工单位编制详细的施工组织设计和工程预算。施工图设计可由原编制技术设计的单位继续进行编制，或可由中标施工单位编制，但是要对技术设计有所改变的部分负责。

国内一般的公路大桥常把技术设计和施工图设计合并为一个阶段进行。对于一般小桥和较简单的中桥，也可以采用一阶段设计，即以扩大的初步设计来包含各阶段设计的主要内容。

二、桥梁纵、横断面设计和平面布置

（一）桥梁纵断面设计

桥梁纵断面设计包括确定桥梁的总跨径、桥梁的分孔、桥面的高程、桥上和桥头引道的纵坡以及基础的埋置深度（这部分在《地基与基础》课程中介绍）等。

1. 桥梁总跨径的确定

对于一般跨河桥梁，总跨径可参照水文计算来确定。桥梁的总跨径必须保证桥下有足够的排洪面积，使河床不致遭受过大的冲刷。另一方面，根据河床土壤的性质和基础的埋置情况，设计者应视河床的允许冲刷深度，适当地缩短桥梁的总长度，以节约总投资。由此可见，桥梁的总跨径应根据具体情况经过全面分析后加以确定。例如，对于在非坚硬岩层上修筑的浅基础桥梁，总跨径应该大一些而不使路堤压缩河床；对于深埋基础，一般允许较大的冲刷，总跨径就可适当减小。山区河流一般河床流速本来已经很大，则应尽可能少压缩或不压缩河床；而对于平原区的宽滩河流虽然可允许较大的压缩，但必须注意壅水对河滩路堤以及附近农田和建筑物可能造成的危害。

2. 桥梁的分孔

对于一座较长的桥梁，应当分成几孔，各孔的跨径设置为多大，这不仅影响到使用效果、施工难易等，并且在很大程度上关系到桥梁的总造价。跨径愈大、孔数愈少，上部结构的造价就很高，墩台的造价就减少；相反，则上部结构的造价降低，而墩台造价将提高。这与桥墩的高度以及基础工程的难易程度有密切关系。最经济的分孔方式就是使上、下部结构的总造价趋于最低。

对于通航河流，在分孔时首先应考虑桥下通航的要求。桥梁的通航孔应布置在航行最方便的河域。对变迁性河流，鉴于航道位置可能发生变化，就需要多设几个通航孔。

在平原地区的宽阔河流上修建多孔桥时，通常在主槽部分按需要布置跨径较大的通航孔，而在两旁浅滩部分则按经济跨径进行分孔。如果经济跨径较通航要求还大，则通航孔也应取用较大跨径。

在山区的深谷上、在水深流急的江河上或需在水库上修桥时，为了减少中间桥墩，应加大跨径。条件允许的话，甚至可采用特大跨径单孔跨越。

在布置桥孔时，有时为了避开不利的地质段（如岩石破碎带、裂隙、溶洞等），也要将桥基位置移开，或适当加大跨径。

对于某些体系的多孔桥梁，为合理地使用材料，各孔跨径应有合适的比例关系。例如，为了使钢筋混凝土连续梁桥的中跨和相邻边跨的跨中最大弯矩接近相等，其中跨与相邻边跨的跨径比值，对于三跨连续者约为 1：00：0.80，对于五跨连续者约为 11.00：0.90：0.65。对于悬臂施工的预应力混凝土梁桥，为了简化边孔的施工，往往将边跨做得更小些，例如 1.00：0.65（0.55）。为了使多孔悬臂梁桥的结构对称，最好布置成奇数跨。

从战备方面考虑，应尽量使全桥的跨径做得一样，并且跨径不宜太大，以便于战时抢通和修复。

跨径的选择还与施工能力有关，有时选用较大跨径虽然在经济上是合理的，但限于当时的施工技术能力和设备条件，也不得不将跨径减小。对大桥施工，基础工程往往对工期起控制作用，在此情况下，从缩短工期出发，就应减少基础数量而修建较大跨径的桥梁。

一座桥梁既是交通工程结构物，又是自然环境的美化者，对于一些特别重要的桥梁，在整体规划桥梁分孔时必须重视美观上的要求。总之，对于大、中桥梁的分孔是一个相当复杂的问题，必须根据使用任务，桥位处的地形和环境，河床地质、水文等具体情况，通过技术经济等方面的分析比较，才能做出比较完美的设计方案。

桥梁的分孔布局要适应河床、地质等长期稳定的自然条件，人为地改变自然条件，如通过挖掘河床改变航道位置等的做法，是不可取的。

3. 桥面高程的确定

对于跨河桥梁，桥面高程应保证桥下排洪和通航的需要；对于跨线桥，则应确保桥下安全行车。在平原区建桥时，桥面高程抬高往往伴随着桥头引道路堤土方量的显著增加。在修建城市桥梁时，桥高了使两端引道的延伸会影响市容，或者需要设置立体交叉或高架栈桥，将导致提高造价。因此必须根据设计洪水位、桥下通航（或通车）净空等需要，结合桥型、跨径等一起考虑，从而确定合理的桥面高程。在有些情况下，桥面高程在路线纵断面设计中已作规定。

确定桥面高程应注意如下几个问题：

（1）为了保证桥下流水净空，对于梁式桥，梁底一般应高出设计洪水位（包括壅水和浪高）不小于 50cm，高出最高流冰水位 75cm；支座底面应高出设计洪水位不小于25cm，高出最高流冰水位不小于 50cm，但如果支座部分有围护隔水者可不受此限制。

对无铰拱桥，拱脚允许被设计洪水位淹没，但淹没深度一般不超过拱圈矢高的2/3。并且在任何情况下，拱顶底面应高出设计洪水位 1.0m，即 $\Delta f_0 \geqslant 1.0m_0$。拱脚的起拱线应高出最高流冰水位不小于 0.25m。

在河流中有形成流冰阻塞的危险或有漂浮物通过时，桥下净空应按当地具体情况确定。对于有淤积的河床，桥下净空应适当加高。

（2）在通航及通行木筏的河流上，必须设置保证桥下安全通航的通航孔。在此情况下，桥跨结构下缘的高程应高出自设计通航水位算起的通航净空高度。所谓通航净空，就是在桥孔中垂直于流水方向所规定的空间界限。任何结构构件或航运设施均不得伸入其内。

（3）在设计跨越线路（铁路或公路）的立体交叉时，桥跨结构底缘的高程应高出规定的车辆净空高度。对公路所需的净空尺寸，见以下桥梁横断面设计部分，铁路的净空尺寸可查阅铁路桥涵设计规范。桥面高程确定后，就可根据两端桥头的地形和线路要求来设计桥梁的纵断面线形。一般小桥通常做成平坡桥。对于大、中桥梁，为了利于桥面排水和降低引道路堤高度，往往设置从中间向两端倾斜的双向纵坡。桥上纵坡不宜大于4%；桥头引道纵坡不宜大于5%。对位于市镇混合交通繁忙处的桥梁，桥上纵坡和桥头引道纵坡均不得大于3%。桥上或者引道处纵坡发生变更的地方均应按规定设置竖曲线。

（二）桥梁横断面设计

桥梁横断面的设计，主要是决定桥面的宽度和桥跨结构横截面的布置。桥面宽度决定于行车和行人的交通需要。桥上人行道和自行车道的设置应根据实际需要而定。人行道的宽度为 0.75m 或 1m，大于 1m 时按 0.5m 的级差增加。一条自行车道的宽度为 1m，当单独设置自行车道时，一般不应少于两条自行车道的宽度。高速公路上的桥梁，应设检修道，不设人行道。与路基同宽的小桥和涵洞可仅设缘石或栏杆。漫水桥不设人行道，但需设置护栏。

城市桥梁以及位于大、中城市近郊的公路桥梁的桥面净空尺寸，应结合城市实际交通量和今后发展的要求来确定。在弯道上的桥梁应按路线要求予以加宽。

与行车道平设的人行道，两者间应有安全隔离设施，不然人行道和路缘石最好应高出行车道面 0.25 ～ 0.35m，以确保行人和行车的安全。

公路和城市桥梁，为利于桥面排水，应根据不同类型的桥面铺装，设置从桥面中央倾向两侧 1.5% ～ 3% 的横向坡度。

（三）平面布置

桥梁的线形及桥头引道要保持平顺，使车辆能平稳地通过。高速公路和一级公路上的大中桥，以及各级公路上的小桥的线形及其与公路的衔接，应符合路线布设的规定。

二、三、四级公路上的大、中桥线形了一般为直线，如必须设成曲线时，其各项指标应符合路线布设规定。

从桥梁本身的经济性和施工方便来说，应尽可能避免桥梁与河流或桥下路线斜交；但对于一般小桥，为了改善路线线形，或城市桥梁受原有街道的制约时，也允许修建斜交桥，斜度通常不宜大于 45°。在通航河流上斜交不能避免时，交角不宜大于 5°；当交角大于 5° 时，宜增加通航孔净宽。

三、桥梁设计的方案比较

为了获得经济、实用和美观的桥梁设计，设计者需运用丰富的桥梁建筑理论和实践知识，按照本章所述的方法与步骤，进行深入细致的分析研究工作。对于一定的建桥条件，尽可能做出基本满足要求的多种不同的设计方案，只有通过技术经济等方面的综合比较，才能科学地得出完美的最优设计。

（一）拟定桥梁图式

编制设计方案，通常是从桥梁分孔和拟定桥梁图式开始。根据上节所述分孔原则初步做出分孔规划后，就可对所设计的桥梁拟出一系列各具特点而可能实现的桥型图式。拟定桥型图式时，思路要宽广，宁可多画几个图式，也不要遗漏可能的桥型和布置。每一桥型图式可在跨度、高度、矢度等方面大致按比例画在同样大小的桥址断面图上。

下一步工作就是经过综合分析和判断，剔除了一些在技术经济上明显相形见绌的图式，并从中选出几个（通常2～4个）构思好、各具优点，但一时还难于判定孰优孰劣的图式，作为进一步详细研究而进行比较的桥型方案。

（二）编制方案

编制方案的目的在于提供各个中选图式的技术经济指标，以便经过相互比较，科学地从中选定最佳方案。这些指标包括：主要材料（钢、木、水泥）用量、全桥总造价（分上、下部结构列出）、工期、养护费用、运营条件、有无困难工程、是否特种机具等。对于对桥型美观有特殊要求的桥梁，则应突出景观因素。为了获得上述的前两项指标，通常可充分利用已有资料或通过一些简便的近似验算，对每一方案拟定结构主要尺寸，并计算主要工程数量。有了工程数量，乘以相应的材料定额以及扩大单价，就不难得出每个方案所需的材料数量，并估算全桥造价，其他的一些问题，虽难得到数量指标，也应进行适当的概略评价，每一桥梁设计方案图中应绘出附有河床断面及地质分层的立面图和横断面图。

（三）技术经济比较和最优方案的选定

设计方案的评价和比较要全面考虑上述各项指标，综合分析每一方案的优缺点，最后选定一个符合当前条件的最佳推荐方案。有时，占优势的方案还可吸取其他方案的优点进一步加以改善，如果改动较多时，甚至最后中选的方案可能是集聚各方案长处的另一个新方案。

一般说来，造价低、材料省、劳动力少、工期短的应是优秀方案，但实际上并不尽然，因为有时当其他技术因素或使用要求（比如对美观有特殊要求）上升成为设计的主要矛盾时，就不得不放弃较为经济的方案。所以在比较时必须从任务书提出的要求、所给的原始资料以及施工等条件中，找出所面临问题的关键所在，分清主次，才能探索出适合于各具体情况的最佳方案。

在方案比较中，除了绘制桥型方案图以外，还应编写桥型方案比较的说明书，即技术文件。其中应阐明编制方案的主要原则、拟定桥型图式和从中选出几个作为桥型方案比较的理由、方案比较的综合性评述、对推荐方案的较详细的说明等。有关为拟定结构主要尺寸所做的各种计算资料，以及为估算三材指标和概算造价等所依据的文件名称（如概算定额、各种费率标准）等，均应作为附录载入。

第五章　桥梁工程施工

第一节　桥梁墩台与基础施工技术

一、墩台的施工技术

（一）石砌墩台

石砌墩台的施工要点如下：

1. 搅拌砂浆

（1）水泥计量精度应控制在 ±2% 以内，砂和水的计量精度应控制在 ±5% 以内，其配合比一律采用了质量比，并应经试验确定。

（2）搅拌砂浆时，必须保证其成分、颜色和塑性的均匀一致，大量搅拌砂浆应使用搅拌机，在工程数量较小时，可以人工拌制。

（3）砂浆拌制后用沉锤测沉入度和分层度，在搅拌机出料口随机取样制作砂浆试块。砂浆拌成后和使用时，均应盛入储灰器内。如砂浆出现泌水现象，则应在砌筑前再拌和，砂浆应随拌随用。水泥砂浆必须在 3h 内使用完毕；如施工期间最高气温超过 30℃，应在 2h 内使用完毕。

2. 修凿石料

①片石应选用爆破法或楔劈法开采的石块。用作镶面的片石，应表面平整，稍加修凿。

②块石应选用形状大致方正、上下面大致平整的，敲除了棱角、锐角。用作镶面的块石，应由外露面四周向内修凿，深度不少于 70mm。

③料石加工包括修边粗打、一遍錾凿、二遍錾凿、一遍剁斧、二遍剁斧和磨光。粗料石应选用外观方正的六面体石料，侧面应与外露面垂直，顺石应比相邻丁石大 150mm 以上，一般应经裁边和平凿两道工序处理。

3. 砌筑

（1）浆砌片石

①应用挤浆法分层砌筑，先润湿石料并铺砂浆，再安放石块，经揉动再用手锤轻击，每层高 0.7 ～ 1.2m（3 ～ 4 层片石），层间大致找平。

②砌片石时应充分利用片石的自然形状，相互交错地咬合在一起，面朝下，最上一层应大面朝上。砌筑镶面石时应先在石下不垫砂浆试砌，再用大锤砸去棱角，用手锤敲去小棱角，最后用凿子剔除突出部分，再铺砂浆砌石，用小撬棍将石块拨正，最后用手锤轻击或用手揉动，使灰缝密实。

③按设计要求和规范规定，砌体应留沉降缝或变形缝，缝的端面需垂直，最好是在缝的两端跳段砌筑，在缝内填塞防水料（比如麻筋沥青板），墙身设置泄水孔，墙后设防水层和反滤层。

④石块搭接咬合长度应不小于 80mm，应避免通缝（垂直缝和连续规则的曲线缝）、干缝、瞎缝、三角缝和十字缝（石料四碰头）。

⑤填腹中间应设拉结石，侧面每 0.7m² 至少设一块拉结石，以保证结构的整体性。拉结石的长度，如果基础宽度或墙厚等于或小于 400m，则应和砌体宽度或厚度相等；如果基础宽度或墙厚大于 400mm，则可用两块拉结石内外搭接，搭接长度不应小于 150mm，且其中一块长度不应小于基础宽度或墙厚的 2/3。

⑥墩台斜坡面可砌成逐层收台的阶梯形。

（2）浆砌块石

与浆砌片石基本相同，不同的是镶面砌法应一顺一丁或二顺一丁砌筑，丁石的面积不小于表面积的 1/5，丁石尾部嵌入腹部约 200mm，且不小于顺石宽度的一半。

（3）浆砌料石

①可以丁顺叠砌（井架式叠砌）、丁顺组砌（双轨组砌）或全顺砌（单轨组砌）。料石砌体基础可以斜叠砌。丁顺叠砌适用于砌体厚度等于石长；丁顺组砌适用于砌体厚度大于或者等于两块石料宽；全顺砌适用于砌体厚度等于石宽。料石基础砌体的第一层应采用丁砌层坐浆砌筑，阶梯形料石基础上级阶梯的料石应至少压砌下级阶梯的 1/3，料石砌体应上下错缝搭砌。

②石间灰缝宽宜为 10～12mm。要使横缝与竖缝垂直，错缝不小于100mm，竖缝不宜设在丁石处，只允许在丁石上面或下面有一条垂直缝。但结构在以下三个位置不得设缝：破冰体、砌体截面突变处、桥墩分水石中线或者圆端形桥墩。

③浆砌桥墩分水体、破冰体镶面石前应先做出配料设计图，注明每块石料的尺寸，根据砌体高度、尺寸、分层错缝等情况先行放样。应当注意的是，破冰体的破冰凌和垂直方向所成的角0W20。时，破冰体的镶面分层应水平 $\theta \leqslant 20°$ 时，破冰体的镶面分层应垂直于破冰体，同时破冰体的分层应和墩身一致。

4. 勾缝

砌体的勾缝根据设计要求有平缝、凸缝、凹缝等。勾缝分为原浆勾缝和加浆勾缝两种，原浆勾缝是用砌筑的砂浆随砌墙随勾缝；加浆勾缝的砂浆强度：主体工程一般不小于 M10，附属工程一般不小于 M5，稠度为 40～50mm。

5. 养护

砌体灰缝养生时间不得少于7d。

（二）现浇混凝土墩台

就地浇筑的混凝土墩台施工有两个主要工序：一是制作和安装墩台模板；二是混凝土浇筑。

1. 墩台模板

（1）模板的基本要求

混凝土及钢筋混凝土墩台轮廓尺寸的准确度，由模板的制造与安装予以保证。为确保工程质量，模板必须符合下列要求：

①具有足够的强度、刚度和稳定性，能可靠地承受施工中的各种荷载，保证受力后不松动、不变形，能保证结构的设计形状、尺寸和模板各部件间相互位置的准确性。

②尽可能采用组合式钢模板或大模板，提高模板的适应性和周转率。

③模板面光滑平整、接缝严密，确保混凝土在强烈振动下不漏浆。

④便于制作，装卸方便，施工操作方便，保证了安全。

（2）模板的类型

墩台模板主要有按材料、按模板结构及施工方法分类两种。模板按材料可分为钢模板、木模板、钢木结合模板等，一般采用木材或钢材制成。木模板质量轻，便于加工成墩台所需尺寸，但较易损坏，使用次数少。钢模板造价较高，但装拆方便，重复使用次数多。模板按结构及施工方法可分为拼装式模板、整体吊装模板和滑动模板等。拼装式模板是由各种尺寸的标准模板利用销钉连接，和拉杆和加劲构件等组成所需形状的模板。整体吊装模板是将墩台模板水平分成若干段，段模板组成一个整体，在地面拼装后吊装就位。滑动模板包括液压升模板、电动升模板和人工提升抽动模板，适用于较高的墩台和吊桥、斜拉桥的索塔施工，其组成包括模板、圈、支撑杆、千斤顶、顶架、操作平台和吊架等。

2. 墩台混凝土施工

混凝土墩台施工中，混凝土质量的好坏直接影响墩台的使用期限，所以要重视混凝土的施工质量。为了提高混凝土的施工质量，应从混凝土原材料，混凝土配合比设计，混凝土的拌制、运输、养护等方面着手，严格遵守有关规范、规程的规定。墩台混凝土采用高性能混凝土一次灌注法施工工艺。对于混凝土进行集中拌和，用输送车送至施工现场，混凝土输送泵泵送入模，插入式振捣棒振捣。墩身混凝土采用洒水养护，塑料薄膜包裹。

（1）混凝土养护

混凝土初凝后及时采用湿麻袋或塑料薄膜对墩顶进行覆盖洒水养护，加强保温、保湿养护，延缓降温速度。养护期间混凝土强度达到规定强度之前，不得承受外荷载。当混凝土强度满足拆模要求，且芯部混凝土与表层混凝土之间的温差、表层混凝土与环境之间的温差均不大于 20℃时，方可拆模。拆模后使用隔水塑料薄膜将墩身全部包裹，使用自动喷水系统和喷雾器，不间断养护，避免形成干湿循环。养护期间不得中断养护用水供应，加强施工中温度监测管理，及时调整保温养护措施。

（2）混凝土温控及防裂

为控制墩身混凝土结构内部因水泥水化热引起的绝热温升，防止因混凝土结构内、外温差过大而产生的温度裂纹，在施工中可采取了相应有效的降温防裂措施。

（3）施工缝处理

为提高混凝土耐久性，混凝土构件应尽量一次浇筑完成，当分段浇筑时，其间隔时间不宜超过 3d。施工前必须做好停水、停电的应急措施，尽量避免施工原因造成在混凝土浇筑过程中出现施工缝，当因人力无法抗拒的原因使混凝土浇筑出现停歇时间过长时，应按规范要求进入混凝土施工缝处理程序。施工缝处理按《公路桥涵施工技术规范》等相关规定进行，当施工缝处于水平状时，浇筑上层混凝土前应首先浇筑 50～100mm 厚的水泥砂浆，从而提高接缝处混凝土的密实性。

3. 墩台顶顶帽施工

（1）顶帽放线

墩台混凝土至顶帽约 30cm 时，即测出墩纵横中心轴线，并据此竖立顶帽模板、安装锚栓孔、安装绑扎钢筋等。桥台顶帽放线时，应注意不要以基础中心线作为顶帽背墙线，以免放错。模板立好后，在灌混凝土前应再次复核，从而确保顶帽中心、锚栓位置方向及支承垫石水平高程等不出差错。

（2）墩台顶帽模板

墩台顶帽是支承上部结构的重要部分，其尺寸位置和水平高程的准确度要求较严，墩台身混凝土灌注至顶帽下约3cm处，就应预埋接样停止灌注，以保证顶帽底有足够的紧密混凝土，顶帽模板下面的一根拉杆，可利用顶帽下面的分布钢筋担任，以节省钢件。支承垫石的模板挂装在上部的拉杆上。台帽背墙模板应当注意加足纵向支撑或拉条，以防止灌注混凝土时发生鼓胀，侵占梁端空隙。

（3）钢筋及锚栓孔

安装顶帽钢筋时，应注意将锚栓孔位置留出，因钢筋过密无法躲开锚栓孔时，可将钢筋断开，并用短钢筋按规定捆扎。锚栓孔应该下大上小，其模板可采用拼装式。锚栓孔模板安装时，顶面可比支承垫石顶面低约5mm，以便支承垫石顶面抹平。为便于安装锚栓后灌实锚栓孔，可在每一锚栓孔模板的外侧上部，用三角木块预留进浆槽。锚栓孔可在支承垫石模板上放线定位。支承垫石混凝土强度达2～5MPa后，可拆除锚栓孔模板。最后，锚栓孔均需清孔凿毛。

墩台顶帽施工前后，均应复测其跨径及支承垫石高程。施工中应确保支承垫石钢筋网及锚栓孔位置的正确。垫石顶面要求平整，高程符合要求。墩台施工完毕后，应对全桥进行中线、水平及跨径贯通测量，并且用墨线画出各墩台的中心线、支座十字线、梁端线及锚栓孔的位置。暂时不架梁的锚栓孔或其他预留孔，应排除积水将孔口封闭。

4. 桥台附属工程施工

桥台附属工程施工包括锥坡、台后填土、台后泄水盲沟的施工等。其中，桥头锥体及台后缺口的填土，在严寒地区，必须采用渗水土填筑，并不得使用冻土，严格夯实。在非严寒地区，渗水土源确有困难时，也可以用一般黏性土，但填土必须达到要求的密实度，并加强排水措施。

（三）装配式墩台

装配式墩台的施工方法与现浇墩台不同，它是预先将墩台制成体积较小的构件，运到施工现场后进行拼装，最终形成完整的桥梁墩台。装配式墩台施工适用于山谷架桥、跨越平缓无漂流物的河沟、河滩等的桥梁，特别是在工地干扰多、施工场地狭窄、缺水与砂石供应困难地区，其效果更显著。其优点有结构轻便、建桥速度快、为工省、预制构件质量有保证等，装配式墩台有柱式墩和后张法预应力墩两种。

1. 装配式柱式墩

常用的装配式柱式墩有双柱式、排架式，板凳式和钢架式四种形式。装配式柱式墩的主要施工工艺流程包括：预制构件、安装连接、混凝土养护。在安装连接中，各构件之间的连接接头可采用承插式接头、钢筋锚固接头、焊接接头、扣环式接头及法兰盘接头等。

装配式柱式墩在施工过程中应注意以下事项：

（1）墩台柱构件与基础顶面预留杯形基座应编号，并检查各个墩、台高度和基座高程是否符合设计要求。

（2）墩台柱吊入基杯内就位时，应在纵横方向测量，使柱身竖直度或倾斜度及平面位置均符合设计要求；对重大、细长的墩柱，需用风缆或撑木固定，才能摘除吊钩。

（3）在墩台柱顶安装盖梁前，应先检查盖梁口预留槽眼位置是否符合设计要求，否则应先修凿。

（4）柱身与盖梁（顶帽）安装完毕并检查符合要求后，可在基杯空隙与盖梁槽眼处灌筑稀砂浆，待其硬化后撤除楔子、支撑或风缆，再在楔子孔中灌填砂浆。

2. 后张法装配式预应力墩

装配墩身由基本构件、隔板、顶板及顶帽四种不同形状的构件组成，用高强钢丝穿入预留的上下贯通的孔道内，张拉锚固而成。

后张法装配式预应力墩在施工时应注意以下事项：

（1）实体段墩台(身)灌注时，要按拼装构件孔道的相对位置预留张拉孔道及工作孔。

（2）构件的水平拼装缝采用的水泥砂浆不宜过干或者过稀。砂浆厚度为15mm左右，便于调整构件水平高程，不使误差积累。

（3）构件起吊时，要先冲洗底部泥土杂物，同时在构件四角孔道内可插入一根钢管，下端露出约30cm作为导向。

（4）测量纵横向中心线位置，检查中心线无误后方可松开吊钩。

（5）进行孔道检查时，如果孔道被砂浆堵塞无法通开，则只能在墩身内壁的相当位置凿开小洞，清除了砂浆积块，再用环氧树脂砂浆修补。

二、基础的施工技术

（一）桩基础

1. 钻孔灌注桩施工

钻孔灌注桩施工应根据土质、桩径大小、入土深度和机具设备等条件选用适当的钻具（目前我国常用的钻具有旋转钻、冲击钻和冲抓钻三种）和钻孔方法，以保证能顺利达到预计孔深，然后清孔、吊放钢筋笼、灌注水下混凝土。

（1）准备工作

施工前应将场地整平好，以便安装钻机进行钻孔。当墩台位于无水岸滩时，钻架位置应整平夯实，清除杂物，挖换软土；场地有浅水时，宜采用了土或草袋围堰筑岛。埋置护筒的作用是固定桩位，并作钻孔导向；护孔口防止孔口坍塌；隔离孔内外表层水，并保持钻孔内水位高于施工水位，以稳定孔壁。

泥浆在钻孔中的作用：在孔内产生较大的静水压力，防止塌孔；泥浆向孔外土层渗漏，在钻进过程中，孔壁表面形成一层胶泥，具有护壁作用，同时将孔内外水流截断，能稳定孔位；泥浆相对密度大，具有挟带钻渣的作用，利于钻渣排出。

（2）钻孔

利用土体的旋转切削土体钻进，同时采用了循环泥浆的方法护壁排渣。我国现用旋转钻机按泥浆循环的程序不同分为正循环和反循环两种。正循环就是在钻进的同时，泥浆泵将泥浆压进泥浆笼头，通过钻杆中心从钻头喷进钻孔内，泥浆挟带钻渣沿钻孔上升，从护筒顶部排浆孔排入沉淀池，钻渣在沉淀池沉淀而泥浆仍进入泥浆池循环使用。

（3）清孔及吊装钢筋骨架

清孔的目的是除去孔底沉淀的钻渣和泥浆，以保证灌注的钢筋混凝土质量，确保桩的承载力。清孔的方法有抽浆清孔、掏渣清孔及换浆清孔。钢筋笼骨架吊放前应检查孔底深度是否符合要求；孔壁有无妨碍骨架吊装和正确就位的情况。钢筋骨架吊装可利用钻架或另立扒杆进行。吊放时应避免骨架碰撞孔壁，并且保证骨架外混凝土保护层厚度，应随时校正骨架位置。钢筋骨架达到设计高程时，牢固定位孔口。

（4）灌注水下混凝土

目前我国多用直升导管法灌注水下混凝土。

2．挖孔

灌注桩和沉管灌注桩施工挖孔灌注桩适用于无水或少水的较密实的各类土层，或缺乏钻孔设备，或者不用钻机以节省造价。桩的直径不宜小于1.2m，孔深一般不宜超过20m。

3．沉桩的施工

沉管灌注桩又称打拔管灌注桩，其施工过程是采用锤击或振动法将一根与桩的设计尺寸相适应的钢管沉入土中，然后将钢筋笼放入钢管内，再灌注混凝土，并边灌边将钢管拔出，利用拔管时的振动将混凝土捣实。

（二）沉井基础

1．清理和平整场地

就地浇筑沉井要在施工前清除井位及附近场地的孤石、倒木、树根、淤泥及其他杂物（如结冰的要捞净围堰内的冰块），仔细平整施工场地，平整范围要大于沉井外侧1～3m。对软硬不均的地表，尚应换土或在基坑处铺填不小于0.5m厚夯实的砂或砂砾垫层，以防沉井在混凝土浇筑之初因地面沉降不均产生裂缝。为减小下沉深度，也可挖一浅坑，在坑底制作沉井，但是坑底应高出地下水位0.5～1.0m。在极软塑土及流态淤泥、强液化土并有较大倾斜坡的河床覆盖层上修造沉井时，为避免沉井失稳，要做好河床处理，必要时可采用加宽刃脚的轻型沉井。

2. 放线定位

仔细测量好沉井的平面位置，准确画出刃脚边线，严格控制沉井的中心位置，经验收合格方可正式施工。

3. 沉井的原位制作

沉井的原位制作，通常可采用以下三种不同的方法：

（1）承垫木方法

承垫木方法为传统方法。在经过平整、放线定位的场地上铺一层厚 0.5m 左右的砂垫层。在砂垫层上，于沉井刃脚部位，对称及成对地铺设适当的承垫木。圆形沉井承垫木平面布置垫木一般为枕木或方木（200mm×200mm），其数量可按垫木底面压力小于等于 100kPa 确定。然后按照设计的尺寸在刃脚位置处设置刃脚角钢，竖立内模，绑扎钢筋，再立外模，浇筑第一节沉井。沉井外侧模板要平滑具有一定的刚度，与混凝土接触面必须刨光。

（2）无垫木方法

在均匀土层上可采用无垫木方法。在沉井刃脚的下方位置浇筑与沉井井壁等厚的混凝土圆环，代替承垫木和砂垫层。其目的是保证了沉井制作过程与沉井下沉开始时处于竖直方向。

（3）土模法

当场地土质较好，如地基为均匀的黏性土，呈可塑或硬塑状态，则可采用土模法制作沉井。在定位放线的刃脚部位，按照设计的尺寸，仔细开挖黏性土基槽。利用地基黏性土作为天然模板，以代替砂垫层、承垫木以及人工制作的刃脚木模。因此，这种方法可节省时间和费用。

4. 沉井下沉方法

（1）排水开挖下沉法

在稳定的土层中，如果渗水量不大，或者虽然土层透水性较强，渗水量较大，但排水不致产生流砂现象时，可采用排水开挖下沉法。对于场地无地下水，或地下水水量不大的小型沉井，可用人工挖土法。2 人一组，1 人在井下挖土，1 人在井上摇辘轳提升弃土。挖土应分层、均匀、对称地进行，使沉井均匀竖直下沉，避免出现倾斜。大、中型沉井一般采用机械挖土法。地层土质稳定、不会产生流砂的土质地基，可先用高压水枪把沉井底部的泥土冲散（水枪的水压通常为 2.5～3.0MPa）并且稀释成泥浆，然后用水力吸泥机吸出井外。

（2）不排水开挖下沉法

沉井下沉通常多采用不排水除土方式。在抓土、吸泥过程中，需配备潜水工和射水松土机具。下抓土下沉是一种常见的不排水开挖下沉法。密实土使用带掘齿的抓斗；不带掘齿的两瓣式抓斗用来抓松散的砂质土；挖掘卵石宜用四瓣式抓斗。

沉井通过粉砂、细砂等松软土层时，应保持沉井内的水位始终高于井外水位 $1 \sim 2m$，防止流砂向井内涌进而引起沉井歪斜并增加除土量。当地层土质不稳定、地下水涌水量较大时，采用机械抓斗，水下出土，可以避免用排水开挖法出现的流砂现象。

吸泥下沉也是一种常见的不排水开挖下沉法。吸泥机除土适用于砂、砂夹卵石、黏砂土等土层。在黏土、胶结层及风化岩层中，当用高压射水冲碎土层后，也可用吸泥机吸出碎块。

第二节　梁桥施工技术

一、钢筋混凝土梁桥的一般特点

（一）钢筋混凝土梁桥的特点

钢筋混凝土梁桥是混凝土结构桥梁的一种类型，它具有钢筋混凝土结构的所有特点：混凝土集料可以就地取材，因而成本低、耐久性好、维修费用极少；材料可塑性强，可以按照设计意图做成各种形状的结构，如适应道路线形的曲线桥；采用装配式结构，工业化程度高，既提高工程质量又加快施工速度；整体性好，结构刚度大，变形小；噪声小等。

钢筋混凝土梁桥的缺点：梁的受拉区布置有受力的钢筋，由于受到了混凝土裂缝宽度的限制，钢筋的拉应变或应力也将受到相应的制约，因为这一制约关系，钢筋混凝土结构无法利用高强度材料减轻结构自重，增大跨越能力，因为高强度混凝土的抗拉能力不大，极限拉伸很小，高强度钢筋不能发挥它的作用。

整体浇筑的钢筋混凝土梁桥，避免了预制安装结构的二次浇筑，使得结构的整体性能、桥梁使用性能及耐久性大大改善，条件许可时可充分考虑采用了整体浇筑施工方式。但是整体浇筑施工工期长，施工受季节影响大，施工费用增加，从而制约了整体浇筑梁桥的使用范围。

（二）预应力混凝土梁桥的特点

1.由于能够充分地利用了高强度材料（高强度混凝土、高强度钢筋），所以构件截面小，自重弯矩占总弯矩的比例大大下降，桥梁的跨越能力得到提高。

2.与钢筋混凝土梁桥相比，一般可以节省钢材 $30\% \sim 40\%$，跨径越大，节省越多。

3.全预应力混凝土梁在使用荷载下不出现裂缝，即使是部分预应力混凝土梁，在频遇荷载组合下也无裂缝，因此是全截面参加工作，其相应的刚度比带裂缝的钢筋混凝土梁要大。故预应力梁可显著减少建筑高度，使大跨径桥梁做得轻柔美观；由于其能消除裂缝，增加对多种桥型的适应性，更提高了结构的耐久性。

4. 预应力技术的使用，使桥梁的施工方法得到发展，即原先钢桥的施工方法在预应力桥梁中得以应用，如悬臂拼装、顶推法等，而且为现代预制装配式结构提供了最有效的接合和拼装。

二、钢筋混凝土梁桥的分类

（一）按照结构体系分类

1. 简支梁桥

简支梁桥是梁式桥中应用最早、使用最广泛的一种桥型。它构造简单，施工简便，最易设计为标准跨径的装配式结构。在多孔简支梁桥中，由于各部分构造和尺寸比较统一，简化了施工管理工作，降低了施工费用；因相邻桥孔各自单独受力，桥墩上需设置相邻简支梁的两个支座。简支梁桥因构造较易处理而常被选用。简支梁桥是静定结构，结构内力不受地基变形等影响，因而能适用于地基较差的桥位上建桥，但是多跨简支梁桥对行车舒适性不利。

简支梁的配筋主要受跨中正弯矩的控制。当跨径增大时，跨中恒载和活载弯矩将急剧增加，当恒载弯矩所占的比例相当大时，结构承受活载的能力就减小。在钢筋混凝土简支梁桥中，经济合理的常用跨径在 20m 以下。为提高简支梁的跨越能力，常采用预应力混凝土结构。预加应力使梁全截面参加工作，减轻了结构恒载，增大了抵抗活载的能力。目前，世界上预应力混凝土简支梁最大跨径已达 76m，但在一般情况下，它的跨径超过 50m 后，桥型显得过于笨重，安装重量较大，相对地给装配式施工带来困难，实际上并不经济。我国预应力混凝土简支梁的标准跨径在 50m 以下。

2. 悬臂梁桥

将简支梁梁体加长并越过支点，便成为悬臂梁桥。仅梁的一端悬出称之为单悬臂梁桥，两端均悬出称为双悬臂梁桥。可见，使用悬臂梁的桥型至少有三孔，或是采用一双悬臂梁结构的跨线桥，或是采用单悬臂梁，中孔采用简支挂梁组合成悬臂梁桥。在较长桥中，则可由单悬臂梁、双悬臂梁与简支挂梁联合组成多孔悬臂梁桥，习惯称悬臂梁主跨为锚跨。悬臂梁利用悬出支点以外的伸臂，使支点产生负弯矩对锚跨跨中正弯矩产生有利的卸载作用。

悬臂梁桥一般为静定结构，可在地基较差的条件下使用。在多孔桥中，墩上均只需设置一个支座，减小了桥墩尺寸，也节省了基础工程的材料用量。悬臂梁将结构的伸缩缝移至跨内，其变形挠曲线的转折角比简支梁变形挠曲线在支点处的转折角小，对于行车的平顺性较为有利。

然而，无论是钢筋混凝土悬臂梁桥还是预应力混凝土悬臂梁桥，在实际工程中均较少采用。主要原因是桥梁结构体系的应用与施工方法有着较密切的关联，而判断体系优劣的同时还需顾及结构的使用性能。悬臂梁虽然在力学性能上优于简支梁，可适用于更大跨径的桥型方案，但因跨径较大时，梁体质量过大不易装配化施工，往往要在工费昂贵的支架上现浇；而因为支点负弯矩区段的存在，不可避免地将产生裂缝，梁顶面虽有防护措施，也常因雨水侵蚀而降低使用年限。预应力混凝土悬臂梁桥虽无此患，并可采用节段悬臂方法，但同连续梁一样，因支点是简单支承，施工时必须采用临时固定措施；与连续梁相比，跨中还要增加悬臂与挂梁间的牛腿、伸缩缝的构造，在使用时行车又不及连续梁平顺，除了是静定结构这个特点外，别的优点不多，因而也较少采用。

世界上混凝土悬臂梁桥最大跨径为 150m，一般在 100m 以下。

3. 连续梁桥

简支体系的梁桥，当跨径超过 25m 时，由于跨中恒载弯矩和活载弯矩迅速增大，致使梁的截面尺寸和自重显著增加，这不但使材料耗用量大，不经济，而且安装质量增大也给施工造成困难。采用连续体系的桥梁，不仅可以增大桥梁跨径，而且可以降低材料用量指标。

连续梁桥是将简支梁梁体在桥跨间的支点上连续而成的。连续梁桥可以做成两跨或三跨一联，也可以做成多跨一联。单联跨数太多，联长就要加大，受温度变化及混凝土收缩等影响产生的纵向位移也就越大，使伸缩缝以及活动支座的构造复杂化；单联长度太短，则伸缩缝数量增多，不利于高速行车。

预应力混凝土连续梁桥是超静定结构，同样具有一般超静定结构的特点，在相同条件下，结构内力比静定结构小且内力状态比较合理。比如，在均匀荷载作用下弯矩的最大值比简支梁可减少 50%，弯矩图面积比简支梁可减少 2/3；将连续结构中各部分之间刚度进行合理调整，可最大限度地减少结构内力，减小截面尺寸，达到降低材料消耗的目的。同时，连续梁桥使结构外形更为合理。例如，加大连续梁根部梁高，可以减小跨中截面正弯矩，使跨中截面梁高进一步减小；连续梁结构刚度大，整体性好，桥面连续平顺，伸缩缝少，对行车有利，尤其能适应高速行车；在基础沉降、温度变化等外因作用下，结构内力将发生变化。总之，连续梁的突出优点在于：结构刚度大，变形小，动力性能好，主梁变形挠曲线平缓，有利于高速行车。施加预应力的超静定结构除有一般超静定结构特点外，还有下列特点：

（1）在超静定结构上施加预应力，会使结构产生内力和变形，由于有多余的约束，不能自由变形，因而引起附加力（二次力）。同样，由于混凝土的收缩徐变不但产生预应力损失，也会由于变形受约束而引起附加力（二次力）。

（2）对结构施加预应力可以有效地避免混凝土开裂，特别是处于负弯矩区段的桥面板的开裂，这种开裂在普通钢筋混凝土连续梁中是不可避免的。

（3）对结构施加预应力，使悬臂法施工、顶推法施工等这些科学、先进的连续梁施工方法得以实现并广泛应用。

预应力混凝土连续梁桥跨径一般在 30～150m。目前世界上已建成的最大跨径预应力混凝土连续梁桥为日本滨明大桥，跨径 240m；我国已建成的最大跨径预应力混凝土连续梁桥为南京长江二桥北汊桥，跨径为 165m。

4.T 形刚构桥

T 形刚构桥是一种具有悬臂受力特点的梁式桥，最早采用钢筋混凝土结构。从墩上伸出较短的悬臂，跨中用简支挂梁组合而成，因墩上在两侧伸出悬臂，形同"T"字，故称 T 形刚构。钢筋混凝土梁式结构承受负弯矩，顶面出现裂缝是不可避免的，因而钢筋混凝土 T 形刚构桥一般不能做成较大的跨径。而预应力混凝土结构采用了悬臂施工方法，适宜做成长悬臂结构。

预应力混凝土 T 形刚构桥分为跨中带剪力铰和跨中设挂梁两种基本类型。带剪力铰的 T 形刚构桥是国外 20 世纪 50 年代开始采用的一种桥型，它的上部结构全部是悬臂部分，相邻两悬臂通过剪力铰相连接。剪力铰是一种只能传递竖向剪力，但不传递水平轴力和弯矩的连接构造。当在一个 T 形结构单元上作用有竖向力时，相邻的 T 形单元将因剪力铰的存在而同时受到作用，从而减小直接受荷的 T 形单元的结构内力。带铰的、对称的 T 形刚构桥在恒载作用下是静定结构，在活载作用下是超静定结构。带剪力铰的 T 形刚构桥由于日照、混凝土收缩徐变和基础不均匀沉陷等因素的影响，剪力铰两侧悬臂的挠度不会相同，必然产生附加内力。这些挠度和附加内力难以准确预估，且不易采取适当措施加以清除或调整。其次，中间铰结构复杂，用钢量和费用也将增加。

带挂梁的 T 形刚构桥是静定结构，和带剪力铰的 T 形刚构桥相比，由于各个 T 形刚构单元单独作用而在受力和变形方面略差一些，但它受力明确，不受各种内外因素的影响。此外，因带挂梁的 T 形刚构桥在跨内有正负弯矩分布，其总弯矩图要比带剪力铰的 T 形刚构桥小一些，虽增加了牛腿的构造，但免去了剪力铰的复杂结构。其主要缺点首先是桥面上伸缩缝增多，对于高速行车不利；其次在施工时要增加预制与安装挂梁用的机具设备。因此，在国内主要采用带挂梁的 T 形刚构桥。而在国外，带剪力铰的 T 形刚构桥仍不失为预应力混凝土桥中的一个主要桥型，这主要是由于与连续梁相比，同样采用悬臂施工方法，后者要增加了两道施工顺序：一是在墩上临时固结以利于悬臂施工，二是在跨中要合龙。T 形刚构桥虽桥墩粗大，但在大跨径桥中省去了价格昂贵的大型支座。另外，它在跨中有一伸缩缝，行车条件虽不如连续梁，但是由于上述各种因素使其综合的材料用量和施工费用却比连续梁经济。当然，在结构刚度变形、动力性能方面，T 形刚构桥不如连续梁。钢筋混凝土 T 形刚构桥常用跨径在 40～50m，预应力 T 形刚构桥的常用跨径可在 60～200m。目前我国最大跨径的 T 形刚构桥是 1980 年建成的重庆长江大桥，该桥共 8 孔，总长 1120m，其中最大跨径为 174m，达到了世界先进水平。

必须指出，预应力混凝土 T 形刚构桥的受力特点是长悬臂体系，全桥以承受负弯矩为主，预应力束筋布置于桥的顶面。它与节段悬臂施工方法的协调相结合，为这种桥型的施工悬空作业机械化、装配化提供了有利条件，尤其对跨越深水、深谷、大河、急流的大跨径桥梁施工十分有利，并能获得满意的经济指标。

5. 连续刚构桥

连续刚构桥是预应力混凝土梁式桥型之一，它综合了连续梁和 T 形刚构桥的受力特点，将主梁做成连续梁体并与薄壁墩固结在一起。它同连续梁一样，可以做成一联多孔结构。在长桥中，可以在若干中间孔以剪力铰相连。连续刚构体系除保持了连续梁的各种优点外，墩梁固接节省了大型支座的昂贵费用，减少墩及基础的工程量，并改善了结构在水平荷载（如地震荷载）作用下的受力性能，即各柔性墩按刚度比分配水平力。只是对柔性墩的设计，必须考虑上部梁体变形（转动与纵向位移）对它的影响。目前这种桥型在大跨径桥梁设计中得到了应用。

（二）按照截面形式分类

钢筋混凝土梁式桥与预应力混凝土梁式桥的横截面形式有板式、肋梁式和箱形三大类。

1. 板式截面梁桥

板式截面梁桥又称板桥。其特点是建筑高度小，构造简单施工方便，采用预制装配施工时，预制构件质量小，架设方便。

根据板桥的截面形式和施工方法可分为整体式矩形实心板桥，装配式实心板桥、装配式空心板桥、装配整体组合式板桥及异形板桥。其中，整体式矩形实心板桥截面形式简单，结构刚度大，整体性好，可适用于各种线形复杂的桥梁，如斜、弯、坡、S 形和喇叭形桥梁等，通常采用混凝土整体现浇施工。装配式预制空心板桥截面中间挖空形式多样，挖成单个较宽的孔洞，挖空体积最大，块件质量也最小，但是在顶板内要布置一定数量的横向受力钢筋；挖成两个正圆孔，当用无缝钢管作为芯模时施工方便，但其挖空体积较小，当芯模由两个半圆及两块侧板组成，对不同厚度的板只要更换两块侧模板就能形成圆端形孔，挖空体积较大，适用性较好。

异形板桥截面是现代城市高架桥经常采用的截面形式。其特点是建筑高度小，桥下净空大，能够满足城市跨线桥跨径较大的要求，并且造型美观，能与柱形桥墩很好地配合，但其现场浇筑施工复杂。

2. 肋梁式截面梁桥

板式截面的抗剪能力比其抗弯能力大得多。当梁桥跨径增大时，弯矩与跨径平方成正预制主梁为 n 形截面，横向为密排式多主梁横截面。预制主梁之间用穿过了腹板的螺栓连接，其装配简易。n 形主梁的特点是截面形式稳定，横向抗弯刚度大，块件堆放装卸方便。设计经验表明，跨径较大的 n 形梁桥的混凝土及钢筋用量都比 T 形梁桥大，而且构件重，制造也较复杂，所以 H 形梁一般只用于跨径为 6 ～ 12m 的小跨径桥。

我国使用最多的是装配肋梁式 T 形截面，其特点是 T 形梁的翼板构成桥梁的行车道板，又是主梁的受压翼缘，制造简单，梁肋配筋可做成钢筋骨架，主梁之间借助横隔梁来连接，整体性能好。不足之处是截面形状不稳定，给运输和安装带来不便。在预应力混凝土 T 形梁中，受拉翼缘部分做成加宽的马蹄形，从而满足受压应力和布置预应力钢束的需要。

目前国际上较多采用的是短翼板（一种为增加单片主梁的稳定性，减轻主梁吊装重量的短翼板）T 形或 I 形截面，借助现浇桥面板混凝土连接成整体 T 梁桥，或者在预制主梁上现浇整体桥面板，组合成肋梁式横截面的组合梁桥。

3. 箱形截面梁桥

箱形截面是大跨径预应力混凝土桥梁、弯桥和斜交桥普遍采用的截面形式之一。其特点是全截面参加工作，截面抗弯、抗扭刚度大；材料在截面上分布合理，能够有效抵抗正、负弯矩和较大的扭矩；能够满足普通钢筋和预应力钢筋的配置要求，同时具有良好的横向抗弯能力。由于箱形截面抗扭刚度大，在车辆荷载作用下各主梁受力较均匀，其横向分布系数较小。箱形截面不仅适用于较大跨径的简支梁桥，还特别适用于较大跨径的连续梁桥、悬臂梁桥和 T 形刚构桥。因为这种类型的梁式桥结构，其桥跨结构在跨中承受正弯矩，在支座处承受负弯矩，箱形截面的上下底板完全适应了它们的配筋要求。

箱形截面的类型一般分为单箱单室、单箱双室、单箱多室、双箱单室、双箱双室、多箱单室及长悬臂斜腹箱形截面等。通常根据桥宽的需要和采用的施工方法选用。

单箱单室截面受力明确，计算较简单，施工方便，材料用量较少。单箱多室和双箱双室等截面内力分布较均匀，但计算较复杂，施工较困难。实际工程中较多选用单箱单室和双箱单室等截面。分离的长悬臂斜腹箱形截面是现代城市高架桥经常采用的截面形式之一，其造型美观，箱形底板较窄，能减小桥墩截面尺寸，增加桥下净空。箱形截面不仅用于大跨径梁式桥，而且用于大跨径悬索桥、斜拉桥、箱形拱桥等。目前，跨径超过 60m 的大跨径桥梁大部分采用箱形截面。

三、梁桥的施工技术

（一）整体浇筑法

1. 支架和模板

支架按构造可分为支柱式支架、梁式支架和梁柱式支架；按材料可分为木支架、钢支架、钢木混合支架和万能杆件拼装的支架等。

立柱式支架构造简单，常用于陆地或者不通航的河道或桥墩不高的小跨径桥梁。梁式支架可采用工字钢、钢板梁或桁架梁作为承重梁，当框小于 10m 时可采用工字梁，跨径大于 20m 时采用钢桁梁。梁可以支撑在墩旁支架上，也可支撑在桥墩预留的托架或在桥墩处临时设置的横梁上。梁柱支架可在大跨径桥上使用。

梁的模板常用木模板和钢模板。木模板可按结构要求预先制作，然后在支架上用连接件拼装钢模板。钢模板大都做成大型块件，由加劲骨架焊接而成，一般长度为 3～8m，钢板厚度为 4～8mm。模板与支架虽然都是临时结构，但是要承受桥梁的大部分恒载，因此必须具有足够的强度、刚度和稳定性。

2. 浇筑

通常情况下，就地浇筑施工一次灌注的混凝土工作量较大，需要连续作业，因此采用现场浇筑施工法的桥梁，在浇筑混凝土前要对模板、支架、钢筋和钢索位置、供料、拌制、运输系统、机械设备等进行周密的准备和严密的检查。施工期间要保证浇筑混凝土的整体性，并防止在浇筑上层混凝土时破坏下层混凝土，因此浇筑混凝土时必须有一定的速度，使上层浇筑的混凝土能在浇筑混凝土初凝之前完成。

悬臂与连续体系梁桥就地施工，施工时一般要分层或分段进行。一种是水平分层方法，先浇筑底板，待达到一定强度后进行腹板施工，或直接先浇筑底板和腹板，然后浇筑顶板。当工程量较大时，各部分可分数次完成浇筑。另一种施工方法是分段浇筑法，根据施工能力，每隔一定距离设置连接缝，该连接缝一般设在梁的弯矩较小的区域，待隔断混凝土浇筑完成后，最后在接缝处施工合龙。

分段浇筑的顺序，应使支架沉降较均匀的发展。对支撑处架高的梁，通常应从支撑处向两边浇筑，这样还可以避免砂浆从高处向低处流动的问题。分段浇筑时，大部分混凝土重力在梁体合龙之前已经作用上去，这样可以减少支架早期变形和由此引起的梁体开裂。

3. 养护和落架

浇筑完混凝土后，要对混凝土进行养护。养护能促使混凝土硬化，获得规定的强度，并防止混凝土干缩引起的裂缝。由于混凝土在硬化过程中会发热，在夏季和干燥气候下应进行湿润养护，而冬季则要保护其不受冻，采用了加温养护。

梁的落架程序应从梁挠度最大处的支架节点开始逐步卸落，以使梁的沉落曲线逐步加大。通常连续梁可从跨中向两端进行；悬臂梁应先卸落挂梁及悬臂部分，然后卸落逐跨部分。预应力混凝土连续梁在预应力筋张拉后恒载自重已能由梁本身承担时再落架。架设支架就地浇筑施工法的主要优点：桥梁整体性好，施工平稳、可靠，不需大型起重机及运输设备；施工中无体系转换；预应力混凝土连续梁可以采用强大预应力体系，可使结构构造简化，方便施工。主要缺点有：搭设支架影响河道的通航和排洪，施工期间支架可能受到洪水和漂流物的威胁；需使用大量施工支架，施工工期长，费用高，不容易控制施工质量；混凝土的收缩、徐变会使预应力混凝土连续梁的应力损失较大。

（二）逐孔施工法

逐孔施工法是把连续梁按跨分成简支梁或悬臂梁，先预制梁体，张拉部分预应力筋束（一般为正弯矩束筋），再将梁逐孔架设至墩台上。如果先期结构（即未形成整体化以前的结构）为简支梁，安装时必须先将梁支撑在临时支座上；梁的整体化工作，包括在梁端预留的孔道中穿预应力筋束并张拉、锚固，浇筑接头混凝土及将临时支座拆除；安装永久支座后即完成将简支梁串联成连续梁的工作。如先期结构为悬臂梁，则需将中孔挂梁搁置在悬臂牛腿或临时支架上，就地浇筑湿接头混凝土，张拉为整体化所需的预应力筋束后即完成将悬臂梁串联成连续梁的工作。这种连续梁的施工方法俗称先简支后连续的施工方法。

有时为施工简便，将为整体化所需的预应力筋束（支点负弯矩筋束）用非预应力的普通钢筋代替。这种施工方法的优点是可以减少现场浇筑混凝土的工作量，节省支架材料，适用于中等跨径、每一片梁可以整片安装的情况。但它的自重仍按简支梁或悬臂梁结构产生内力，即需体系转换过程，因此不能充分体现连续梁的特点。

（三）悬臂施工法

1. 悬臂浇筑

悬臂浇筑是在桥墩两侧对称逐段地浇筑，待混凝土达到一定强度后张拉预应力筋束，移动机具模板（挂篮），再进行下一梁段的浇筑，一直推进到悬臂端为止。悬筑浇筑每一梁段的施工周期为 7～10d，随工作量、设备、气温等而异。提高了混凝土早期强度对有效缩短施工循环周期有着重要的作用。

2. 悬臂拼装

悬臂拼装施工是将块件分段预制，当下部结构完成后，将预制块件运到桥下，用活动起重机逐段起吊，拼装就位，施加预应力，使其逐段对称延伸为悬臂梁。悬臂拼装的基本施工程序是：块件预制、块件移动、堆存及运输以及块件起吊拼装。

（四）顶推施工法

顶推施工是在沿桥纵轴方向的台后设置一个固定的预制场地，分节段预制，并用纵向预应力筋将预制阶段与前节段施工完成的梁体连成整体，然后通过水平千斤顶施力，将梁体向前顶推出预制场地，之后继续在预制场地进行下一节段梁的预制，直至施工完成。

1. 顶推施工的要点

（1）要想用有限的顶推力将庞大的梁体推就位，必须要有摩擦系数很小的滑移装置才能实现。目前，顶推施工采用了不锈钢滑道与聚四氟乙烯滑块进行滑动，它们的摩擦系数为 0.015～0.065。

（2）分段预制，逐段顶推。施工须采用等截面的预应力混凝土连续梁。用顶推法施工，设备简单，施工平稳，无噪声，施工质量好，可在深谷、宽深河道上的桥梁、高架桥及等曲率曲线桥、带有竖曲线的桥和坡桥上采用。

（3）在顶推施工过程中，每个截面都要经历最大的正弯矩和最大的负弯矩。为了照顾运营与施工阶段的受力要求，顶推法比其他施工方法在配筋上要用得多些。如果要减小施工的弯矩，可在施工中采用一些辅助措施，如使用临时墩，可以减小梁的顶推跨径；在梁的前端设置钢导梁，可减小顶梁的悬臂长度；采用了斜拉梁体避免悬臂段产生过大弯矩等。

2. 顶推过程

顶推法施工是周期性的反复操作过程，以下介绍三个主要环节：

（1）浇制梁段混凝土浇筑梁段混凝土是在桥台后面坚实可靠的固定场地上进行的，也可在刚性较好的拼装支架上完成。每块梁段都紧接前一梁段浇筑。同一梁段可以一次浇成；对于块件较大者，也可以分两次完成。首先是底板混凝土，顶推出一个梁段后，在原底模板上继续浇筑下一节底板混凝土；同时，在前一块底板混凝土上浇筑腹板和顶板。底模板制作必须方便移动。一种做法是在两侧 0.5m 宽采用钢模板，中间部分为木模板，在混凝土底板滑移前，先将木模板降落，脱离梁体，此时，已与前段梁体成为整体的底板就只在钢模板上滑移。为了缩短顶推周期，对混凝土可采取早强措施，这时混凝土仅需 2～7d 就可达到顶推强度。

（2）张拉预应力筋束在浇筑混凝土之后，顶推之前，必须穿预应力筋束并且进行张拉，此部分预应力筋束仅是为了满足块件之间连接的要求，以及在顶推过程中抵消梁体自重产生的弯矩。此时的预应力筋束只是一部分。某些筋束可能只张拉部分应力，还有些筋束仅是为顶推需要而设置的临时预应力筋束，待顶推就位，放松部分临时预应力筋束和拆除辅助设施后，再张拉后期预应力筋束。

（3）顶推顶推装置是由垂直顶推千斤顶、滑架、滑台（包括滑块）、水平千斤顶组成的。顶推装置一般设置在紧靠梁段预制场地的桥台或支架上的梁底处。滑架长约2m，固定在桥台或支架上，用粗糙度为0.8的镀铬钢板支撑。滑台是钢制方块体，其顶面垫以氯丁橡胶块承托梁体，滑台与滑架之间垫有滑块，滑块由氯丁橡胶板下面嵌一聚四氟乙烯板组成。顶推时，开动液压泵，驱动水平千斤顶推动滑台。因为滑台顶面的橡胶垫块与梁底之间的摩阻力大于滑架与滑块之间的摩阻力，故水平千斤顶能够顺利地推动滑台顶着混凝土梁体前进。水平千斤顶行程一般为 1～2m，每顶完一个过程，即用垂直顶升千斤顶将梁顶起，梁体离开滑台，水平千斤顶回油后，将滑台退回，随后垂直千斤顶回油，梁体下落到滑台上，开动液压泵后，水平千斤顶继续向前顶推，开始下一个顶推过程。顶推时需要严格控制梁体两侧千斤顶同步运行。为防止梁体偏移，通常在梁体旁边隔一定距离设有导向装置。

全桥纵向只设一个顶推装置的称为单点顶推法。近年来，也常采用了多点顶推施工法。

由立模、浇筑到顶推、张拉，一个循环需 6～8d；顶推完毕就位后，拆除顶推用的临时预应力筋束，张拉通长的纵向预应力筋束及在顶推时未张拉到设计值的筋束；然后灌浆、封端，安装永久支座，落梁，主体工程完成。

第三节 拱桥施工技术

一、拱桥的工作特点与适用范围

（一）拱桥的特点

1.跨越能力较大。由于拱的截面应力分布远比梁均匀，故能较充分地发挥全截面材料的抗力性能，其跨越能力增大，目前混凝土、钢筋（钢管）混凝土、钢拱桥的跨径分别达到 146m、155m、460m 和 550m。

2.材料适应性强。拱是受压为主的结构，故抗压能力强而抗拉能力弱的石、混凝土等和工材料可成功用于拱桥修建。

3.节约钢材。与钢桥、钢筋混凝土梁桥相比，可节约大量钢材。

4.桥形美观。拱桥的美，得益于大孔主拱与小孔腹拱的合理比例，拱体曲线与桥面直线的协调配合和远山近水、城市风华的映衬烘托。

5.耐久性好，养护维修费用省。

6.自重较大，结构比梁桥复杂。平直的桥面系不可能直接布置在曲线形拱上面，其间需要拱上建筑来过渡。

7.建筑高度大。由于矢高的存在，大大提高了拱桥桥面高程，相应导致两岸接线引道工程量增大，对于城市与平原地区，这个问题尤为突出。如果采用了下承式，建筑高度将大大减小。

8.下部结构负担重，对地基要求高。拱的巨大推力将使墩台及基础产生不利的力矩，使其截面应力分布严重不均，故拱桥下部结构工程量比梁桥大。而当地基软弱变形时，反过来将引起超静定的拱体内产生不利的附加内力，所以，良好的地基往往成为建造拱桥必需的客观条件。如用无推力组合体系拱，则地基负担明显减轻。

9.军事适应性差。拱桥结构较复杂，破坏后抢修困难，多跨连续拱桥还有一孔破坏而波及全桥的连锁反应弊端，故重要国防公路尽量不建拱桥。对于多跨连拱，我国桥梁规范建议宜每隔 3～5 孔设置能抵抗恒载单向推力的加强墩。

（二）拱桥的适用范围

尽管今后梁桥建设比重将不断增加，但拱桥仍是现阶段桥梁的主要形式之一，它主要用于：地基条件好、可就地取材的山区；侧重美学要求的城市和风景区；需要修建大跨径桥梁的山谷、河道等处。

二、拱桥的主要类型

悠久的发展历史和广泛的建造使用，决定了拱桥构形的多样性。而不同的分类依据使得拱桥有着不同的分类方法：

1.依据主拱圈（板、肋、箱）的材料划分圬工拱桥、钢筋混凝土拱桥和钢拱桥等。

2.依据拱上建筑的形式划分实腹式拱桥和空腹式拱桥。

3.依据主拱圈拱轴线的形式划分圆弧线拱桥、抛物线拱桥与悬链线拱桥。

4.依据桥面的位置划分上承式拱桥、下承式拱桥和中承式拱桥。

5.按有无水平推力划分有推力拱桥和无推力拱桥等。

6.依据结构体系划分简单体系拱桥、组合体系拱桥和拱片桥。

（1）简单体系拱桥。简单体系拱桥为桥上荷载（恒、活载）由主拱单独承受，其推力传向墩、台及基础。按照承重结构与桥面系的相对位置不同可以做成上承式的、下承式的（无系杆拱）或中承式。按主拱圈静力图式可分为无铰拱、两铰拱和三铰拱。

（2）组合体系拱桥。在拱桥桥跨结构中，桥面系的行车道梁与主拱通过吊杆联成一体，共同受力，称为组合体系拱桥。为了降低桥面建筑高度，常采用下承式或中承式布置。由于拱的推力由行车道梁承受，故墩、台不承受水平推力，只承受通过支座传来的竖直力作为无推力结构，其下部结构负担大为减轻。按照拱结构与梁截面刚度比和吊杆形状的不同可分为系杆拱、朗格尔拱、洛泽拱和尼尔森拱。

（3）拱片桥。上边缘与桥面纵向平行、下边缘为拱形的有推力结构称为拱片，它将拱与拱上建筑合为一个整体而共同承载，仅仅能用于上承式。依桥宽不同，拱片桥由不同数目的拱片构成，其间用横向联系连接。根据拱片结构不同的组成形式分为桁架拱和刚架拱。

7.依据主拱截面形式划分板拱桥、肋拱桥、双曲拱桥、箱形拱桥、钢管混凝土拱桥、劲性骨架混凝土拱桥。

（1）板拱桥。如果主拱的横截面是整块的实体矩形截面，则称为板拱桥。板拱桥是最古老的拱桥，由于它构造简单，施工方便，至今仍在使用。在相同截面积的条件下，实体矩形截面比其他形式截面的截面抵抗矩小，在弯矩作用下，材料的强度没有得到充分利用。如果要获得与其他形式截面相同的截面抵抗矩，板拱桥就必须增大截面积，这就相应地增加了材料用量和结构自重，故采用板拱桥是不经济的。

（2）肋拱桥。为了节省材料，减轻结构自重，以较小的截面积获得较大的截面抵抗矩，将整块的矩形实体截面划分成两条（或多条）分离式的肋，以加大拱圈截面的高度，这就形成了由几条肋组成的拱桥，称之为肋拱桥。肋拱桥材料用量一般比板拱桥经济，但构造比板拱桥复杂。

（3）双曲拱桥。主拱圈的横截面由数个横向小拱组成，使主拱圈在纵向及横向均呈曲线形，故称为双曲拱桥。双曲拱截面的抵抗矩比相同截面积的实体板拱圈大，因此可以节省材料，结构自重轻。双曲拱桥曾经在公路桥梁上获得广泛应用，且最大跨径已达 150m。

（4）箱形拱桥。将实体的板拱截面挖空成空心箱形截面，称之为箱形拱或空心板拱。箱形拱的截面抵抗矩较相同截面积的板拱的截面抵抗矩大得多，从而大大减小弯矩引起的应力，节省材料。

（5）钢管混凝土拱桥。钢管混凝土拱桥属于钢—混凝土组合结构中的一种，钢管混凝土主要用于以受压为主的结构，用它来做主拱符合材料的受力特点，因而主拱截面及其宽度相对减小，这样可以减小桥面上承重结构所占的宽度，提高了中承式、下承式拱桥的桥面宽度的使用效率。

（6）劲性骨架混凝土拱桥。劲性骨架混凝土拱桥与普通钢筋混凝土拱桥的区别在于前者以钢骨拱桁架作为受力筋，可以是型钢，也可以是钢管，采用钢管作劲性骨架的混凝土拱又可称为内填外包型钢管混凝土拱。劲性骨架混凝土拱桥主要用在大跨径拱桥中，同时也解决了大跨径拱桥施工的"自架设问题"，即首先架设自重轻，刚度、强度均较大的空钢管骨架，然后在空钢管内压注混凝土形成钢管混凝土，使骨架进一步硬化，再在钢管混凝土骨架上外挂模板，浇筑外包混凝土，形成了钢筋混凝土结构。在这种结构中，钢管和随后形成的钢管混凝土主要是作为施工的劲性骨架来考虑的。成桥后，它也可以参与受力，但其用量通常是由施工设计控制。目前世界最大跨径的钢筋混凝土拱桥——万县长江大桥即用钢管做劲性骨架的拱桥。劲性骨架混凝土拱桥跨越能力大，超载潜力大，施工方便，是一种极具发展前途的拱桥结构形式。

三、拱桥的基本组成

（一）上部结构

拱桥上部结构又称桥跨结构，由主拱、拱上建筑和桥面系组成。

1. 主拱

主拱是拱桥上部结构的主要承重构件，它承受拱桥上部结构全部恒载和桥上通行的车辆、人群活载，并由其拱脚传向下部结构。通常对石拱桥的主拱横截面为遍及其全宽的实体矩形，称为主拱圈。

主拱的跨中截面位置最高，称为拱顶。主拱与墩、台的连接截面位置最低，称为拱脚。主拱的上、下曲面分别称之为拱背与拱腹。

拱脚与拱腹的交线称为起拱线，其高程为拱桥的重要控制高程。主拱各法向截面形心点的连线即拱轴线，拱轴线形的合理选择是拱桥设计的关键所在。

2. 拱上建筑

拱上建筑是指主拱和桥面系之间的联系结构，依靠它实现由曲到平的线形过渡，满足布置桥面车道需要，而桥面系恒载和车辆行人活载也将通过它传向主拱。由于拱上建筑和主拱在构造上是连成一体的，实际上它将与主拱共同受力，这就是拱与拱上结构的联合作用。拱上建筑的类型有实腹式和空腹式两种，前者整个拱上空间为材料充满，构造简单而自重较大，用于 L ≤ 20m 的小跨；后者拱上空间部分挖空以减轻自重，但构造复杂，用于 L ≥ 30m 的中、大跨。

3. 桥面系

桥面系包括车行道、人行道及栏杆、排防水设施、伸缩缝和变形缝等。

（二）下部结构

拱桥下部结构由支承相邻桥跨的桥墩、支承桥边跨并与路堤连接的桥台及其下的基础组成。

主拱的巨大推力和其超静定结构的性质，使下部结构的负担加大，因此，拱桥的下部结构比梁桥庞大，其可靠性往往成为拱桥工程成败的关键所在。

四、拱桥的施工技术

拱桥是一种能充分发挥坊工及钢筋混凝土材料抗压性能、外形美观、维修管理费用少的合理桥型，因此被广泛采用。拱桥的施工方法大体可分为有支架施工和无支架施工两大类。在我国，前者常用于石拱桥和混凝土预制块拱桥；后者多用于肋拱、双曲拱、箱形拱、桁架拱桥等。目前也有采用了两者相结合的施工方法。

（一）有支架施工

石拱桥、现浇混凝土拱桥及混凝土预制块砌筑的拱桥，都采用有支架的施工方法修建。其主要施工工序有材料的准备、拱圈放样（包括石拱桥拱石的放样）、拱架制作与安装、拱圈及拱上建筑的砌筑等。拱圈或拱架的准确放样，是保证拱桥符合设计要求的基本条件之一。石拱桥的拱石，要按照拱圈的设计尺寸进行加工，为了保证尺寸准确，需要制作拱石样板。现在一般都是采用了放出拱圈（肋）大样的办法来制作样板，样板用木板或锌铁皮在样台上按分块大小制成。

1. 拱架

拱架需支承全部或部分拱圈和拱上建筑重量，并保证拱圈的形状符合设计要求，因此拱架要有足够的强度、刚度和稳定性。同时，拱架又是一种施工临时结构，故要求构造简单、装拆方便并能重复使用，以加快施工进度，减少施工费用。拱架的种类很多，按使用材料可分为木拱架、钢拱架、竹拱架、竹木拱架等形式。木拱架的制作简单，架设方便，但是耗用木材较多，常用于盛产木材的地区。钢拱架有多种形式，如工字梁式拱架（适用跨径可达 40m）和桁架式拱桥（一般可用于 100m 跨径以上）。钢拱架大多做成常备式构件（又称万能式构件），可以在现场按要求组拼成所需的构造形式，因它是由多种零件（如由角钢制成的杆件、节点板和螺栓等）构成的，故拆装容易，适用范围广，节省木材。尽管钢拱架具有一次投资较大、钢材用量较多的缺点，但在我国仍得到推广采用。

2. 拱圈及拱上建筑的施工

修建拱圈时，为保证在整个施工过程中拱架受力均匀，变形最小，使拱圈的质量符合设计要求，必须选择适当的砌筑方法和顺序。一般根据跨径大小、构造形式等分别采用了不同繁简程度的施工方法。

跨径在 10～15m 以下的拱圈，通常可按拱的全宽和全厚，由两侧拱脚同时对称地向拱顶砌筑，并在拱顶合龙时，使拱脚处的混凝土未初凝或石拱桥拱石砌缝中的砂浆尚未凝结。稍大跨径时，最好在拱脚预留空缝，由拱脚向拱顶按全宽、全厚进行砌筑（浇筑混凝土），为了防止拱架的拱顶部分上翘，可在拱顶区段适当预先压重，待拱圈砌缝的砂浆达到设计强度 70% 后（或混凝土达到设计强度），再将拱脚预留空缝用砂浆（或混凝土）填塞。

大、中跨径的拱桥一般采用分段施工或分环（分层）与分段相结合的施工方法。分段施工可使拱架变形比较均匀，并可避免拱圈的反复变形。

此外，需注意合龙时的大气温度是否符合设计要求，如设计无明确要求，也宜在气温较低时进行。

当跨径大、拱圈厚度较大时，可将拱圈全厚分层（即分环）施工，按分段施工法修建好一环合龙成拱，待砂浆或混凝土强度达到设计要求后，再浇筑（或砌筑）上面的一环。这样第一环拱圈就能参与拱架共同承受第二环拱圈结构的重力，以后各环均照此进行。这样可以大大地减少拱架的设计荷载。

拱上建筑的施工应在拱圈合龙、混凝土或者砂浆达到设计强度 30% 后进行。对于石拱桥，一般不少于合龙后三昼夜。拱上建筑的施工，应避免使主拱圈产生过大的不均匀变形。空腹式拱桥一般是在腹孔墩砌完后就卸落拱架，再对称均衡地砌筑腹拱圈，以免由于主拱圈的不均匀下沉而使腹拱圈开裂。

在多孔连续拱桥中，当桥墩不是按施工单向受力墩设计时，仍应注意相邻孔间的对称均衡施工，避免桥墩承受过大的单向推力。

（二）缆索吊装施工

1. 主索

主索也称为承重索或运输天线，两端锚固于地锚。主索的截面积（根数）根据吊运构件的重量、垂度、计算跨径等因素由计算确定。横桥向主索的组数，可以根据桥面宽度及设备供应情况等合理选择，一般可选 1～2 组。每组主索可由 2～4 根平行钢丝绳组成。

2. 起重

索用来控制吊物的升降（即垂直运输），一端与卷扬机滚筒相连，另一端固定于对岸的地锚上。

3. 牵引

索用来牵引行车在主索上沿桥跨方向移动（即水平运输）。

4. 扣索

当拱肋分段吊装时，需用扣索分段悬挂拱肋及调整拱肋接头处的高程。

5. 浪风索

也称为缆风索，用来保证塔架、扣索排架等的纵、横向稳定以及拱肋安装就位后的横向稳定。

6. 塔架及索鞍塔架

是用来提高主索的临空高度及支承各种受力钢索的重要结构。塔架的形式是多种多样的，按材料可分为木塔架和钢塔架两类。木塔架一般用于高度在 20m 以下的场合，当高度在 20m 以上时较多采用钢塔架。塔架顶上设置了为放置主索、起重索、扣索等用的索鞍，它可以减小钢丝绳与塔架的摩阻力，使塔架承受较小的水平力，并减少钢丝绳的磨损。

7. 地锚

也称为地垄或锚旋，用于锚固主索、扣索、起重索及绞车等。地锚的可靠性对缆索吊装的安全有决定性影响。

8. 电动卷扬机及手摇绞车

用作牵引、起吊等的动力装置。电动卷扬机速度快，但不易控制。要求精细调整钢索长度的部位多用手摇绞车，以便于操纵其他附属设备，比如各种倒链葫芦、花篮螺栓、钢丝卡子（钢丝扎头）、千斤绳、横移索等。

在无支架施工的拱桥中，为保证拱肋有足够的纵、横向稳定性，除要满足计算要求外，在构造、施工上都必须采取一些措施。例如，当单根拱肋截面较小时，可采用双肋合龙或多肋合龙的形式，以满足拱肋横向稳定的要求。

（三）其他施工法

拱桥的结构形式和经济性等与其施工方法有着密切的联系，因此，国内外都十分重视拱桥新施工方法的研讨，并且已取得了可喜的进展。其他施工方法大致有以下几种。

1. 支架横移法

支架横移法仍属有支架施工方式。由于拱架费用高（有的高达桥梁总造价的25%），为提高支架重复利用率，减少支架数量和费用，对由多个箱肋组成拱圈的宽桥可以沿桥宽方向分几次施工，即只需架设承受单一箱肋重量的较窄的支架，随着拱圈的安装进度，将支架沿桥跨的横方向移动而重复使用。此法适用于桥不高、水不深、基础较好的大跨径拱桥施工。

2. 斜吊式悬臂施工法

大跨径拱桥也可像梁桥悬臂法施工那样，利用挂篮和斜吊钢筋（或扣索）进行悬臂法施工。拱肋除第一段用斜吊支架现浇混凝土，其余各段均用挂篮现浇施工。斜吊杆可以用钢丝束或预应力粗钢筋。架设过程中，作用于斜吊杆的力是通过布置在桥面板上的临时拉杆传至岸边的地锚上（也可利用岸边桥墩台作为地锚）。用于这种方法修建大跨径拱桥时，施工技术管理方面值得重视的问题有斜吊钢筋的拉力控制、斜吊钢筋的锚固和地锚地基反力的控制、预拱度的控制、混凝土应力的控制等。

3. 刚性骨架施工法

刚性骨架施工方法是用劲性钢材（如角钢、槽钢等型钢）作为拱圈的受力钢材，在施工过程中，先把这些钢骨架拼装成拱，作为施工钢拱架，再现浇混凝土，把这些钢骨架埋入拱圈（拱肋）混凝土中，形成钢筋混凝土拱。该方法的优点是可以减少施工设备的用钢量、整体性好、拱轴线易控制、施工进度快等。但是结构本身的用钢量大且需用型钢较多，故在桥梁工程中尚不多见。

我国近年来利用钢管混凝土作为劲性骨架已建成多座大跨径钢筋混凝土拱桥。钢管混凝土作为劲性骨架，既可节省钢材，又有良好的施工性能。国内已建成的中承式箱肋拱桥跨径达 312m 和上承式箱形拱圈的拱桥跨径达到 420m（重庆万县长江大桥），是当今世界上钢筋混凝土拱桥之最。

4. 转体施工法

拱桥转体施工法可按转动方向分为两大类：竖向转体施工法与平面转体施工法。

第四节　其他体系桥梁施工技术

一、刚架桥

（一）概述

桥跨结构（主梁）和墩台（支柱）整体相连的桥梁称为刚架桥。由于两者之间是刚性连接，在竖向荷载作用下，将在主梁端部产生负弯矩，因而减小了跨中的正弯矩，跨中截面尺寸也相应减小。刚架桥的主梁高度一般比梁桥的小。因此，刚架通常适用于需要较大的桥下净空和建筑高度受到限制的情况，比如立交桥、高架桥等。

刚架桥在竖向荷载作用下，支柱除承受压力外，还承受弯矩。支柱一般也用混凝土构件做成。刚架桥在竖向荷载作用下，一般都产生水平推力。为此，必须要有良好的地基条件或用较深的基础和用特殊的构造措施来抵抗推力的作用。

刚架桥大多做成超静定的结构形式，故在混凝土收缩、温度变化、墩台不均匀沉陷和预施应力等因素的影响下，会产生附加内力（次内力）。在施工过程中，当结构体系发生转换时，徐变也会引起附加内力。有时，这些内力可占全部内力相当大的比例。

刚架桥的主要优点：外形尺寸小，桥下净空大，视野开阔，混凝土用量少，但钢筋的用量较大，基础的造价较高。所以，目前常用的是中小跨径。近年来，随着预应力混凝土技术的发展和悬臂施工方法的广泛应用，刚架桥也得到进一步的发展。

（二）刚架桥的类型

刚架桥可以是单跨或多跨。单跨刚架桥的支柱可以做成直柱式（门形刚架）或斜柱式（斜腿刚架）。单跨的刚架桥一般产生较大的水平反力。为了抵抗水平反力，可用拉杆连接两根支柱的底端或做成封闭式刚架。门形刚架也可两端带有悬臂，这样可减小水平反力，改善基础的受力状态，而且有利于和路基的连接，不过增加了主梁的长度。

斜腿刚架桥的压力线和拱桥相近，故其所受的弯矩比门形刚架要小，主梁跨径缩短了，但支承反力有所增加，斜柱的长度也较大。因此，当桥下净空要求为梯形时，采用斜腿刚架是有利的，它可用较小的主梁跨径来跨越深谷或同其他线路立交。有不少跨线桥采用斜腿刚架，它不仅造型轻巧美观，施工也较拱桥来得简单。比如1977年建成的南非新古里茨桥，两岸岩壁陡峭，跨越深达70m左右的山谷。

多跨刚架桥可以做成 V 形墩身的刚架桥，也可以做成连续式或非连续式的刚架桥。非连续式刚架桥是在主梁跨中设铰或悬挂简支梁，形成了所谓 T 形刚构或带挂梁的 T 形刚构，这样有利于采用悬臂法施工，而静定结构则能减小次内力、简化主梁配筋。对于连续式主梁的多跨刚架桥，当全桥太长时，宜设置伸缩缝或者做成数座互相分离的连续式主梁的刚架桥。

中小跨径的连续式刚架桥通常做成等跨，以利于施工。跨径较大时，为了减少边跨的弯矩，使之与中跨相近，利于设计和构造，也可使边跨跨径小于中跨。有时，当连续式刚架桥边跨的跨径远小于中间跨时，可能导致主梁端支座承受很大的上拔力，需要进行特殊的处理。通常可将边跨主梁截面改成实体的或加平衡重，以使端支座获得正的反力（压力）。多跨连续式刚架桥发展很快，由于它具有无需大型支座、线形匀称等一系列优点，故在技术经济比较时，常胜于连续式梁桥。刚架桥的支承分铰接和固接两种。固接刚架桥的基础要承受固端弯矩，内力也较铰接刚架桥大许多，但是主梁弯矩可减小。铰接刚架桥的构造和施工都比较复杂，养护也比较费时。

（三）刚架桥的构造特点

1. 一般构造

（1）主梁截面形状与梁桥相同，可做成整体肋梁、板式截面或箱梁。主梁在纵向的变化可做成等截面、等高变截面和变高度截面三种。变高度主梁的下缘形状可以是曲线形、折线形或曲线加直线等。

（2）支柱有薄壁式和立柱式。立柱式又可分为多柱和单柱。多柱式的柱顶通常都用横梁相连，形成横向框架，以承受侧向作用力。当立柱较高时，尚应在其中部用横撑将各柱连接起来。当桥梁很高时，为增加其横向刚度，还可做成斜向立柱，立柱的横截面可以做成实体矩形、工字形或箱形等。

2. 刚架桥节点构造

（1）刚架桥的节点指立柱与主梁连接的地方，又称角隅节点。该节点必须具有强大的刚度，以保证主梁和立柱的刚性连接。角隅节点和主梁（或立柱）连接的截面受有很大的负弯矩，因此在节点内缘混凝土承受较高的压应力。节点外缘的拉力由钢筋承担。

（2）对于板式刚架，可在节点内缘加梗腋，以改善其受力情况，而且可以减少配筋，以利施工。角隅点的外缘钢筋必须连续绕过隅角之后加以锚固。

（3）当主梁和立柱都是箱形截面时，角隅节点可做成三种形式：仅在箱形截面内设置斜隔板；设有竖隔板和平隔板；兼有斜隔板、竖隔板和平隔板。为了使角隅节点有强大的刚性，并简化施工，也可将它做成实体的。

3. 铰的构造

刚架桥的铰支座，按所用的材料分为铅板铰、混凝土铰和钢铰。铅板铰就是在支柱底面和基础顶面之间垫有铅板，中间设销钉，销钉的上半截伸入柱内，下半截伸入基础内，利用铅材容易产生变形的特点形成铰的转动作用。钢铰支座一般用铸钢制成，其构造与梁桥固定支座和拱桥支座相同。混凝土铰就是在需要设置铰的位置将混凝土截面骤然减小（称为颈缩），使截面刚度大大减小，因而该处的抗弯能力很低，可产生结构需要的转动，这样就形成了铰的作用。

（四）刚架桥的施工方法

刚架桥的施工方法同预应力混凝土梁桥的方法相同，常用的方法有立支架就地现浇、预制拼装（可以整孔、分段串联）、悬臂浇筑、顶推、用滑模逐跨现浇施工等。实际工程中刚架桥的施工方法应因时因地，根据安全经济、保证质量、降低了造价、缩短工期等因素综合考虑。

大量的连续梁桥和连续刚构桥采用的是无支架法施工，对于连续刚构桥来说，由于主梁与桥墩是固结的而没有支座，其施工过程比连续梁桥更为简单，悬臂法是其最常用的施工方法。

二、斜拉桥

（一）斜拉桥的特点

1.跨越能力大。因拉索提供多点弹性支承，使其主梁弯矩显著减小，斜拉桥的跨越能力大大增强。

2.建筑高度小。主梁轻巧，其高通常为跨径的 1/100～1/50，既能充分满足桥下净空需要，又有利于降低了引道填土工程量。

3.斜索拉力的水平分力为主梁提供预压力，可提高主梁的抗裂性能。

4.设计构思多样性。没有一种桥型能像斜拉桥那样演变出千姿百态的造型，塔、索、梁的组合多样性，为设计构思提供广阔的变化空间，可适应多种不同的使用要求与桥址自然条件。

5.悬臂法施工方便安全。悬臂施工法是斜拉桥普遍采用的方法，特别适用于净高很大的大跨径斜拉桥，有悬臂拼装、悬臂浇筑或悬拼与悬浇相结合诸种。

6.与悬索桥相比，斜拉桥的竖向刚度与抗扭刚度均较大，抗风振稳定性好，且无需大型锚碇，故在其适用跨径范围内，悬索桥总造价将比斜拉桥多 20%～30%。

7.桥型美观。高昂的桥塔、坚劲的斜索和轻盈的主梁相结合，似美妙竖琴和远航征帆，充分体现当代桥梁力与美的高度和谐。

8.设计计算困难。因为斜拉桥设计构思要考虑的变量很多。因此，寻求技术经济合理的桥型方案是很不容易的。斜拉桥抗风分析常需通过风洞试验模型验证，而抗震验算时应将峰值高而持续时间短的地震波和峰值较低而持续时间较长的地震波分别输入进行分析比较。当然，最好是采用了桥址当地地震台的地震波谱。

9.施工技术要求高。斜拉桥工序繁复，高空作业多，施工过程控制严格。

10.索与塔、梁的连接构造较复杂。索锚抗疲劳性能和钢索防护措施有待不断改进。

（二）体系分类

斜拉桥的体系分类根据其分类指标的不同而不同。

1.按桥塔数目分类按桥塔数目可分为独塔双跨体系、双塔三跨体系和多塔体系。

2.按索面布置分类按索面布置可分为单索面体系、双索面体系和空间倾斜索面体系。

3.按主梁材料分类按主梁使用材料可分为钢主梁、预应力混凝土梁、叠合梁、钢与混凝土混合梁等体系。

（1）钢主梁斜拉桥。主要优点为自重轻，$400kN/m^3$ 仅仅为预应力混凝土主梁的 1/4；跨越能力大，可超过 100m 跨径；构件可工厂化制造拼组，质量有保证，施工快捷。但造价高、后期养护工作量大和抗风振稳定性较差为其主要缺点。由于受我国厚钢板产量与品种型号限制，故建造很少。世界上钢主梁斜拉桥使用最多的是德国和日本。

（2）预应力混凝土主梁斜拉桥的主要优点有：

①造价低，其梁体造价仅为钢梁的 30% ～ 50%，虽因混凝土自重大而导致钢索、基础费用增加，但对 L=200～500m 的跨径范围，预应力混凝土梁斜拉桥是很有竞争力的。

②刚性好，在汽车活载作用下，其挠度仅为钢主梁者的 60% 左右，故通常适用于活载较重的铁路桥。

③抗风稳定性好，因混凝土结构具有约两倍于钢结构的振动衰减系数。

④后期养护费用低、简易，结构耐久性和抗潮湿性良好。

预应力混凝土主梁斜拉桥的跨越能力不如钢主梁斜拉桥，跨径在 700m 以内，且施工速度较慢。

（3）叠合梁斜拉桥。在钢主梁上以预制混凝土桥面板代替正交异性钢桥面板，钢梁顶面设置抗剪栓钉，通过现浇混凝土使预制混凝土桥面板与钢梁形成整体共同受力。

4. 按塔索结合方式分类

根据梁、索、塔三者结合方式，斜拉桥可分为四种不同的结构体系，即飘浮体系、支承体系、塔梁固结体系和刚构体系。

（1）飘浮体系。塔墩固结，塔梁分离；主梁除梁端有支撑设置，其余全部用拉索吊起，在纵向稍作浮移的具有多点弹性支承的单跨梁。由于斜拉索不能给梁以有效的横向支承，为抵抗风力等对其的横向水平力，应在塔柱和主梁间布设板式或盆式橡胶支座，以施加横向约束。当悬臂施工时，其塔柱处主梁需临时固结，从而抵抗施工过程中的不平衡弯矩。

（2）支承体系。塔墩固结，塔梁分离，主梁在塔墩上设置支点，成为具有多点弹性支承的三跨连续梁，通常设四个活动支座，可避免因一侧存在纵向水平约束而导致极不均衡的温度变位，它将使无水平约束一侧的塔柱内产生很大附加弯矩。当全桥满载时，塔柱处有较大负弯矩尖峰。支承体系的温变和混凝土收缩徐变次内力较大，若在支点设置可调节高度的弹簧支座并且在成桥时调整支座反力，可消除大部分收缩徐变等不利影响。支承体系悬臂施工中不需额外设置临时支点，施工较便利。

（3）塔梁固结体系。塔梁固结并支承于缴上，为斜拉索提供多点弹性支承的连续梁。其梁、塔内力和主梁挠度与梁、塔截面弯曲刚度比值有关，支座配置通常在一个塔柱支座固定，其余为活动支座。主要优点是减小塔墩弯矩和主梁中央段轴向拉力。但当中跨布载时，主梁在墩顶处转角会使塔柱倾斜，显著增大主梁跨中挠度和边跨负弯矩，这是该体系的弱点。上部结构恒载和活载反力都需由支座传向桥墩，往往需设很大吨位支座，大跨径斜拉桥为万吨级以上，故支座的设计、制造和日后的养护、更换都比较困难。

（4）刚构体系。梁、塔、墩相应固结，形成在桥跨内具有多点弹性支承的刚构。其优点是免除大型支座设置，满足悬臂施工的稳定要求，结构整体刚度大，主梁挠度小。缺点是主梁固结处负弯矩大，为了消除很大的温度内力，刚构体系一般做成带挂梁的形式，这将导致车行不平顺和结构抗风、抗地震能力的削弱。当塔墩很高时，宜采用由两片薄壁组成的柔性墩来适应温变、混凝土收缩徐变和活载等对结构产生的水平变形。

总之，主梁结构体系的选用，应根据地形地质条件、支座吨位、施工方法、行车平顺性和抗风抗震要求等因素综合考虑。飘浮体系由于受力较匀称、有足够刚度、抗风抗震性能较好、主梁可用等截面以简化施工，是采用较多的结构体系；塔梁固结体系的塔、墩内力最小，温变内力也小，仅仅主梁边跨负弯矩较大，也是可以考虑采用的结构体系。

（三）各部分构造

1. 主梁

主梁及与其连接在一起的桥面系，直接支承交通线路，是斜拉桥主要组成部分，其造价占全桥的 50% 左右。

（1）截面形式

主梁形式有实体梁式、板式和箱形截面。主梁截面形式应根据跨径、索面布置与索距、桥宽等不同需要，根据其受力要求、抗风稳定性、施工方法综合考虑选用。

①板式。板式截面建筑高度小，构造简单，抗风性能良好，适用于双索面密索布置且桥宽较窄的桥。当板厚较大时，可做成留有圆孔或椭圆孔的空心板断面。

②分离式双箱。两个分离箱梁用于锚固拉索与承重，其中心应对准斜拉索面位置，箱梁之间设置桥面系。其优点是施工方便，比如用悬臂法，两箱分别施工，悬浇时可采用纵向滑模工艺，挂篮承重减轻，悬拼时构件吊重显著减小；再安装横梁和现浇混凝土桥面。桥全截面抗扭刚度较差是其主要缺点。实际上，由于主梁断面尺寸小，空心箱节省的混凝土数量不多，但相应带来的内模装拆、横梁钢筋布置和拉索锚固的复杂困难却不少，故近年已倾向于采用梁板式断面取代。

③整体闭合箱。闭合箱具有强大的抗弯和抗扭刚度，当其宽度比为 8～10 时，抗风性能尚佳，适用于双索面稀索体系和单索面布置的斜拉桥。倾斜式腹板箱梁截面在体形美观、抗风性能和减小墩宽等方面均优于竖直腹板箱。

④半封闭箱。半封闭箱的横断面两侧为三角形或者梯形封闭箱，端部加厚用以锚固拉索，两箱间为整体桥面板，除个别需要段落，其他均不设底板。这种断面既满足一定的抗弯、抗扭刚度要求，又具有优良的抗风动力稳定性能，特别适用于风载较大的双索面密索体系宽桥。

（2）截面尺寸

①梁高。主梁截面尺寸变化将影响梁弯矩数值，当主梁抗弯刚度增加时，梁截面弯矩也将增加，其变化规律是非线性的。从提高抗风稳定性出发，加大桥宽、减小主梁高有助于增大临界风速。为便利施工，斜拉桥主梁的纵断面通常采用等高度布置。即使跨径与荷载条件相同，但是由于结构体系、主梁截面形式和索距的不同，斜拉桥主梁高度会有很大变化。随着扁平横断面形式的出现，主梁内力由原来的以弯矩为主转变为以轴力为主，梁高可显著降低。对于梁板式断面，主梁高应大于或等于横梁高，故其高度取决于横向弯矩大小，即与桥宽和索面横向距密切相关。

②桥宽。桥宽通常由桥面通行净空和设置索面防护要求决定。

（3）锚固区构造

锚固区是主梁与拉索连接的重要结构部位，锚固方式的选择应考虑下列因素：保证索、梁连接的可靠性，能使集中索力均匀分散传递至全截面；具有防锈蚀能力，避免拉索产生颤振应力腐蚀；比如需要在梁端张拉，应保证足够操作空间；便于拉索养护与更换。锚固方式有顶板锚固、箱内锚固及在三角形箱边缘锚固。

2. 拉索

拉索是展示斜拉桥特点的一个重要结构部件。桥跨结构重量和桥上活载，绝大部分或全部通过斜拉索传至塔柱，它对主梁提供多点弹性支承，其刚度对全桥影响很大。拉索造价占斜拉桥全桥的 25% ～ 30%，其重要性虽在经济上居于次席，但在受力上却举足轻重。

（四）斜拉桥的施工方法

1. 塔柱施工

混凝土塔柱施工一般均采用分节就地浇筑方法施工，每节 2 ～ 5m，其方法类似于高墩或高烟囱的施工。混凝土的输送采用吊斗或混凝土输送泵，塔柱施工的不同点主要是模板和脚手架平台的做法，主要有下列方法：

（1）满布工作平台及模板法。从地面或墩顶置立满布鹰架及模板，适用于高度较小和形状比较复杂的桥塔施工，不需要特殊装置和机械设备。

（2）爬升或滑升式模板及工作平台。将工作平台与模板组拼成可自动升降的整体装置，利用下节已凝固的混凝土中预埋的钢材来逐步提升模板与平台结构，机械化程度较高，可缩短工期，适用于大型桥塔施工。

（3）大型模板构件法。将模板及平台做成容易组装和解体的大型标准构件，利用起重机或特殊起吊设备来提升施工。此法应用于高空作业时存在安全问题，高度受到了限制。

2. 主梁施工

斜拉桥主梁可以采用支架法、顶推法及平转法施工，但是使用最多的还是悬索施工方法，它适用于所有跨径的斜拉桥施工。

3. 斜拉索施工

斜拉索施工主要分为挂索和张拉两个过程。成品索必须整索安装。

较短的成品索直接利用起重机将拉索起吊，借助卷扬机由钢丝绳或钢绞线将斜拉索两端分别牵引入主梁和塔柱上的预留索孔，并且初步固定在索孔端面的锚板上完成挂索。长索的垂度大，无法直接用卷扬机将锚头牵引到锚板后方，在锚头接近锚板时用钢连接杆将锚头连接到千斤顶，由千斤顶将锚头拉到锚板后方。对于超长斜拉索，垂度特别大，连接杆已无法将锚头连接到千斤顶，必须先架设临时索，然后沿临时索将斜拉索牵引到位。成品索一般直接用千斤顶整索张拉。现场制作索可以用千斤顶逐根张拉，也可用小千斤顶将初应力调均匀，再用大千斤顶整索张拉。

三、悬索桥

（一）悬索桥的类型

现代大跨径悬索桥根据其加劲梁的类型和吊索的形式不同可分为以下类型：

1. 美式悬索桥

美式悬索桥的基本特征是采用竖直吊索，并用钢桁架作为加劲梁。这种形式的悬索桥一般采用三跨地锚式，加劲梁在主塔处不连续，由伸缩缝断开，桥面通常采用钢筋混凝土材料，主塔为钢结构。其特点是可以实现双层通车，通过增加桁架高度可保证桥梁有足够的刚度，由于加劲梁采用钢桁架，使其具有很好的抗风性能。美式悬索桥发展历史接近百年，其建桥技术相当成熟，并且积累了丰富的设计和施工经验，是目前采用较广泛的一种形式。在美国已建成的维拉扎诺海峡大桥和在日本建成的明石海峡大桥，都属于这种类型。世界上许多国家的大跨径悬索桥都受到美式悬索桥的影响，但也有自己的特点，如在日本通常采用连续的加劲钢桁架，桥塔处不设伸缩缝；采用钢的正交异性板作桥面等。

2. 英国式悬索桥

20世纪60年代，英国设计出了新型的悬索桥，突破了美式悬索桥的形式。英国式悬索桥的基本特征是采用了三角形排列的斜吊索和流线型扁平翼状钢箱梁作为加劲梁。这种形式的悬索桥加劲梁采用连续的钢箱梁，桥塔处没有伸缩缝，并采用了钢筋混凝土桥塔；有时还将主缆和加劲梁在主跨中点处固结。英国式悬索桥的特点是钢箱加劲梁可减轻恒载，使主缆的截面减小，降低用钢量和造价。由于钢箱梁抗扭刚度大，受到的横向风力小，有利于抗风，因此大大减小了桥塔承受的横向力。角形排列布置的斜吊索可以提高桥梁刚度，但斜吊索的吊点处构造复杂。在英国建成的塞文桥和恒伯尔桥、在土耳其建成的博斯普鲁斯桥都是属于这种形式的悬索桥。

3. 混合式悬索桥

混合式悬索桥是综合了上述两类悬索桥的特点形成的、目前广泛采用了的悬索桥。其特征是采用竖直吊索和流线型钢箱梁为加劲梁，一般采用钢筋混凝土桥塔。混合式悬索桥的广泛使用表明其钢箱加劲梁具有良好的静力和动力特性，其竖直吊索构造简单实用。土耳其的博斯普鲁斯二桥、日本来岛的三座悬索桥、丹麦的大贝尔特桥、中国香港的青马大桥和江阴的长江大桥都采用了混合式悬索桥形式。

4. 带斜拉索的悬索桥

为了有效提高大跨径悬索桥结构的整体刚度和抗风稳定性，在悬索桥设计中除设置悬索体系外，还可考虑同时设置斜拉索，以适应大跨径悬索桥的变形控制和动力稳定性的要求，这就构成了带斜拉索的悬索桥。悬索桥按照其加劲梁的支承条件还可以分为单跨校支加劲梁悬索桥、三跨铰支加劲梁悬索桥和三跨连续加劲梁悬索桥，这些也都是现代大跨径悬索桥经常采用的形式。

（二）悬索桥各部主要构造

1. 主缆索

主缆索是悬索桥的主要承重结构，其受力系统由主缆索、桥塔和锚碇组成。主缆索不仅承担自重恒载，还通过索夹和吊索承担加劲梁（包括桥面）等其他恒载及各种活载。此外，主缆索还要承担部分横向风载，并将其传至桥塔顶部。主缆索可采用钢丝绳钢缆或平行丝束钢缆，由于平行丝束钢缆弹性模量高，空隙率低，抗锈蚀性能好，因此大跨径吊桥的主缆索均采用这种形式。现代悬索桥的主缆索多采用直径5mm的高强度镀锌钢丝。先由数十根到数百根5mm的高强度镀锌钢丝制成正六边形的索束（股），再将数十至上百股索束挤压形成主缆索，并且做防锈蚀处理。设计中主缆索的线形一般采用二次抛物曲线。主缆采用平行丝股而不采用钢绞线，目的在于使其弹性模量不比钢丝弹性模量有明显降低，而钢绞线弹性模量通常要比钢丝降低15%～25%；主缆钢丝强度现已由1500MPa提高至1800MPa左右。索束内钢丝排列现均取正六边形，故其丝数为61、91或127。

2. 锚碇

锚碇是主缆索的锚固结构。主缆索中的拉力通过锚碇传至基础。通常采用的锚碇有两种形式：重力式和隧洞式。重力式锚碇依靠其巨大的自重来承担主缆索的垂直分力；水平分力则由锚碇与地基之间的摩阻力或嵌固阻力承担。隧道式锚碇则是将主缆中的拉力直接传递给周围的基岩。隧道式锚碇适用锚碇处有坚实基岩的地质条件。当锚固地基处无岩层可利用时，均采用重力式锚碇。锚碇主要由锚碇基础、锚块、锚碇架、固定装置和锚固索鞍组成。

3. 桥塔

桥塔是悬索桥最重要构件。桥塔支承主缆索和加劲梁，将悬索桥的活载和恒载（包括桥面、加劲梁、吊索、主缆索及其附属构件如鞍座和索夹等的重量）及加劲梁在桥塔上的支反力直接传至塔墩和基础，同时还受到了风载与地震的作用。桥塔的高度主要由桥面高程和主缆索的垂跨比确定，通常垂跨比为1/12～1/9。大跨径悬索桥的桥塔主要采用钢结构或钢筋混凝土结构。其结构形式可分为桁架式、刚架式和混合式三种。刚架式桥塔通常采用箱形截面。由于预应力混凝土滑模施工技术的发展，钢筋混凝土桥塔的使用呈较快增长趋势。桥塔塔顶必须设主索鞍，以便主缆索能与桥塔合理地衔接和平顺地转折，并将主缆索的拉力均匀地传至桥塔。在大跨径悬索桥中，塔的下端常与桥墩固结，而在其上端主缆固定于索鞍，而索鞍又固定于塔顶。

4. 索鞍

索鞍是支撑主缆的重要构件，其作用是保证主缆索平顺转折；将主缆索中的拉力在索鞍处分解为垂直力和不平衡水平力，并且均匀地传至塔顶和锚碇的支架处。由于主缆在索鞍处有相当大的转折角，主缆拉力将产生一个竖向压力作用于塔顶。从塔顶至锚碇的缆段，活载轴力和温度升降的变化，将使塔顶发生纵向平移，使塔处于偏心受压状态。当塔顶尚未有主缆时，塔将以竖向放置的悬臂梁承受纵向风力而受弯。

5. 吊索与索夹

（1）吊索。吊索也称吊杆，是将加劲梁等恒载和桥面活载传递到主缆索的主要构件。吊索可布置成垂直形式的直吊索或倾斜形式的斜吊索，其上端通过索夹与主缆索相连，下端与加劲梁连接。吊索和主缆索连接方式有鞍挂式和销接式两种，两种方式各有所长。吊索与加劲梁的连接方式也有锚固式和销接固定式两种。锚固式连接是将吊索的锚头锚固在加劲梁的锚固构造处；销接固定式连接是将带有耳板的吊索锚头与固定在加劲梁上的吊耳通过销钉连接。吊索宜采用有绳芯的钢丝绳制作，2 根或 4 根一组；两端均为销接式的吊索可采用平行钢丝索束作为吊索。

（2）索夹。索夹由铸钢制造，用竖缝分为两半，它安装到主缆后，即用高强螺杆将两半拉紧，使索夹内壁对主缆产生压力，形成以防止索夹沿缆下滑的摩阻力。索夹壁厚 38mm，使其较柔以便适应主缆变形，但是应足够强度。每一吊点有 2 根钢丝绳骑在索夹之外而下垂形成 4 根吊索共同受力。设计吊索截面时，应保证吊索截面破断力大于吊索作用力，其实用安全系数以不小于 2.5 为宜。

6. 加劲梁

加劲梁的主要作用是直接承受车辆、行人及其他荷载，以实现桥梁的基本功能，并与主缆索、桥塔和锚碇共同组成悬索桥结构体系。加劲梁是承受风荷载和其他横向水平力的主要构件，应考虑其结构的动力稳定特性，防止其发生过大挠曲变形和扭曲变形，避免对桥梁正常使用造成影响。大跨径悬索桥的加劲梁均为钢结构，通常采用桁架梁和箱形梁。预应力混凝土加劲梁仅适用于跨径 500m 以下的悬索桥，大多采用箱形梁。采用箱形梁时，应选择流线型主梁截面，并适当设置风嘴、导流板、分流板等抗风装置；采用桁架梁时，应加强主梁和桥面车道部分的联系，并注意保证主梁及桥面构造横向通风良好，不能有任何阻碍空气流动的多余障碍物存在，也可适当设置抗风装置。加劲梁的构造和尺寸主要取决于其抗风稳定性。通常参考其他已建成悬索桥的加劲梁拟定其初步设计的构造和尺寸，再根据结构计算结果进行适当修改，最后对较为合理的几个方案，通过风洞试验检验其抗风性能，并选择抗风性能好的加劲梁及其构造和尺寸。

（三）悬索桥施工方法

1. 塔柱及锚碇施工

（1）塔柱。钢塔柱一般用钢板先预制连接成格子形截面的节段，节段在现场吊装拼接成塔柱。早期的钢塔柱，无论节段内还是在节段间的连接均采用铰接，构件加工精度要求高。随着栓焊技术的发展，钢塔节段在工厂焊接制造，然后将节段运输到工地架设并用高强度螺杆来连接。钢塔柱一般支承在一块厚钢板上，厚钢板和桥墩混凝土拴接并把塔柱压力均匀地传递到桥墩上去。

（2）锚碇。当河岸有坚硬岩石时，可以采用岩隧锚碇。岩隧锚可以将主缆集中在一个岩洞内锚固，也可以在岩石山开凿多个岩眼，将主缆分成多股穿过岩体在锚固室内锚固。

2. 缆索系统架设

缆索桥整个主缆自重大，必须逐丝或逐股安装到位，然后在现场编制成缆。缆索的施工大致分为如下步骤：

（1）准备工作。

（2）架设导索。

（3）架设牵引索及猫道索。

（4）架设猫道面板以及横向天桥。

（5）架设抗风索以完成猫道。

（6）主缆架设。

（7）将猫道转载于主缆后拆除抗风索，并架设竖吊索。

3. 加劲梁的制造与架设

钢加劲梁在工厂分段制造，节段制造完成后必须进行相邻节段的试拼装，试拼合格、做好对接标志后运到施工现场等待吊装。主缆是柔索结构，当只有部分梁段悬吊在主缆上时挠度很大，所以，已吊装的加劲梁将产生很大的弯曲变形。如果梁段吊装到位后即与相邻梁段连接，则加劲梁将承担很大的弯曲应力，导致了结构破坏。为此，梁段吊装到位后只在上缘与相邻梁段连接形成铰接，下缘在吊装期间张开。随着吊装梁段的增加，主缆的局部挠度减小，加劲梁下缘的间隙逐渐闭合，待梁段全部吊装完成或大部分完成后在相邻的节段间永久固结连接，此时，加劲梁恒载完全由主缆承担，加劲梁只承担节段内的局部弯矩。

第六章　公路桥梁工程维修与养护

第一节　公路桥梁养护维修的基本概念

一、我国公路桥梁养护管理

（一）提高公路桥梁养护管理措施

1. 实行桥梁预防性养护措施

（1）专业检测

通过专业队伍对桥梁的常年，定期，有序检测，评定桥梁技术状况，实时掌握桥梁营运过程中的健康状态，准确测定桥梁构件的损伤情况以及剩余承载力。

（2）制定养护手册

由主管部门与专业科研、设计、养护施工单位结合，制订科学和有序的桥梁养护计划，编制养护手册。

（3）事前维修养护

经批准后，按计划进行桥梁事前维修养护，预防和避免了桥梁因构件突然损坏发生重大安全事故，在桥梁营运的全寿命过程中，确保桥梁结构性能维持在健康的服役水平，实现桥梁养护资金的节约。

在实行桥梁预防性养护技术措施情况下，桥梁的养护工作走社会化、队伍专业化、管理数字信息化是以后发展的方向。

2. 桥梁预防性养护软件开发

根据桥梁管理部门对桥梁养护管理的需要，我国的桥梁管理系统 CEBMS，是由交通主管部门立项推广的项目，该系统经过多个版本的改进演化发展，已日趋成熟，在多个地区的养护主管部门推广和使用。

（1）GEBMS

该系统基于桥梁结构工程、病害形成机理、检测诊断技术和数据采集技术，并运用计算机数据处理功能对现有桥梁状况进行登记、评价分析与状态预测。

（2）建立 CEBMS

建立 CEBMS 管理系统，可以全面地收集、分析和处理各类桥梁数据资源，运用系统的各个模块功能，可直观地预测桥梁运营若干年后的状况，从而合理安排养护计划和资金分配，及时、有效地对桥梁实施养护和维修，确保了桥梁运营安全。

3. 桥梁病害专业化养护管理

桥梁病害的分析与维修设计，技术上往往比新设计一座桥梁更复杂、技术难度大和风险很高（有如给危、重病人开刀），而且经济效益不佳。

（1）对症下药

桥梁运营一段时间后，实际工作状况与设计初有很大差别。病害分析时就要花费很大的精力尽可能地去搜集以前原始技术资料，更多地考虑桥梁的实际工作条件和状态，或进行必要的试验检测。只有找对病害原因，才可能对症下药，去进行桥梁维修养护。

（2）养护队伍

在桥梁的维修养护管理期间，养护队伍很重要，需要有素质很高、技术能力很强，勇于奉献精神的企业来做此项工作。实行专业化养护后，养护模式发生很大变化。

（3）建立健全考核管理制度地方公路主管部门可以投入更大精力用于公路资产、路权的管理

相应地可以建立健全对养护企业相关的考核管理制度，严格桥梁日常基价类养护、单价类作业流程、计量申报支付程序等，规范养管流程，提高了养护管理水平。

（二）桥梁维修加固常用方法

桥梁维修加固，在桥梁的运营生命周期里是非常重要的。其要从桥梁加固设计的实际情况出发，针对桥梁的病害，分清加固性质，科学地选择加固方法。明确加固目的，在弄清加固作用机理的基础上，进行设计、施工。

1. 技术方案

目前常用的桥梁维修加固技术方案有增大梁截面加固方法。

2. 主要途径

增加了受力钢筋主筋截面、加大主梁混凝土截面、加厚原桥面板和喷射混凝土等。

3. 粘贴加固方法

粘贴加固方法，是采用环氧树脂系列黏结剂，将钢板或碳纤维类材料粘贴与梁板结构的受拉区域，使之与原结构形成统一的整体，用以代替需增设的钢筋与补强结构共同受力，提高强度和刚度。

4. 体外预应力加固法

体外预应力加固法，是目前最常用的主动加固法之一，指在加固的构件外，受拉区施加一定的初始应力的加固方法，可以抵消部分自重应力，起到卸载作用，从而能较大幅度地提高梁的承载能力。该方法适用于大跨径预应力混凝土连续箱梁或 T 构箱梁桥的加固。

5. 结构体系加固法

改变结构体系加固法，实际上就是通过改变桥梁结构体系从而减少梁内应力，来达到加固的目的，常用的有简支变连续加固法。

二、公路桥梁养护维修的要点

桥梁是高等级公路的重要组成部分，自然也是养护管理的重点和难点。尤其是近年来，随着我国交通事业的不断发展，桥梁的种类和数量不断增加，为了人们的出行带来了诸多便利。

然而，对于缺陷较严重的桥梁，如得不到及时养护维修，不仅严重影响桥梁的使用周期，甚至会造成桥垮人亡的恶性事故。因此，必须抓好桥梁安全隐患的排查治理，对发现存在安全隐患的桥梁，要在科学会诊基础上及时提出治理对策，立即进行治理整改；一时难以治理的，要及时采取交通管制、限载通行、加强值守和现场监管等措施，坚决遏制重特大事故发生。

（一）桥面铺装的维修养护要点

通过在桥面铺装层可以有效地防止车轮或履带对行车道板造成直接的磨耗，进而在一定程度上保护主梁免受雨水的侵蚀，并且对车轮的集中力进行分布。因此，破坏桥面铺装对桥面正常使用功能的发挥产生直接影响。

1. 铺装桥面

在铺装桥面的过程中，如果铺装层出现厚度不均匀、结构强度不够的现象，那么在车轮的反复作用下桥面将会出现微网状裂缝。随着时间的不断推移，水将会渗入桥面板进一步腐蚀破坏桥面，进而在一定程度上使得桥面发生变形、网裂和坑槽等。

2. 破坏桥面铺装层的后果

破坏桥面铺装层产生的后果是非常严重的，甚至直接关系到桥梁功能的正常发挥，进一步出现冲击、跳车、产生噪音等，行车的舒适性受到了严重的影响，同时运营水平也大大降低。桥面破坏在一定程度上大大降低了桥面结构的耐久性和承载力，甚至直接威胁到行车的安全性。一旦破坏桥面铺装层，难以通过维修养护、局部修补或盖被等方式解决，进而增加了养护维修的难度，同时增加了养护费用。破坏桥面铺装的原因主要是结构层偏薄、混凝土强度低以及施工质量差。另外，结合面强度不够以及车辆超载等也是重要的原因。

3. 日常养护须知

在设计和施工过程中，针对上述原因需要制定相应的措施，日常养护时需要做到：

（1）经常清扫，清除道路表面的泥土、杂物和积雪及积水等，在一定程度上保持桥面的平整度和清洁性。

（2）对于沥青混合料桥面，及时处治出现的泛油、拥包、裂缝、波浪、坑槽、车辙等病害，通过局部修补的方式，解决损坏面积较小的问题；如果损坏面积比较大，需要凿除整跨铺装层，对铺装层进行重铺。为避免增加桥梁恒载，一般情况下，在原桥面上不进行直接加铺。

（3）对于水泥混凝土桥面，如果桥面出现断缝、拱胀、错台、起皮等，需要及时进行处理。当桥面损坏面积较大时，凿除原铺装整块或整跨，对铺装层进行重铺。

（二）桥头跳车维修养护要点

对于桥梁来说，如果出现桥头跳车现象，那么行车的舒适性将会受到严重的影响，甚至在一定程度上冲击桥梁，破坏构件。通常情况下，产生桥头跳车的原因主要包括：

1. 土体滑移

不符合设计要求，台背填土速度过快，进而造成压实不密，加快了沉降速度，增加了对台背挡土墙等构造物的挤压力。如果不及时构筑台前护坡、挡墙等结构物，在一定程度上可造成土体滑移，甚至对压实效果产生影响，严重时危害到桥基。

2. 工期紧

对于台背、台墙后侧、翼墙内侧进行填土时，在施工作业面的影响和制约下，由于工期紧而且不易使用压实机械等，进而难以符合相应的规定要求。

3. 设计混凝土路面考虑不周

在设计桥头混凝土路面的过程中，因考虑不周进而为施工质量埋下隐患。

4. 对病害缺乏足够认识

对桥头沉陷病害缺乏足够认识。填料质量关没有把好，以及施工时没有考虑气候因素，进而使得路面产生沉降。

为彻底解决桥头跳车问题，在选择解决方法时：一方面对老桥两侧接线路基的沉降，造成的桥头跳车进行综合考虑；另一方面对桥头刚度突变和纵坡突变引起的跳车进行综合考虑。当桥路连接因桥头搭板脱空、断裂、枕梁下沉等因素出现不平顺时，进而出现桥头跳车，通过采用调整桥头纵坡的方式进行处理，同时结合修复伸缩缝和桥头路基的方式对桥头跳车问题进行处理，进而在一定程度上对桥头跳车进行治理。

（三）支座养护维修与养护要点

1. 经常养护桥梁支座，在养护过程中，需要注意：

（1）保持支座各部的完整性、清洁性，至少半年清扫一次；

（2）滚动支座的滚动面应定期涂润滑油；

（3）采取措施对钢支座进行相应的除锈防腐处理；

（4）钢支座各部的连接螺栓要及时地拧紧，并在一定程度上保持支承垫板的平整性、牢固性；

（5）避免橡胶支座与油污接触，防止发生老化、变质等；

（6）滑板支座、盆式橡胶支座等通过防尘罩进行遮挡，同时防尘罩需要保持完好，对支座内进行防尘埃、防雨以及雪等。

2. 发生下列情况，导致支座不能正常工作时，需要修整或更换支座：

（1）剪断支座的固定钳销，发生滚动，出现不平整，轴承存在裂纹或切口，在这种情况下必须更换支座；

（2）支座座板变形、翘起、断裂时，需要更换支座，支座的焊缝发生开裂时，需要进行整修；

（3）对于板式橡胶支座来说，如果其出现脱空或不均匀压缩变形，在这种情况下需要进行调整；

（4）板式橡胶支座的剪切变形过大，或者出现中间钢板外露、橡胶开裂、老化，在这种情况下需要及时更换板式橡胶支座；

（5）油毡垫层支座失去功能时，需进行及时更换或调整。

（四）伸缩缝装置维修养护要点

1. 混凝土养护

在混凝土初凝后，采用草帘等遮挡物对混凝土进行及时的覆盖，经常浇水，进行保湿，养护时间大于7昼夜。

2. 交通管制

混凝土养生期间,安排专人对交通进行管制,进而在一定程度上做好防护、封闭措施。

例如,为了确保混凝土的质量,在离桥头两侧5m处用挂彩旗的绳子对交通进行封闭,同时设立相应的指示、警示标志,进而在一定程度上严禁车辆、行人等通行。混凝土经过养生处理,其强度已经达到设计要求的50%,在这种情况下可以安装相应的橡胶密封条,在安装密封条之前,全部清除了缝内充当模板的泡沫板、纤维板、漏浆的铰硬块等杂物,然后将橡胶条嵌入其中,当混凝土强度符合设计要求后,开放交通,并且将缝中杂物及时清除,对伸缩装置各部位构件进行定期检查,避免出现松动或局部破坏,发现问题及时进行修理或更换。

(五) 排水系统及防水层维修养护要点

1. 保持桥面泄水管、排水槽的通畅性,发现堵塞及时疏通。

2. 对于梁式桥来说,当防水层发生损坏时,需要进行及时修整。选用隔水性能良好的材料对隔水层进行处理;在铺设防水层的过程中,气温不得低于5℃。

3. 对于桥面来说,其横坡需要保持1.5%～3.0%,进而在一定程度上便于桥面排水。

4. 当桥头接坡纵坡坡度超过3%时,通过在桥头设置相应的截水沟,进而在一定程度上防止雨水进入桥面。

5. 如果排水系统是封闭式的,需要对其畅通性进行定期的检查;抽水泵等系统设施是否正常工作,管道出现堵塞需要及时疏通,如果出现损坏需要进行及时更换。

综上所述,对于桥梁进行维修和养护是一项复杂的工作,在一定程度上关系着地区经济的发展,逐渐成为当前公路养护管理部门亟待解决的一个重要问题,需要我们工作人员认真对待。

第二节 公路桥梁施工及养护管理

一、公路桥梁施工准备工作

公路桥梁施工前准备工作,是为保证施工正常进行而必须做好的先前工作。在公路桥梁施工中,它作为一个重要环节,应引起高度的重视,应坚持"不打无准备之仗"的原则。它之所以重要,是因为公路桥梁施工是一项非常复杂的生产活动,需要处理复杂的技术问题,耗用大量的物资,使用众多的人力,动用许多机械设备,所遇到的条件也是多种多样的,因而笔者根据这几年的现场施工总结认为:施工前准备工作考虑的因素越多,准备工作做得越充分,则施工越顺利。没有施工准备或施工准备不充分,就会丧失主动权，处处被动，致使以后施工无法开展。可以说施工准备实际上起着"开路"的作用。

（一）施工准备工作的内容

施工准备工作涉及的范围比较广，归纳为以下三个方面：

1. 组织准备工作

主要是建立和健全施工组织管理机构，制定施工管理制度，明确施工任务，确立施工应达到的目标。在公路桥梁施工中项目多，范围也比较广，因此，首先必须建立和建全施工组织管理机构，必须有严格的责任制，按计划将责任预先落实到有关部门甚至个人，同时明确各级技术负责人在施工准备工作中所负的责任，从而充分调动各部门和技术人员的积极性，使他们有职、有权和有责。施工管理制度是公路施工管理的核心。

2. 物质准备工作

就各种材料与机具设备购置、采集、调配、运输和储存，临时便道及工程房屋的修建；供水、供电、必需生活福利设施等的安装及建设等所做的工作。

（1）生产、生活设施修建

在公路桥梁施工前，各种生产、生活需用的临时设施，如，各种仓库、搅拌站、预制构件厂（站，场），各种生产作业棚、办公用房、宿舍、食堂、文化设施等均应按施工组织需要的数量、标准、面积、位置等应在施工前修建完毕。

（2）设计确定物质供应计划

修建完各种生产，生活需用的临时设施后，应及时根据施工组织设计确定的材料、半成品、预制构件的数量、品种、规格，编制好物质供应计划，按计划订货和组织进货，按照施工平面图要求在指定地点堆存或入库，对于各种材料如砂子、碎石、钢材等提前应做各种试验，确定其是否满足设计要求，对各种标号混凝土提前做好配比。

（3）施工机械的计划安装

对施工将用的施工机械和机具需用量进行计划，按计划进场安装，检修和试运转。施工队应提早调整，健全和充实施工组织机构，进行特殊工种，稀缺工种的技术培训，提前预招临时工和合同工，落实专业施工队伍和外包施工队伍，同时，根据地理位置，气候条件，冬天或雨期施工也应做些适当准备。

2. 技术准备工作

技术准备工作，即通常所说的"内业"工作，它是以后施工的基础，其内容包括了：熟悉和审核图纸和编制施工组织设计。

（1）熟悉和审核图纸

①作用。

熟悉图纸是为了领会设计意图，熟悉图纸内容，明确技术要求，以便以后正确无误地进行施工。

②要点。

熟悉图纸的要点是：复核主要尺寸、标高、预制构件的位置。图纸的审核主要是指审核施工图的设计是否符合国家有关技术规范，图纸以及设计说明是否完整，齐全清楚；图纸中的尺寸、坐标、标高是否准确；一套图纸的前后是否吻合一致，有否矛盾。

在熟悉和审核图纸过程中，对发现的问题应做标记，做好记录，对设计中不明确或疑问处，立即请设计人员核查清楚。

（2）编制施工组织设计

施工组织设计是全面安排施工生产的技术经济文件，是指导施工的主要依据。

①分类。

施工组织设计根据编制对象不同，大致可以分三类：施工总设计，单位工程施工组织设计和分部工程施工作业设计。

②作用。

施工组织设计是以一个建设施工项目为编制对象，用以规划整个拟建工程施工活动的技术经济文件。它是整个项目施工任务总的战略性部署安排，主要内容包括了工程概况，施工布置与施工方案，施工总进度计划，施工准备工作及各项资源需要量计划，施工总平面图，主要技术组织措施及主要技术指标。

③单位工程施工组织设计。

A.作用。单位工程施工组织设计是以一个单位工程或一个不复杂的单项工程为对象而编制的，它是根据施工总设计的规定要求和具体实际条件对拟建的工程对象的施工工作所作的战术性部署。

B.内容。单位工程施工组织设计的内容包括：工程概况，施工方案和施工方法，施工进度计划，施工准备工作及各项资源需要计划，施工平面图，主要技术组织措施及主要经济指标。

④分部工程施工作业设计。

A.作用。分部工程施工作业设计是以某些新结构，技术复杂的或缺乏施工经验的分部工程为了对象而编制的用以指导和安排该分部工程施工作业。

B.内容。主要内容包括：施工方法，技术组织措施，主要施工机具，劳动力安排，平面布置，施工进度，它是编制月、旬作业计划的依据。

施工前准备工作带有全局性，没有这项工作工程就不能顺利开工，更不能连续施工。总之，施工前准备工作极为重要，它是组织施工的第一步，没有准备的施工或准备不充分的施工，均使以后施工难以顺利进行。

4. 施工准备

（1）施工场地布置

①总体施工平面布置原则。

A.总平面布置应现以人为本、因地制宜、节约用地、整齐划一、环保节能、永临结合；

B.尽量减少施工用地，少占农田，优先选择在建设项目用地界内，使平面布置紧凑合理；

C.合理组织运输，减少运输费用，保证了运输方便畅通；

D.施工区域划分和场地的确认应符合施工流程的要求，尽量减少专业工种和各工程之间的干扰；

E.充分利用各种永久建筑物和原有设施为施工服务，降低临时设施的费用；

F.各种生产生活设施应满足生产和生活的需要；

G.符合安全防火和劳动保护的要求。

②总体施工平面布置内容。

施工平面布置内容与工程类别有关，位置与地形地貌的复杂程度有关，一般有以下布置内容。

A.有和新建公路线路方向和位置里程及与施工项目的关系；

B.征地界内及附近已有的地上、地下建筑物及其他地面设施的位置和尺寸；

C.新建线路中线位置及里程、桥涵、隧道等结构物的位置及里程、因施工需要临时改移公路的位置；需要拆迁的建筑物；各种运输道路及临时便桥、过渡工程设施的位置；

D.取土和弃土场位置。如取土和弃土场离施工现场较远时，在平面布置上无法标注时，可用箭头指向取土和弃土场方向并加以说明；

E.主要加工场区位置：混凝土成品预制厂，混凝土搅拌站等；临时生产房屋位置，包括：办公用房，机械站、车库位置，加工厂、制备厂以及各种建筑材料、半成品、构件的仓库和生产工艺设备场所；各种材料、半成品、成品等仓库和堆放场地的位置；

F.水源、电源、配电房、变压器位置，临时给排水管线和供电、动力设施。标出既有高压线位置、水源位置（既有水井）、既有的河流位置及河道改移；

G.临时供电线（变电站）、供水、排水及其管线和临时通信线路等；

H.标出施工队伍的驻地、生活区、项目经理部的位置，标出划分的施工区段。要标出各工区的施工范围；

I.重点单位工程施工平面图布置，应根据现场条件并且结合施工方案，在布置时应给予细化。

a.确定生产生活办公区域，各区域划分应有明确界限；

b.突出主体工程施工部署，确定施工辅助设施以及主要施工机械设备的位置；

c.确定搅拌站位置及集料棚、仓库、预制构件厂、构件成品、原材料堆放位置；

d.运输主干道和引入便道位置；

e.水、电、通信管线位置；

f.场内排水、污水循环系统布置。

（2）技术资料准备

在开工前，应组织经验丰富的技术人员对设计文件进行审图和现场核对，对设计中存在的问题及时提请设计单位解决，并且做好设计技术交底。

①设计编制及报批。

完成试验室组建及临时资质申报和材料的招投标及试验、砼配合比的设计、实施性施工组织设计编制及报批。承包人接桩后，应在14天内完成导线、水准点的复测、原地面复测和加密测量工作，并做好各桩点的保护措施直到工程竣工。

②实施性施工组织设计的编制。

承包人在签订合同协议书后的一个月内完成编制实施性施工组织设计，其内容包括详细的施工组织、现场布置、施工方案、工程进度计划、资源供应计划、资金流量计划、质检体系与质量保证措施、安全体系与安全保证措施、廉政建设、文明施工和环境保护等。

③总体开工报告。

开工前应向监理工程师报批，主要内容包括：施工机构、质检体系、安全体系的建立和劳动力安排，材料、机械以及检测仪器设备进场情况，水电供应，临时设施的修建，施工方案准备情况等。

④分部或分项工程开工报告。

分部或分项工程开工前14天向监理工程师提交开工报告，其内容包括：

A.施工地段与工程名称；

B.现场负责人名单；

C.施工组织和劳动力安排；

D.材料供应、机械进场等情况；

E.材料试验及质量检查手段；

F.水电供应；临时工程的修建；

G.施工方案进度计划以及其他需要说明的事项等。

⑤实行首例工程分析制。

每个分项工程开工后，第一个成品或半成品完成后应由总监办组织施工单位进行质量状况、工艺细节分析，找出施工中的不足并加以改正，形成了正式书面报告后方可进行批量施工。

⑥各种专项技术交底的下发及培训工作。

根据施工内容分类编制专项技术交底，下发到各级管理部门及施工班组，并组织培训、学习，同时对交底内容要求必须有针对性的安全技术交底，确保施工过程的安全。

（3）基本要求

①必须做好施工前的准备工作和施工中的技术管理工作，严格执行技术规范和有关技术操作规程的规定，保证工程质量优良；

②施工过程中每道工序必须严格实行检验的制度，每道工序必须检验合格，资料签证完整后方能进入下道工序施工；

③应积极推广使用经过鉴定的新技术、新工艺、新结构、新材料、新设备，以加快实现我省公路桥梁施工现代化；

④应节约用地，少占农田，并按国家有关规定防止环境污染和破坏；

⑤应充分考虑施工过程中，对陆上和水上交通的影响，特别是主航道和陆上主要交通干线不得中断；

⑥做到文明施工，安全生产，严格遵守安全操作规程，加强了安全生产教育，建立和健全安全生产管理制度；

⑦桥梁工程交工前，应对临时辅助设施、临时用地和弃土等及时进行处理，做到工完场清。

（二）公路桥梁施工准备

1. 公路桥梁施工基本准备

（1）驻地项目部的建立（结合当地现场情况合理实际地定好驻地点）；

（2）熟悉和理解设计文件的要求和设计交底；

（3）进行现场调查和核对（包括了起终点的具体里程点、沿线地形、水源等）；

（4）在详尽的现场调查后，根据设计要求、合同、现场情况等，编制实施性施工组织设计，并按管理规定报批；

（5）建立健全质量、环保、安全管理体系和质量检测体系，并对各类施工人员进行岗位培训和技术、安全交底；

（6）控制性桩点，应进行现场交桩，并保护好交桩成果。

2. 前期测量

（1）导线测量精度要符合技术标准的规定；

（2）原有导线点不能满足施工需要时，可增设满足相应精度要求的附和导线点；

（3）同一建设项目内相邻施工段的导线要闭合，并满足同等级精度要求；

（4）控制桩点要做好栓桩或引桩，并且准确标记和记录，保证桩点如受损坏后有恢复的准确数据；

（5）对可能受施工影响的导线点，施工前应加以固定或改移，从开工至竣工验收的时间段内应保证其精度。

3．水准点复测与加密

（1）水准点精度应符合技术标准的规定；

（2）沿路线每500m应设有一个水准点。在结构物附近、高填深挖路段、工程量集中及地形复杂路段，要增设水准点。临时水准点必须符合相应等级的精度要求，并且与相邻水准点闭合；

（3）当水准点有可能受到施工影响时，应进行处理。

4．中线放样

（1）路基开工前，要进行全段中线放样并固定路线主要控制桩，高速公路、一级公路宜采用坐标法进行测量放样；

（2）中线放样时，要注意路线中线与结构物中心、相邻施工段的中线闭合，发现问题要及时查明原因，进行处理；

（3）设计图纸和实际放样不符时，必须查明原因后进行处理。

5．路基放样

（1）路基施工前，要对原地面进行复测，核对或补充横断面，发现问题时，应进行处理；

（2）路基施工前，要设置标识桩，对于路基用地界、路堤坡脚、路堑坡顶、取土坑、护坡道、弃土堆等的具体位置标识清楚；

（3）保护好所有控制桩点，要及时恢复被破坏的桩点，并做好记录。

6．每项测量成果必须进行复核，原始记录要整理好并存档

7．试验

（1）路基施工前，按照有关规定和要求，建立驻地试验室；

（2）路基施工前，要对路基基底土进行相关试验。每千米至少取2个点；土质变大时，视具体情况增加取样点数；

（3）要及时对来源不同、性质不同的拟作为路堤填料的材料进行复查和取样。试验土的试验项目包括：天然含水量、液限、塑限、标准击实试验、CBR试验等，必要时应颗粒分析、比重、有机质含量、易溶盐含量、冻胀与膨胀量等试验；

（4）如使用特殊材料作为填料时，应按相关标准做相应试验，必要时还应进行环境影响评估，经批准后才能使用。

8．场地清理

（1）公路用地范围内原有构造物，要根据设计要求进行处理。

（2）要对路幅范围内、取土坑的原地面表层腐殖土、表土、草皮等进行清理，填地段还应按设计要求整平压实。清出的表层土宜充分利用。

9. 试验路段

（1）一般情况下，路基开工前要进行试验路段施工；

（2）试验路段应选择在地质条件、断面形式等工程特点具有代表性的地段，路段度不宜小于100m。（在试验段起终点增加10m到20m长富余的工作面）；

（3）试验路段应选择在地质条件及断面形式等工程特点具有代表性的地段；

（4）根据调查后编写试验路段的开工报告报批（附拟定的施工组织设计方案、施工工艺等）；

（5）路堤试验路段施工包括以下内容：

①填料试验、检测报告等；

②压实工艺主要参数：机械组合；压实机械规格、松铺厚度、碾压遍数、碾压速度；最佳含水量及碾压时含水量允许偏差等；

③过程质量控制方法、指标；

④质量评价指标、标准；

⑤优化后的施工组织方案及工艺；

⑥原始记录、过程记录；

⑦对施工设计图的修改建议等。

（6）根据试验路段施工所得到的成果进行具体的编制试验路段的总结报告报批（附路基施工组织设计方案以及施工工艺等）；

（7）试验路段总报告审批后再进行全线路基单位工程的开工报告报批，接着编制路基分部工程、分项工程的开工报告报批。

路基施工前先做好必要的临时施工便道和社会交通便道工作，保证社会交通车辆及施工车辆顺畅。

10. 路基施工

（1）根据路基试验路段得到的成果来指导全线的路基施工；

（2）路基填筑分层填筑时，每层压实成型后请现场监理报验合格后再填筑上一层；

（3）具体施工步骤要严格按照经审批的分部、分项开工报告的施工组织设计方案进行；

（4）路基施工每完成一个分项工程时要进行分项验收工作，保证了每项指标均符合《公路工程质量检验评定标准》的要求。

二、公路桥梁养护管理

随着社会的发展和人民生活水平的不断地提高，公路工程建设的发展也进入一个新的层面，为了适应交通流量的不断增加高等级公路的高速发展，桥梁作为公路的心脏也显得日益重要，桥梁养护和管理凸显重要。为了确保行人行车的安全，桥梁近几年塌垮事件时有发生，有必要对桥梁日常养护中出现的病害进行成因分析。归纳客观和主观原因，摒弃养路不养桥恶习，加大桥梁养护维修力度，保证行车安全，同时采取正确技术措施，延长使用年限，有计划地对桥梁进行改善，提高了它的使用质量和状态。

（一）桥梁病害成因分析

随着交通量的日益增大，部分桥的承载能力已经不能满足新的荷载要求，同时加快了桥梁老化的步伐。

1. 负荷超载

有些桥梁修建质量较低，由于早期桥梁荷载等级要求低，同时由于资金短缺降低了设计及施工标准，加上技术管理薄弱施工质量不能保证这些桥梁的使用寿命。桥梁的超载现象是客观存在的：

一是早期修建的老桥超龄超负载运营。

二是违规超载车辆的存在。大量的交通流量和超载车辆使桥梁处于疲劳状况加剧损坏，甚至会出现一些超载引发的结构破坏事故。

2. 养护资金短缺

桥梁养护资金短缺养路不养桥、重建不重养，桥梁失养现象比较普遍，桥面不平整，引道路面与桥衔接处不平整导致桥头跳车影响车速增加了桥梁构件疲劳，长期下去会影响桥梁使用寿命。桥梁伸缩缝破损，各部件出现裂缝、空洞、砼剥落、露筋等病害，在日常养护中不能及时修补处理最后病害逐渐扩大成为危桥。

3. 缺少桥隧检测设备

资金投入不足缺少桥隧检测设备，使经常性检查流于形式，无法准确发现与掌握桥梁的技术状况。

4. 专业技术参差不齐

专业技术及业务能力参差不齐，不能准确描述桥梁的病害特征，也不能准确地对桥梁病害的技术状况进行判断，对存在隐患的桥梁不能及时采用养护管理措施延缓了处治时间。

5. 人类活动影响较大

人类活动的影响也较大，路政执法力度不够，比如桥位上下河道挖砂取石造成河床下切桥梁基础外露，改变河道水流形式造成局部冲刷，以及在桥梁下部堆积易燃物，一旦失火对桥梁结构将会造成很大损失。

（二） 加强桥梁养护管理的措施或方法

1. 加强桥梁日常养护

加强桥梁日常养护，严格桥梁检查制度。为了系统地掌握桥梁技术状况及早发现桥梁的缺陷和异常，进而提出合理的养护措施。

（1）经常性检查

各段必须每月对辖区桥梁进行一次经常性检查，经常性检查除按有关规定检查外，还要对桥梁周边高危边坡及桥梁基础持力层等安全隐患进行检查，对检查发现的问题做好病害成因分析及时上报上级主管部门。定期检查应按照部颁标准规定的频率进行检查（三年一次，特殊结构桥梁一年一次）。

（2）三、四、五类桥梁加大检查频率

对于三、四、五类桥梁应加大检查频率，对定期检查中难以判断损坏原因及程度的桥梁，四、五类桥梁应及时采取临时交通管制措施并上报省公路局安排特殊检查，同时进行桥梁监测，做好监测点的布设，详细记录桥梁病害的发展变化。为准确、及时掌握桥梁的技术状况需配备望远镜、回弹仪、超声波测试仪、钢筋锈蚀测量仪以及裂缝刻度放大仪等常规检查设备。

2. 加强日常养护管理

加强桥梁日常养护管理，实行养护"链条式"的目标责任—管理制度，及时处治病害确保公路桥梁的安全完好。

（1）依照评定的各类桥梁采用不同的养护措施

一类桥梁进行保养维护；

二类桥梁进行小修或保养；

三类桥梁进行中修；

四类桥梁进行大修或改建并及时进行交通管制；

五类桥梁进行改建或重建并及时关闭交通。

加固处治后的桥梁必须恢复至一、二类，对已加固改建的桥梁要及时销号。对不能及时处治的桥梁病害立即设立警示标志，明确交通管制措施，安排了专人监测桥梁病害，及时向上级桥梁养护工程师报告获取技术支持确保桥梁运营安全。

（2）落实"三加二"制度

桥梁安全管理要落实"三加二"制度。即基层县段针对每一座桥梁要落实一名行政领导，一名桥梁工程师，一名桥梁巡查路政员三个责任人；每个基层道班要落实一名班长，一名养护工人两个责任人。市局与各县段签订桥梁安全"三加二"责任书，按规范及相关要求逐条落实巡检查责任，实行了六级责任制并层层落实管理责任建立责任档案。把桥梁养护目标、养护责任、责任追究三项内容细化、量化，分解到每个单位、每个人、

每个环节形成目标逐级细化，责任层层深化，责任追究逐级明朗化的"链条式"责任管理制度。

（3）加强应急处的管理

加强公路桥梁应急处的管理，为应对四和五类桥梁损毁等突发事件的发生，成立应急处理工作领导小组和抢险突击队，制定"预防和处理公路桥梁事故突发事件应急预案和应急交通组织方案"，明确信息上报分级响应交通保障与恢复、事故调查等工作职责和程序。

①做好应对桥梁突发事件的准备。

切实做好应对桥梁突发事件的人员、物资、资金保障工作，做好应急演练，积累经验确保应急工作正常有序进行。实行危桥病隧"动态报告"制度，特别是在汛期应每天逐级报告 24 小时内的运营安全情况。

②加强交通管制。

加强交通管制，落实桥梁的管制安全，确保桥梁运营安全；对一、二类桥梁报设计荷载标准限制通行；对三类桥梁按设计荷载标准降一级限制通行；对四类桥梁采取"单车、居中、限速、匀速、限宽"等综合措施，设计荷载降一级限制通行，并落实专人现场管制，对五类桥梁必须封闭，并制定绕行路线，交通管制应急预案等综合措施及标志标牌；同时加强信息报送，及时将有关桥梁管制措施路线分流方案通行情况等上报省局路网调度中心，通过媒体、报纸等渠道向社会公布路况信息，保证了公路安全畅通。

③路线分流。

将路线分流方案通行情况等上报省局路网调度中心，通过媒体、报纸等渠道向社会公布路况信息，保证公路安全畅通。

（4）加强桥梁治超管理

加强特殊结构桥梁的安全检测和预警；严格按要求实施危桥交通管制，要参照路产档案，准确掌握桥梁技术状况，对已经确定为三、四、五类的桥梁要根据桥梁检测单位和养护部门提供的管制措施严格监管，要加大治超流动检测和巡查力度，禁止超出桥梁承载能力的车辆通过桥梁。

①禁止采砂。

禁止桥位处河道上下游开山采砂，使河道变窄或增大桥梁基础冲刷桥下范围内的违章用地等人类活动；加大宣传力度，联合当地政府媒体、公安交警部门定期对超载超限车辆以及河道挖砂取石等活动进行管理。

②宣传桥梁的安全隐患

对桥梁产生的安全隐患进行大力宣传，提高人们的安全意识，同时要加强特殊结构桥梁的安全监测评估制度和预警制度，对于桥梁的重要受力构件，委托有资质的桥梁检测单位每年进行一次定期监测，及时掌握这些重要构件在外部荷载作用下的技术状况，若存在重大安全隐患，应立即发布预警信息采取相关的应急措施，启动应急预案确保桥梁安全。

（5）认真落实桥梁工程师制度

认真落实桥梁工程师制度，确保专职桥梁养护工程师到位，加强业务培训，提高桥梁养护人员和桥梁工程师的整体素质，迅速准确掌握了解新工艺、新技术，提高养护管理水平，及时对桥梁养护和桥梁进行经常性定期检查，及时准确全面的掌握桥梁技术状况，保障桥梁安全通行。

（6）实施动态管理

①"一桥一档"。

完善管理档案，实施动态管理，提高桥梁养护管理科学化，规范化程度，由桥梁工程师牵头组织技术过硬，经验多的专业技术人员对桥梁进行全面细致的检查，按照"一桥一档"的要求，填写计算桥梁的技术等级应用到桥梁养护管理系统，建立健全公路桥梁技术档案，并根据经常性和定期检查结果及时更新桥梁数据库，保证公路桥梁技术档案真实完整，实现电子化管理，为制定相应的养护维修加固措施提供科学依据。

②"预防为主、防治结合"。

为了加强公路桥梁养护管理工作，保持桥梁经常处于正常使用状态，保证车辆畅通安全。首先在桥梁养护工作中必须按照"预防为主、防治结合"的原则，以桥面养护为中心，以承重部件为重点，加强全面养护，推广应用先进的养护技术和科学的管理办法，改善养护生产，提高了养护水平，大力推广和发展公路桥梁养护机械和新工艺、新技术；其次要建立健全公路桥梁养护"链条式"责任目标。

③周期性检查。

管理制度以及公路桥梁的检查评定制度对公路桥梁进行周期性检查，系统地掌握其技术状况，及时发现缺损和相关环境的变化。按桥梁检查结果对于桥梁技术状况进行分类评定，找准病害成因，制定相应的养护处理对策；最后要做好建立公路桥梁管理系统和公路桥梁数据库，实施桥梁病害全方位监控，实行科学决策，建立健全特大、特殊结构桥梁的应急保畅预警等预防决策系统从而确保桥梁的安全畅通。

第三节　桥梁养护与维修的目的及意义

一、城市桥梁管理与养护的目的和意义

城市桥梁作为城市路网的重要组成部分，已被越来越多的城市管理者所重视，尤其在需要跨越江河、沟谷以扩张的城市和需要立体交通以缓解交通拥堵的城市表现更为突

出。重庆被称为"山城""江城"，因其在桥梁建设方面的突出成就而获得"中国桥都"美誉，"出门见桥"已成为老百姓的习惯。大量建设桥梁，目的是改善交通，促进社会经济发展和人们生活水平提高。由于桥梁是有设计使用寿命的，使用过程中不断产生的病害会缩短其使用寿命，所以必须开展了城市桥梁管理与养护，不断维持和恢复桥梁健康状态，从而确保桥梁使用寿命。

城市桥梁管理与养护的目的和意义在于通过专门的桥梁管理与养护机构开展专业的桥梁管理与养护工作，确保桥梁结构和附属设施、交通安全设施等完好，维持正常使用功能，保障桥梁安全畅通运营，维持优美桥梁景观，发挥城市桥梁对促进社会经济、生活发展应有的作用。

二、城市桥梁管理与养护的基本要求

城市桥梁管理工作主要体现在资产管理、安全管理、运营管理、环境管理和养护工程管理等方面；城市桥梁养护工作主要体现在检测评估和养护维修方面，城市桥梁养护工作是城市桥梁有效管理的基础。

（一）城市桥梁管理的基本要求

要有效开展城市桥梁管理工作，必须做到"十个到位"，这也是对城市桥梁管理的基本要求。

1. 认识到位

即通过对城市桥梁管理与养护相关现行有效法规、政策、规范、制度等的了解、学习，建立和强化桥梁管理与养护意识，进而自觉主动按照规定规范开展桥梁管理和养护工作，并持续改进、创新。

2. 组织到位

即要根据桥梁管理与养护的需要设置有效的管理机构，明确必要岗位和岗位职责，确保全部桥梁管理与养护工作有人去做，有人负责。按照主要工作内容，需要设置与资产管理、安全管理、运营管理、环境管理和养护工程管理等职能相关的部门。

3. 人才到位

即根据各岗位的任职条件，选配满足要求的技术、管理人才，确保能够胜任岗位工作。根据城市桥梁管理与养护的特点，一般需要配置资产、工程、机电、安全、合同等相关专业的管理和技术人员，且人员素质足够胜任本岗位工作。根据国内城市桥梁管理与养护人才资源现状，结合企业人才流动态势，对企业团队建设要采取人才引进和人才培养相结合的策略，因此，加强企业人才培养对解决人才到位至关重要。

4. 条件到位

即根据城市桥梁管理与养护工作内容要求，设置或建立正常开展这些工作所必需的到达、观察、检查、监测等条件，确保工作质量。要完善或设置墩、梁、拱检查通道，确保需要检查的构件检查人员能够到达，确实无法近距离到达的，要配置观察设备。要完善或设置变形观测点。

5. 经费到位

即正常开展城市桥梁管理和养护工作所必需的经费要到位。

6. 信息到位

即要建立与城市桥梁安全、技术状态相关信息的收集、沟通、处置等制度和渠道，确保信息及时发现、顺畅沟通、及时处置，以最大限度地保障桥梁结构、设施设备、通行车辆及人员的生命和财产安全。

7. 规范到位

即要在满足现行规范和公司管理要求的基础上，建立与城市桥梁管理和养护工作相适应的管理制度和标准化工作流程，确保桥梁管理与养护工作有序有效开展。

8. 专业到位

即承担城市桥梁检测评估、方案设计与养护维修任务的必须是专业单位和专业人员。

9. 技术到位

即采用的桥梁管理方法必须符合行业特点，桥梁养护维修技术必须有利于桥梁结构安全和耐久性要求，同时在保证质量、进度和安全方面具有一定的先进性。

10. 监督到位

即要建立城市桥梁管理与养护工作开展情况的监督评价机制，确保了各项工作认真落实到位。

（二）城市桥梁养护的基本要求

城市桥梁养护的基本要求就是做到"十个好"。

1. 桥梁移交

城市桥梁接收养护时，不管是新建桥梁还是运营桥梁，都必须做好移交工作。

（1）对于新建桥梁，桥梁工程质量应符合现行国家、行业和地方标准的相关规定，外观应完好，竣工文件应齐全，且应在进行功能性检测后，方可接管。新建桥梁应设立永久控制监测点。

（2）对于运营桥梁，外观应完好（已进行缺陷维修和病害整治），竣工文件和养护档案应齐全，且应在进行功能性检测后，方可接管。运营桥梁应当设立永久控制监测点。

2. 任务明确

城市桥梁的养护应包括城市桥梁及其附属设施的检测评估、养护工程、安全防护及建立档案资料。

3. 养护对策

城市桥梁应根据养护类别、养护等级和技术状况级别进行养护，分别确定养护对策。

（1）管理单位要根据所管桥梁在道路系统中的地位，逐座确定了养护类别。城市桥梁养护类别宜分为5类：

Ⅰ类养护——单孔跨径大于100m的桥梁及特殊结构的桥梁；

Ⅱ类养护——城市快速路上的桥梁；

Ⅲ类养护——城市主干路上的桥梁；

Ⅳ类养护——城市次干路上的桥梁；

Ⅴ类养护城市支路和街坊路上的桥梁。

（2）管理单位要根据所管桥梁在城市中的重要性，逐座确定养护等级。城市桥梁养护等级划分应符合下列规定：

①Ⅰ等养护的城市桥梁应为Ⅰ～Ⅲ类养护的城市桥梁，以及位于集会中心、繁华地区、重要生产科研区及游览地区的Ⅳ、Ⅴ类养护的城市桥梁，应进行重点养护。

②Ⅱ等养护的城市桥梁应为集会点、商业区及旅游线路或市区之间的联络线、主要地区或重点企业所在区域的Ⅳ、Ⅴ类养护的城市桥梁，应有计划地进行养护。

③Ⅲ等养护的城市桥梁应为除Ⅰ、Ⅱ等养护的城市桥梁以外的其他桥梁，可进行一般养护。

（3）城市桥梁技术状况应根据完好状态、结构状况等级综合评定，针对于不同养护类别和技术状况等级划分确定各桥养护对策。每进行一次综合评定后，要及时确定养护对策并开展养护工作。

（4）城市桥梁养护应按养护类别、养护等级配备相应的养护设备、检测设备及专业养护技术人员。

4. 检查评估

城市桥梁应按照相关规范和标准要求，及时组织检查评估，并形成报告归档。建立有健康监测系统的，应定期出具监测报告并归档。当进行定期检查和特殊检测时，应结合既有检查、监测和养护信息，对于桥梁完好状态和结构状况进行综合评定，确定养护对策。

（1）城市桥梁管养单位应对所管桥梁根据养护类别、养护等级和检查评估综合评定结论，确定各桥经常性检查、定期检查、特殊检测周期及频率并按计划实施。

（2）对Ⅰ类养护的城市桥梁，必须设专人负责经常性检查，应根据桥梁特点定期进行结构检测。有条件的可以采用自动化监测系统设点控制，应随时掌握桥梁技术状况和中长期发展趋势。

5. 养护方案

城市桥梁养护方案应根据检查评估资料由具有相应资质的单位进行养护方案设计，重要结构维修加固方案经过专家评审后方可实施。

6. 养护施工

（1）城市桥梁养护施工质量应符合现行行业标准和地方标准的规定。

（2）城市桥梁的养护工程应采取有效措施，符合国家对环境保护和资源节约的要求。

（3）城市桥梁养护作业安全防护应按国家现行安全生产的标准执行。

7. 运行条件

（1）城市桥梁应安全、完好、整洁，不得擅自在桥梁结构上钻孔或设置其他设施；

（2）夜间照明应符合国家现行有关标准的要求；

（3）各种指示标志应齐全、清晰；

（4）人行天桥、立交桥、高架桥、通航河道桥梁的桥下和隧道洞口应设限高交通标志，严禁装载高度超过桥梁、隧道限高标志所示数值的车辆通行，通行机动车的城市桥梁应设限载牌，超重车辆过桥应符合规定；

（5）城市桥梁外装饰和绿化不得影响桥梁检修保养和桥梁耐久性，不得危及桥梁、车辆、行人的安全，绿化不得覆盖桥梁梁体；

（6）在特殊气候条件下，悬索桥和斜拉桥的通行限制应符合规定。

8. 技术保障

当改变城市桥梁承载设计时，应经设计单位认可。

（1）在城市桥梁上增加构筑物、风雨棚、声屏障、盆栽绿化、广告牌、管线或交通标志牌等时，必须满足了桥梁安全技术要求。

（2）当改变城市桥梁设计车道划分时，应经设计单位验算，满足桥梁安全技术要求后方可实施。

（3）列入文物保护范围内的城市桥梁的养护，除应执行本标准外，还应符合文物部门的有关规定。

9. 应急预防

城市桥梁养护应制定各类城市桥梁突发事件以及防治自然灾害应急预案，组织建立应急队伍，配备应急物资，并应定期演练。

10. 档案信息

城市桥梁养护应建立养护档案，并应符合下列规定：

（1）城市桥梁养护档案应以每座桥梁为单位建档。

（2）养护档案应包括：技术资料，施工竣工资料，养护文件，巡查、检测、监测、测试资料，地下构筑物、桥上架设管线等技术文件以及相关资料。

（3）养护档案管理工作应逐步实现信息化，实现城市桥梁养护数据的动态更新和管理。

三、城市桥梁管理与养护的目标

总体来讲,城市桥梁管理与养护的目标是确保在设计使用寿命期间安全、畅通,即"平安路桥、畅通路桥",力争实现"美丽路桥、智慧路桥"。

(一)"平安路桥、畅通路桥"目标,可以通过以下几方面实现:

1.维持桥梁设计的完好状态和结构状况,确保承载能力和使用功能。

2.维持桥梁上和桥梁检查、监测相关设施的功能,确保正常使用。

3.维持与桥梁安全相关的附属、辅助设施的功能,确保正常使用。

4.维持与桥梁安全相关的非设施措施的正常运转,确保桥梁处于安全管理的受控状态。

5.维持桥梁上交通安全设施的完好和正常运转,确保了行人、行车处于受控状态。

(二)"美丽路桥、智慧路桥"目标,可以通过以下几方面实现:

1.改善或维持与桥梁景观相关的设施、设备的功能及装饰、绿化等,确保处于正常状态。

2.与时俱进,用现代化的科技手段不断推进桥梁智能管理、智能检测、智能交通,实现实时掌握桥梁技术状况、安全状况、环境状况和交通状况并且针对存在的问题实时采取相应有效措施的目标。

第七章 工程项目管理

第一节 现代工程项目管理

一、工程项目管理概述

工程项目管理是指运用系统的理论和方法，对于建设工程项目进行的计划、组织、指挥、协调和控制等专业化活动。

（一）相关概念

1. 工程项目

工程项目又称为建设项目、基本建设项目、投资建设项目或者建设工程项目。《建设工程项目管理规范》（GB/T 50326—2017）根据工程项目的特征将其界定为：为完成依法立项的新建、扩建、改建等各类工程而进行的、有起止日期的、达到规范要求的一组相互关联的受控活动，包括了策划、勘察、设计、采购、施工、试运行、竣工验收和考核评价等。也有学者认为，工程项目是以一个工程技术系统建设和（或）运行为任务的过程。

2. 工程项目的基本特征

任何工程项目作为总体来说是单一性的，不重复的，即使形式极为相似的道路工程，仍然存在地质、水文和路基承载力的变化，及材料、建造时间、项目组织等方面的不同。但其又具有共性，主要包括四个方面的基本特征。

特征一：总是受时间、资金和资源的约束。它不像一般的工业产品，可以拿到市场交换，它只能在现场根据现有的条件进行作业。所以，通过投标、竞争、定约、成交来选择设计、施工单位，就成为建设工程一种特有的方式，也就是事先对这项工程项目的工期、造价和质量提出要求，并要求在实施过程中对工程项目质量进行必要的监督管理。

特征二：经历着从提出项目建议书、决策、实施、使用到终止使用等过程。这个过程也可分解成几个阶段性周期，如对于业主来说就是全周期，对于施工单位来说，则从工程项目开工建造至交付使用算是一个周期，也称为工期。

特征三：从设计、施工到固定设备安装，每一个步骤都需要很多性质完全不同的工种。作为一项系列工程，只有安排计划、协作配合，才能进行现场施工作业。

特征四：建成后都具有特定的使用功能，以满足不同的需求，因而其建设的目的是明确的。这个目的在项目策划阶段就应明确，并且在以后的实施阶段逐步实现。

3. 现代工程项目管理

工程项目管理是运用系统的理论和方法，对建设工程项目进行的计划、组织、指挥、协调和控制等专业化活动。所谓现代项目管理是指运用各种知识、技能、方法与工具，为满足或超越项目有关各方对项目的要求与期望所开展的各种管理活动。

（二）现代工程项目的管理模式

1. 工程项目管理的组织

工程项目管理组织是实施或参与项目管理工作，且有明确的职责、权限和相互关系的人员和设施的集合，包括发包人、承包人、分包人与其他有关单位为实现项目管理目标而建立的管理组织。

2. 工程项目管理周期及主要内容

项目管理周期是指建设单位自有投资意向开始至项目建设完毕并投入使用运营管理的整个寿命周期。这个周期包括启动阶段、制订计划阶段、建设阶段和收尾阶段。

启动阶段工作包括评估，投资机会选择与决策分析，发起项目，授权启动项目，任命项目经理，组建项目团队，确定项目利益相关者。

制订计划阶段工作包括制订项目计划，确定项目范围，配置项目人力资源，制订项目风险管理计划，确定项目概预算，制订项目质量保证计划，确定项目沟通计划，制订采购计划。深入研究场址地质状况，获取土地使用权；拆迁、安置、补偿；规划设计及建设方案制订；施工现场的初步平整；安排资金及签订有关委托合作协议。

建设阶段工作主要包括实施项目，跟踪项目，控制项目。

收尾阶段工作包括项目移交评审，项目合同收尾，项目行政收尾；考核建成后的项目是否达到或超过原先提出的项目使用功能和效益。

3. 现代工程项目管理模式

现代工程项目管理模式是由九个专项管理内容构成的一个整体。这个整体又分成三个子系统：一是由项目造价、工期和质量管理构成的项目目标管理子系统；二是由项目人力资源管理、采购管理与沟通管理构成的项目资源管理子系统；三是由项目范围、风险和集成管理构成的项目综合管理子系统。其中，目标管理子系统是项目管理的核心和保障对象，资源管理子系统是项目资源保障和配置的手段，综合管理子系统是项目风险和集成管理的工具。正是这种有机构成和科学配置使得现代项目管理模式的管理质量和效果都远远超越了传统项目管理模式。

因此，现代项目管理最重要的特征就是项目范围、风险与集成这三项综合性的专项管理。

二、工程项目范围管理

工程项目范围管理应以确定并完成项目目标为根本目的，通过明确项目有关各方的职责界线，以保证项目管理工作的充分性和有效性。

（一）工程项目范围的确定

1. 工程项目范围的定义

工程项目范围是指项目各过程的总和，或指组织为成功完成工程项目并实现工程项目各项目标所必须完成的各项活动。一般工程项目的范围既包括产品范围，又包括项目范围。

产品范围，指在项目的可交付成果（即产品或者服务）中所具有的性质和功能，是指项目的对象系统的范围，如完成的单位工程、单项工程、建设项目，或它们的特征、功能及其测量评价结果的具体化。

项目范围，是指为了实现项目的目标，完成最终可交付工程而必须完成的所有工作的总和，即项目的行为系统的范围。项目范围也称工作范围，即为使客户满意而必须做的所有工作，它包括项目的最终产品或服务，以及为实现该产品或服务所必须做的各项具体工作。

由此可见，工程项目范围的定义要以组成它的所有产品或服务范围的定义为基础。一般来讲，产品范围的定义就是对产品要求的衡量，项目范围的定义在一定程度上就是产生项目计划的基础。因此两种范围的定义要紧密结合，以保证项目结果能够最终交付一个或一系列满足特别要求的产品。

反之，如果确定不了项目范围，项目就无法启动，对于项目的计划、进度、工期等的管理也就无从谈起，意外的变更也会不可避免地出现，项目的进程和节奏就会被打断，进而产生返工、窝工、误工、费用上升甚至项目不能完成等一系列问题。

2. 项目范围管理的对象

项目范围管理的对象应包括为完成项目所必需的专业工作和管理工作。其中，专业工作是指专业设计、施工和供应等工作；管理工作是指为实现项目目标所必需的预测、决策、计划和控制工作。此外，还可以分为各项职能管理工作，如进度管理、质量管理、合同管理、资源管理和信息管理等。

3. 确定项目范围的依据

从过程上来讲，项目范围管理主要包括启动、范围计划、范围定义、范围核实、范围的变更与控制等内容。其首要任务是界定项目包含且只包含所有需要完成的工作，而所做的工作又都是为了实现项目（或项目一部分）的目标。

因此，项目范围的确定应在项目管理实施前，相关组织应明确界定项目的范围，提供项目范围说明文件，并将其作为进行项目设计、计划、实施和评价的依据。确定项目范围依据下列资料：项目目标的定义或范围说明文件；环境条件调查资料；项目的限制条件和制约因素；同类项目的相关资料。

在上述提出的项目计划文件、设计文件、招标文件和投标文件中通常包括对工程项目范围的说明。此外，在项目实施过程中，项目范围会随着项目目标的调整、环境的改变、计划的调整而变更。这种变更将导致工期、成本、质量、安全和资源供应的调整。所以，建设工程项目在编制计划、进行质量安全风险分析时，应预测项目范围变更的可能性及其影响的程度，并且制定相应的对策措施。

（二）工程项目结构分析

工程项目结构分析内容包括了项目分解、工作单元定义和工作界面分析。首先，项目应逐层分解至工作单元，形成树状结构图或项目工作任务表，进行编码。这项分解要求内容完整，不重复，不遗漏；每一个工作单元只能从属于一个上层单元；明确每个工作单元的工作内容和责任者，并要求工作单元之间的界面清晰；从而使项目分解有利于项目实施和管理，便于考核评价。

其次，工作单元是项目分解结果的最小单位，根据其定义，工作单元应包括工作范围、质量安全要求、费用预算、时间安排、资源要求和组织责任等内容。总而言之，项目分解的目的是落实职责、实施、核算和信息收集等工作。

而工作界面分析应满足以下三方面的要求：第一，工作单元之间的接口合理，必要时对工作界面进行书面说明；第二，在项目的设计、计划和实施中，注意界面之间的联系和制约；第三，在项目的实施中，应注意变更对界面的影响。由于大量矛盾、争执、损失都发生在工作界面上，加上界面的类型很多，如果目标系统界面、技术系统界面、行为系统界面、组织系统界面及环境系统界面等，因此，对上述这些界面都应进行精心的设计。

（三）工程项目范围控制

1. 项目范围的变更识别与修正

项目组织按照项目的范围和项目分解结构文件进行项目的范围控制，以保证项目系统的完备性。通常，在项目实施过程中需经常检查和记录项目实施状况，对于项目任务的范围（如数量）、标准（如质量）和工作内容等的变化情况进行控制。

项目范围的变化往往涉及目标变更、设计变更、实施过程变更等，实施项目范围的变更控制，也就是指在项目生命周期的整个过程中，需要对变更进行识别、评价和管理，对已批准的工作分解结构所规定的项目范围进行修正。项目范围变更应符合以下要求：一是项目范围变更要有严格的审批程序和手续；二是范围变更后应调整相关的计划；三是对重大的项目范围变更，应出具影响报告。

2. 项目范围变更控制的任务

一般情况下，项目的范围计划不可能不出现任何改变，所以，变更是必然的，关键是要正确地认识范围变更，这样才能适应不断变化的环境。从另外一个角度看，它为项目管理者提供了一次重新计划项目、纠正不足和改进管理的机会。但是，变更一旦失去控制，就会不断地产生意料之外的风险。所以，项目范围变更控制的主要任务有三项：一是对造成范围变化的因素施加影响，以保证变化是有益的；二是判断范围变化已经发生；三是当实际变化发生时对变化进行管理。

同时，范围变更控制必须与其他控制过程，比如时间控制、成本控制、质量控制等结合起来，并制订范围变更的控制计划，规范范围变更控制的流程。

第二节 现代工程项目总承包管理

一、工程项目总承包概述

（一）有关工程总承包的政策解读

2016年，住房和城乡建设部出台了《关于进一步推进工程总承包发展的若干意见》（以下简称《若干意见》）。《若干意见》以问题为导向，针对工程总承包模式、工程总承包企业的基本条件、工程总承包项目经理的基本要求、转包以及违法分包界限、工程总承包企业的义务和责任、工程总承包项目的监管手续办理条件等关键环节明确了政策要求，提出了意见和措施。《若干意见》的主要政策内容包括以下五个方面：

一是倡导优先采用工程总承包模式。《若干意见》明确，建设单位在选择建设项目、组织实施方式时，应当本着质量可靠、效率优先的原则，优先采用工程总承包模式。政府投资项目和装配式建筑应当积极采用工程总承包模式，并根据项目特点，在可行性研究、方案设计或者初步设计完成后，按照确定的建设规模、建设标准、投资限额、工程质量和进度要求等进行工程总承包项目发包。

二是明确工程总承包企业的基本条件和工程总承包经理的基本要求。根据《若干意见》，建设单位可以依法采用招标或直接发包的方式选择工程总承包企业。工程总承包企业应当具有与工程规模相适应的工程设计资质或者施工资质，相应的财务、风险承担能力，同时具有相应的组织机构、项目管理体系、项目管理专业人员和工程业绩。工程总承包项目经理应当取得工程建设类注册执业资格或者高级专业技术职称，担任过工程总承包项目经理、设计项目负责人或者施工项目经理，熟悉工程建设相关法律法规和标准，同时具有相应工程业绩。

三是明晰转包和违法分包界限。《若干意见》对转包和违法分包进行了界定。《若干意见》明确，工程总承包企业可以在其资质证书许可的工程项目范围内自行实施设计和施工，也可以根据合同约定或者经建设单位同意，直接将工程项目的设计或者施工业务择优分包给具有相应资质的企业。同时，工程总承包企业应当加强对分包的管理，不得将工程总承包项目转包，也不得将工程总承包项目中设计和施工业务一并或分别分包给其他单位。工程总承包企业自行实施设计的，不得将工程总承包项目工程主体部分的设计业务分包给其他单位。工程总承包企业自行实施施工的，不得将工程总承包项目工程主体结构的施工业务分包给其他单位。

四是工程总承包企业全面负责项目质量和安全。《若干意见》明确了工程总承包企业的义务和责任：工程总承包企业对工程总承包项目的质量和安全全面负责；工程总承包企业按照合同约定对建设单位负责，分包企业按照分包合同的约定对于工程总承包企业负责；工程分包不能免除工程总承包企业的合同义务和法律责任，工程总承包企业和分包企业就分包工程对建设单位承担连带责任。

五是明确监管手续办理条件。《若干意见》要求，按照相关法规规定进行施工图设计文件审查的工程总承包项目，可以根据实际情况按照单体工程进行施工图设计文件审查。住房和城乡建设主管部门可以根据工程总承包合同以及分包合同确定的设计、施工企业，依法办理建设工程质量、安全监督和施工许可等相关手续。工程总承包企业自行实施工程总承包项目施工的，应当依法取得安全生产许可证；将工程总承包项目中的施工业务依法分包给具有相应资质的施工企业完成的，施工企业应当依法取得安全生产许可证。工程总承包企业应当组织分包企业配合建设单位完成工程竣工验收，签署工程质量保修书。

（二）工程总承包的几种形式

1. 工程总承包的模式

工程总承包是指工程总承包企业受业主委托，按照合同约定对工程建设项目的设计、采购、施工、试运行等实行全过程或若干阶段的承包。建设单位一般采用设计—采购—施工（E-P-C）/交钥匙总承包、设计—施工总承包（D-B）、设计—采购总承包（E-P）、采购—施工总承包（P-C）等工程总承包方式。建设单位也可以根据项目特点和实际需要，按照风险合理分担原则和承包工作内容采用了其他工程总承包模式。

城市道路建设作为政府投资工程应完善建设管理模式，推行工程总承包制，完善招标投标、施工许可、竣工验收等相关配套制度，并按照总承包总负责的原则，落实工程总承包单位在工程质量安全、进度控制、成本管理等方面的责任。

2. 工程总承包的优势

工程总承包是工程建设项目管理的新模式，它的优点是项目的最终价格和工期具有更大的确定性，业主承担的风险大大减小，能有效缩短项目建设周期。具体讲，如果把设计、采购、施工三者有机结合在一起，则能较好地回避设计与施工分离的矛盾，使其目标一致、行动一致。同时也可以有效地解决设计与施工的衔接问题，减少采购与施工之间的中间环节，最大限度达到缩短工期、节约投资的目的。

这种新模式优势明显，同时它对总承包商的能力要求也非常高，可以肯定，它将是企业项目管理能力、工程技术人才能力、协调沟通能力、融资能力的综合体现。因此，为了保障项目顺利实施，提高投资效益，须采用了现代项目控制与管理技术，对项目建设的安全、质量、进度、费用、合同和信息等进行全面控制与管理。

3. 项目总承包的发包形式

根据《若干意见》精神，业主在选择工程建设项目、组织实施方式时，应当本着质量可靠、效率优先的原则，优先采用工程总承包模式，并对工程总承包项目实施全过程管理，督促总承包企业履行合同义务。同时，业主根据自身资源和能力，既可自行对工程总承包项目进行管理，也可以委托项目管理单位，依照合同对工程总承包项目进行管理。项目管理单位可以是本项目的可行性研究、方案设计或初步设计单位，也可以是其他工程设计、施工或者监理等单位，但项目管理单位不得与工程总承包企业具有利害关系。

总承包项目发包阶段，业主方可根据项目特点，在可行性研究、方案设计或者初步设计完成后，按照确定的建设规模、建设标准、投资限额、工程质量和进度要求等进行发包。可依法采用招标或直接发包的方式选择工程总承包企业。而评标可以采用综合评估法，评审的主要因素包括工程总承包报价、项目管理组织方案、设计方案、设备采购方案、施工计划、工程业绩等。工程总承包项目的合同可以采用总价合同或者成本加酬金合同，合同价格应当在充分竞争的基础上合理确定，合同的制订可以参照住房和城乡建设部、工商总局联合印发的建设项目工程总承包合同示范文本。

4. 总承包企业的基本条件

工程总承包企业应当具有与工程规模相适应的工程设计资质或者施工资质，以及相应的财务、风险承担能力，同时具有相应的组织机构、项目管理体系、项目管理专业人员和工程业绩。

承接工程总承包任务后，总承包企业可以在其资质证书许可的范围内自行实施设计和施工，也可根据合同约定或者经建设单位同意，直接将设计或者施工业务择优分包给具有相应资质的企业。仅仅具有设计资质的企业承接工程总承包项目时，其施工业务应依法分包给具有施工资质的企业；仅具有施工资质的企业承接工程总承包项目时，其设计业务应依法分包给具有设计资质的企业。

总承包企业不得将工程总承包项目转包，也不得将工程总承包项目中设计和施工业务一并或者分别分包给其他单位。自行实施设计的工程总承包企业，不得将工程主体部分的设计业务分包给其他单位。自行实施施工的工程总承包企业，不得将工程主体结构的施工业务分包给其他单位。

总承包企业的项目经理应具有工程建设类注册执业资格或者高级专业技术职称，曾担任工程总承包项目经理、设计项目负责人或施工项目经理，熟悉工程建设相关法律法规和标准，同时具有相应工程业绩。

二、工程总承包管理的内容与程序

（一）工程总承包管理的内容

工程总承包管理应包括项目部的项目管理活动和工程总承包企业职能部门参与的项目管理活动。项目部主要负责组织、协调和控制，保证了合同项目目标的实现；职能部门主要负责支持和保证。

工程总承包项目管理的范围由合同约定。根据合同变更程序提出并经批准的变更范围，也列入项目管理的范围。其主要管理内容包括：任命项目经理，组建项目部，进行项目策划并编制项目部计划；实施设计管理，采购管理，施工管理，试运行管理；进行项目范围管理，进度管理，费用管理，设备材料管理，资金管理，质量管理，安全、职业健康和环境管理，人力资源管理，风险管理，沟通与信息管理，合同管理，现场管理，项目收尾等。

如果上述部分工程或服务分包给分包人完成，则包括了对分包人的管理。

（二）工程总承包管理的程序

根据合同的约定、项目特点和企业项目管理体系的要求，项目部应制定所承担项目的管理程序，并在执行项目管理程序中，使每一个管理过程都体现计划、实施、检查、处置的持续改进。

工程总承包项目的基本程序应体现工程总承包项目生命周期发展的规律。其基本程序如下。

项目启动：在工程总承包合同条件下，任命项目经理，组建项目部。

项目初始阶段：进行项目策划，编制项目计划，召开开工会议；发表项目协调程序，发表设计基础数据；编制设计计划、采购计划、施工计划、试运行计划、质量计划、财务计划和安全管理计划，确定项目控制基准等等。

设计阶段：编制初步设计或基础工程设计文件，进行设计审查；编制施工图设计或详细工程设计文件。

采购阶段：采买，催交，检验，运输，与施工方办理交接手续。

施工阶段：做施工前的准备工作，现场施工，竣工试验，移交工程资料，办理管理权移交，进行竣工结算。

试运行阶段：对试运行进行指导与服务。

合同收尾阶段：取得合同目标考核合格证书，办理决算手续，清理各种债权债务；缺陷通知期限满后取得履约证书。

项目部应对设计、采购、施工以及试运行各阶段的活动进行统筹安排。

（三）工程总承包管理组织的相关规定

工程总承包企业应建立与工程总承包项目相适应的项目组织，行使项目管理职能，并实行项目经理负责制。建设项目工程总承包宜采用"项目管理目标责任书"的形式，明确项目目标和项目经理的职责、权限和利益。具体要求如下。

项目经理应根据工程总承包企业法定代表人授权的范围、时间和《项目管理目标责任书》中规定的内容，对于工程总承包项目，自项目启动至项目收尾，实行全过程、全面管理。

工程总承包企业承担建设项目工程总承包，宜采用了矩阵式管理。项目部由项目经理领导，并接受企业职能部门的指导、监督、检查和考核。

工程总承包企业在组建项目部时，应依据项目合同确定的内容和要求，对其进行整体能力的评价。

项目部在项目收尾完成后由工程总承包企业批准解散。

第三节　现代工程项目标准化管理

现代工程项目标准化管理的意义就是围绕工程建设项目，以管理标准为基础，借鉴类似的管理模块管理工程项目，从而实现从人管理转变为了制度管理。

一、工程项目标准化管理概述

对工程项目进行标准化管理，逐步形成相应的标准化管理体系，并将可持续发展的先进理念融入其中，促进工程建设的可持续发展。

（一）基本概念

1. 标准

国际标准化组织对标准的定义：标准是一个由公认机构制定和批准的文件，它对活动或活动结果规定了规则、导则或特性值，供共同和反复使用，以实现在预定结果领域内最佳秩序的效率。

国际电工委员会对标准的定义：经由共同协定商讨得出一致性结论而制定出的文件，该文件是对某种活动或它的结果所规定的共同使用的以及重复使用的一些规则或导则以及特性，它必须由公认机构批准，其具体目的是在一定范围内获得最佳秩序。

2. 标准化

标准化是指对实际或潜在问题做出统一规定，供共同和重复使用，以在相关领域内获得最佳秩序的效益活动，其中标准化活动由制定、发布和实施标准构成。

标准化管理是指在管理实践中，通过制定和实施统一标准从而获得最佳管理秩序和管理效益。

3. 工程项目标准化管理

工程项目标准化管理是指工程建设企业在自身参与的工程项目中实施的标准化管理。具体来讲，工程项目标准化管理是指工程建设企业在工程项目建设管理实践中，通过制定和实施统一标准，以获得最佳管理秩序和

管理效益的活动。城市道路工程施工标准化管理是工程建设单位在工程施工中，通过对工程施工的各个环节、各项内容制定和实施统一标准，从而获得最佳的建设品质与建设效益的活动。

4. "泰勒制"管理

"泰勒制"管理可以使作业标准化、规范化，可以有效提高生产效率，其核心是强调精细化、标准化、数量化管理，其特点是在工业生产中，从每一个工人抓起，从每一件工具、每一道工序抓起，在科学实验的基础上，设计出最佳的工位设置、最合理的劳动定额、最适合的劳动工具以及标准化的操作方法。

（二）工程项目标准化管理的重要意义

一方面，不同利益相关方所追求的目标不一致。对于建设项目，业主的目标是质量好、风险低、投资少、工期短，社会效益和经济效益最大化；而承包商的目标是经济效益最

大化而不是整体利益最大化。另一方面，各利益相关方追求的目标又具有统一性，任何相关方目标的实现要以建设项目的顺利完成为前提。这就需要采取有效措施克服工程建设项目面临的长期性、复杂性、多方协调性等困难，追求多重目标的统一性。工程项目管理标准化，可以通过相应标准的制定、采用和实施，充分体现各利益相关方对工程项目的期望，并在此过程中使各方达成一致意见，从而实现管理环境的公平与和谐。

（三）工程质量管理标准化工作的内容

《住房城乡建设部关于开展工程质量管理标准化工作的通知》强调，要以提高工程质量为目标，以工程项目为重点，以施工现场为中心，以对质量行为和工程实体质量控制评价为基本手段，落实参与各方的主体责任，健全质量管理体系，提高现场管控能力，统筹规划，强化管理，分步实施，分类指导，样板引路，以点带面，大力推行工程质量管理标准化工作。

1. 工作目标

工程质量管理标准化工作的总体目标是通过大力推行工程质量管理标准化，促使施工企业自觉贯彻工程质量有关法律、法规、标准和规范，建立健全包括日常质量管理、施工现场质量过程控制等在内的每个环节、每个流程、每道工序的责任制度、工作标准和操作规程，实现了质量行为规范化、质量管理程序化和工程实体质量控制标准化，促进质量管理体系有效运转，建立完善自我约束、持续改进的工程质量管理长效机制。

2. 标准化管理工作内容

一是管理行为标准化。严格遵守市政工程建设法律法规，严格执行强制性标准，在工程管理中查找薄弱环节，健全管理制度，优化管理流程，把技术标准、管理标准、作业标准落实到施工全过程，使工程进度合理，质量管理严格，安全措施到位，档案资料收集齐全及规范。

二是设计要求标准化。按建设单位提出的市政工程标准化要求和实际交通管理要求，设计单位进行主体工程和辅助生产设施的设计，规范图纸设计，图审机构按标准化要求进行审查把关。推行半成品、成品标准化，推行了预制构件（含中小跨径桥梁的预制梁）工厂化生产。

三是工地建设标准化。按照市政工程施工标准化管理的要求，重点抓"三集中"，按照标准化要求设立各类拌和站、预制加工场地和材料存放场地，实现混合料（混凝土）集中拌制、钢筋集中加工、标准构件工厂化集中生产，施工现场实行封闭规范管理。按照标准化要求建设施工驻地、监理驻地及施工便道，配备辅助生产设施，改善生产生活环境，减少施工干扰，提高施工管理效率。配备施工现场安全防护设施、安全标识及其他各类临时设施，消除了隐患，文明施工。

四是施工工艺标准化。按照有关规范标准，细化道路、桥梁、隧道、城市轨道交通、园林绿化、地下管线等各项工程的施工工艺标准化要求，优化施工工艺，严格工艺管理，提高施工效率和实体工程质量。加强道路工程填筑材料以及摊铺、压实工艺控制。加强桥梁工程桩基清孔、预应力张拉等工艺控制，推广使用预应力智能张拉设备和智能循环压浆设备。推广使用隧道工程湿喷工艺。

五是过程控制标准化。建立工艺操作首件分析制度，评点分析经验和问题，提出改进措施。落实材料进场报验制度。抓好原材料、混合料、半成品和成品构（配）件、实体工程质量的自检和抽检，做到检测项目完整齐全、检测频率符合要求、检测数据真实可靠。加强对隐蔽工程、关键工序的过程控制和验收，确保工程各项指标抽检合格率达到规范要求。对施工现场进行视频监控，隧道掌子、桥梁施工现场、梁片预制场等施工现场配备远程监控系统。推行隧道工程超前地质预报及岩土工程第三方监测制度。

六是施工机具设备和模板标准化。重点落实关键机械、设备和模板的进场检验、审查、审批制度，特别是桥梁及构造物工程模板、架桥机和起重机械设备，隧道工程二衬台车、砼喷射设备，水泥砼、沥青税及各种混合料拌和设备，碎石加工设备及各种砼、混合料摊铺设备等。推广使用专业厂家生产的架桥设备。

3. 有关要求

从开工到竣工验收，工程质量管理标准化工作贯穿工程施工的全过程，其主要内容是责任主体质量行为标准化、工程实体质量控制标准化和监督管理标准化。

在质量行为标准化方面，要按照"体系健全、制度完备、责任明确"的要求，对施工企业和现场项目部应该承担的质量责任和义务做出相应规定，主要包括企业、项目部管理机构设置和人员配备，质量管理制度建立、落实，施工方案策划、实施及现场布置，技术交底、教育培训，作业挂牌、质量标识、成品保护，及工程资料管理等。

在实体质量控制标准化方面，要按照"质量标准样板化、方案交底可视化、操作过程精细化"的要求，在对建筑材料、构配件和设备进场质量控制、施工工序控制、质量验收控制的全过程中，对主要分项工程或关键工序的操作要点以及管理要求等做出相应规定。在施工现场设立主要建筑材料和钢筋安装、模板支护等关键部位样板展示区，使操作层了解标准化施工工艺、具体措施和质量标准，对于照样板进行技术交底，实施标准化施工管理。

在监督管理标准化方面，要按照《责任主体质量行为抽查清单（试行）》《强制性标准抽查清单（试行）》开展随机巡查、抽查，按照管理标准规范监督程序，加强监督管理工作。

一是建设单位要严格执行国家有关法律法规和规范标准，确定科学的工期、合理的造价，支持施工企业开展工程质量管理标准化工作，为工程质量标准化工作提供保障。

二是施工现场要成立以项目经理为组长的工程质量管理标准化工作组，工作组负责标准化管理方案的制订、计划安排、指挥调度、协调推进与检查验收等工作。

三是工程监理要认真履行职责，严格审核施工组织设计和质量管理标准化实施方案，做到"事前预控、事中监控、事后验控"的"三控"管理，对施工企业质量管理标准化工作实施全方位、全过程监理。

推行标准化管理是一项长期工作，应高度重视，切实加强组织领导，制定推行措施，负责督促落实。工程建设各方主体的主要负责人作为本单位推行标准化管理的第一责任人，工程建设各方主体的项目负责人作为项目推行标准化管理的第一责任人，要认真学习研究标准化，了解标准化要求，掌握标准化做法，要亲自抓，具体抓，一级抓一级，一级对一级负责。

细化市政工程建设标准化的具体要求，编制设计要求标准化指导意见；健全管理行为标准化、工地建设标准化、施工工艺标准化、过程控制标准化、施工机具设备和模板标准化等考核标准，积极推进市政工程建设标准化工作，并按照考核标准要求，真正把标准化管理落实到每一个工程项目、每一个建设环节、每一道施工工序、每一个施工节点，贯穿项目建设全过程。

按照考核标准，建设单位要建立针对施工、监理、设计单位的季度考核机制，主管部门要建立针对建设单位的季度考核机制，明确具体考核以及奖惩办法；将对施工、监理单位的考核结果纳入施工、监理单位的信用综合评价系统，将信用综合评价与招投标挂钩；将对建设单位的考核结果进行通报，表扬先进，鞭笞落后。

要建立合同约束机制，深入推进标准化工作。对新开工项目，建设单位必须把标准化的内容和要求列入招标文件和合同文件，同时将因推行标准化而增加的建设费用列入工程量清单，并单独计量支付，强制执行，杜绝随意压缩合同工期；对已开工项目，建设单位要按标准化的要求梳理存在的问题，明确整改要求；对于合同文件未明确的事项，可采取补充合同或奖励方式，给予一定的经济补助，促进设计、施工单位推行标准化。

要加大宣传力度，利用多种形式，在市政工程行业中广泛宣传推行标准化管理的重要性、紧迫性及奖惩措施和办法。

二、工程项目管理标准化的基础理论

管理是人类组织生产劳动的重要活动，伴随着劳动分工和社会合作日益增强，管理在人类生产劳动中的作用越来越重要。与人类的其他活动相比，管理过程面临更多的重复性事物及概念，与标准化存在更多密切关系。

（一）工程项目管理标准化的内涵

工程项目管理作为一种特殊的管理活动，本质上是一种过程控制，是对工程项目目标进行控制的管理过程。与一般意义上的项目相比较，工程项目通常具有以下特点：第一，涉及面广；第二，需要多专业集成；第三，参与建设的协作单位多；第四，质量要求高；第五，信息沟通复杂，影响面广。因此，工程项目管理标准化的内涵界定需要体现工程项目的特征。

1. 工程项目管理标准化的界定

相关研究资料表明，工程项目管理标准化是把工程项目管理活动中各参与单位的工作内容、工作流程、职责义务和程序安排等相关对象进行标准化提炼，并参照现有各类管理标准，通过编制、实施和完善相关管理标准，建立起具有广泛适用性的管理体系，并在工程项目管理活动中付诸实施，以获得最佳秩序。

2. 工程项目管理标准化的内容组成

工程项目管理标准化的组成主要是指标准化的分类和相应的标准分类。通常将工程项目管理标准化分为两类，即正式标准化和非正式标准化。

标准化通常是通过由政治意图或者行政程序制定的标准来实现的，这些标准包括企业标准、行业标准、地方标准、国家标准和国际标准。就工程项目管理而言，这些标准是可以相互转化的。以企业标准为例，企业标准可经由相关部门进一步确定，可成为行业标准、地方标准、国家标准；而企业标准在制定过程中也会参照国家标准、行业标准。

非正式标准化是指采用了没有发起人和机构的标准，或者并未通过政府部门备案的标准。非正式标准化包括采用惯例、最佳实践、行业协会规范和其他并未经过权威部门发布但仍被广泛采用的各类规范性文本。这些标准通常由于市场的作用而产生，是管理经验自我演化和发展的结果。它们也会相互影响，并有可能被正式标准所吸收，成为正式标准的一部分。

3. 工程项目管理标准化的作用

一是对工程项目绩效的提升作用。工程项目管理标准化的本质在于将成功的工程项目管理实践经验进行总结和提升，从而为其他相关的工作提供借鉴和参考。也就是说，通过共同标准和过程控制，可以比较有效地预测、管理项目管理行为，并实现工程项目过程的有效控制，提高项目绩效。

二是对参与各方知识积累的促进作用。工程建设各方的知识积累包括了隐性知识积累和显性知识积累。显然，隐性知识是那些没有标准化的知识，显性知识是已经标准化的知识。因此，标准本身就是显性知识，同时，制定标准就是将可以重复、能够共享的知识变为标准。

三是对参与各方和人员能力的增强作用。标准的制定过程就是将实践中积累的先进技术、理论、方法和经验进行综合提炼与升华，并纳入标准体系的过程。标准的实施能使工程管理人员重复同样的程序，以利于其尽快掌握新的管理技术和方法，提高其管理能力。同时，对于单位而言，项目管理的成熟度也是一种标准化。这项指标表达的是一个单位（或项目部）具有的按照预定目标和条件成功地、可靠地实施项目的能力。因此，对项目管理成熟度的提升可促进项目管理能力的提高。

（二）工程项目管理标准化的理论研究

自古以来，人们在开展各种有组织、有目的的活动以实现某一目标时，就已经存在广义概念的项目实施和管理。而真正把项目作为一个系统来进行管理则是从曼哈顿计划（Manhattan Project）开始的。随着项目管理概念的提出及在实践中的广泛应用，项目管理体系逐步成熟，并发展成为项目管理的标准化，其基本内容则主要体现在知识体系、管理工具、项目组织和质量管理等的标准化方面。

1. 项目管理标准化的研究现状

项目管理知识体系的标准化。项目管理知识体系是描述项目管理专业知识总和的专用术语，是项目管理最基础的标准化内容，是从事项目管理活动的基石。

项目管理工具的标准化。项目管理工具标准化是指项目管理工具在不同项目中的一致性程度，即不同的项目采用相同项目管理工具的一致性程度。项目管理工具标准化的标志性成果主要包括 PRINCE2（受控环境下的项目管理）、PDCA 循环等工具和方法。PRINCE2 源于英国财政部办公室所建立的项目管理体系，现在欧洲各大型企业及政府部门大多选用这套管理体系来实施项目管理。它用项目生命周期为基础，从启动项目到结束项目，整个过程解答了项目的流程该如何进行管理。PDCA 循环具有层次性、连续性、前进性、通用性等优点，每次循环都把目标或标准提到一个新的高度，是有效进行每一项工作的合乎逻辑的工作程序，在项目管理中得到了广泛应用。

项目组织的标准化。项目组织的标准化的标志性成果是项目管理成熟度模型。目前，该模型总数超过了 30 种，其中最典型的是美国项目管理学会（PMI）从组织级项目管理层面提出的项目管理成熟度模型，其目标是帮助组织"通过开发其能力，成功地、可靠地、按计划地选择并交付项目而实施其战略"。项目管理成熟度模型还为使用者提供了丰富的知识和自我评价的标准，用以确定组织的当前状态，并且制订相应的改进计划。

2. 项目管理标准化的发展

作为特殊的项目管理，除了上述项目管理的统一的标准化，工程项目管理也存在许多方面标准化的实践，主要的发展如下：

一是以 FIDIC（国际咨询工程师联合会）为代表的合同标准化。FIDIC 合同条件把工程技术、法律、经济和管理等有机地结合在一起，借鉴和吸收西方工业发达国家在土木建筑行业近百年的实践经验，并在国际工程承包领域中得到了长期和广泛的应用，并根据实践不断更新。

二是以 CIOB（英国皇家特许建造学会）为代表的最佳实践。最佳实践是指存在某种技术、方法、过程、活动和机制可以使生产或管理实践的结果达到最优，并减少出错的可能性，通常是基于已经成功或者失败的项目所提炼出来的经验总结。最佳实践又指已经在别处产生效益并能够适应此处的优秀实践。工程项目管理中最具代表性的最佳实践是由 CIOB 和 RICS（英国皇家特许测量师学会）等专业组织总结编制的行业最佳实践。

RICS 是全世界广泛认可的专业学会，其专业领域涵盖土地、物业、建造及环境等 16 个不同的行业。该学会的宗旨之一是"以最佳实践规则保护公众利益"，并通过相应培训开展最佳实践的推广工作。

三是以精益建造为代表的工程项目标准化实践。精益思想已成为一种普遍的管理哲理在各个行业得到了传播和应用。目前，许多业主、施工企业都提出了"精品工程"这个口号并且加以具体实施，如把"零缺陷"纳入工程质量管理中等。因此，在建设行业也产生了精益建造的模式。精益建造的指导思想就是在满足建筑市场多元化需求的前提下，运用多种现代化管理方法和手段，充分地发挥人的主观能动性，整合优化精益组织结构，有效配置和合理使用企业资源，使现场管理组织更加科学合理，最大限度地为现场项目精益建造谋求经济效益。精益建造的核心思想就是消除建造中的浪费，强化精简组织结构，不断提高工程项目的质量，降低了成本，加快进度。

精益建造的具体内容包括精益设计、精益施工、精益采购等，而实行标准化管理是精益建造的重要基础。

（三）项目管理标准化的关键因素

工程项目管理标准化的关键因素是指工程项目管理中需要标准化的主要对象。工程项目管理涉及管理过程、管理工具、管理职能等对象，其中哪些内容可以标准化，哪些内容不能标准化，需要对关键因素进行识别。

1. 对工程项目管理标准化关键因素的研究

一是研究了建筑企业实施工程项目管理标准化存在的问题，提出了工程项目管理标准化的主要内容，包括管理制度标准化、人员配备标准化、现场管理标准化、过程控制标准化。

二是指出现代工程项目管理的一个重要特点是标准化和规范化，具体表现为：统一的工程费用（成本）划分方法，统一的工程计量方法和结算方法；网络表达形式的标准化，标准的合同文本和招投标文件。

三是研究了科研和产品开发项目的管理标准化，从项目的关键成功因素出发，总结了研发类项目管理的七项标准化关键因素：标准化的项目管理流程及标准化的项目组织、标准化的信息管理系统、标准化的项目管理工具、标准化的项目绩效测量、标准化的项目管理文化、标准化的项目管理领导力。

四是将研发项目的标准化关键内容进一步总结为项目管理流程、项目管理工具、项目领导力、项目文化等四个关键因素。

总之，目前比较统一的项目管理标准化关键因素为项目管理过程、项目组织、信息管理系统、项目管理工具、项目管理测量系统、项目管理文化、项目管理领导力等七项内容。

2. 工程项目管理标准化的研究成果

工程项目是一种跨组织运作的项目，且由于工期较长，通常具有复杂性及不确定性。因此，相关研究机构采用参考文献、深度访谈和专家打分等方法来确定工程项目管理标准化关键因素，并最终形成了五个方面的项目管理标准化关键因素，分别是：工程项目术语、工具标准化；工程项目管理组织、方法及流程标准化；工程项目领导、文化、绩效评价标准化；工程项目管理职能标准化；工程项目质量安全、合同及信息管理标准化。

3. 项目质量管理标准化关键因素的识别指标

借鉴 ISO 9000 质量管理体系的八项原则及相关研究成果，确定工程项目质量管理标准化关键因素的识别指标。

（1）以业主为关注焦点的识别指标。

根据 ISO 给出的定义，可分别采用持续关注业主需求、制定与业主一致的清晰项目目标和项目结果得到业主认可三项识别测度指标来评价"以业主为关注焦点"。

（2）领导作用的识别指标。

领导作用通常体现在把握组织方针、目标，确保了获得必要的资源，形成与目标相适应的文化氛围等方面。因此，可分别采用高层管理者的支持、制定企业（项目部）整体战略和营造文化氛围三项识别测度指标来评价"领导作用"。

（3）全员参与的识别指标。

保证全员参与是各项管理成功的前提，只有让他们充分参与，他们的才干才能为企业带来效益。因此，可分别采用加强团队合作、加强了内容交流、项目成员的积极参与、项目成员的支持和提高员工满意度五项识别测度指标来评价"全员参与"。

（4）过程方法的识别指标。

"过程方法"是指将活动和相关资源作为过程进行管理，以更高效地得到期望的结果。"过程方法"也指系统地识别并管理组织所应用的过程，特别是这些过程之间的相互作用，同时，它需要与组织结构相适应。因此，可以分别采用加强过程控制、识别管理过程、注重反馈以及明确管理职责和权限四项识别测度指标来评价"过程方法"。

（5）管理的系统方法识别指标。

"管理的系统方法"是指将相互关联的过程作为系统加以识别、理解和管理，使用该方法有助于企业提高实现目标的有效性和效率。根据上述定义，可采用建立管理体系、测量和评估管理体系、评价组织能力这三项识别测度指标来评价"管理的系统方法"。

（6）持续改进的识别指标。

"持续改进"是适应变化、不断提升组织能力的一个重要方法。持续改进的对象包括管理体系、服务和过程。通常，对现有工作进行评价、纠正，采取预防措施是持续改进的主要方法。因此，可以分别采用工作的持续改进、评价现有过程、借鉴企业内外的成功经验和实施培训这四项识别测度指标来评价"持续改进"。

（7）基于事实的决策方法识别指标。

实施基于事实的决策方法，应对数据进行收集并用正确的方法进行处理。因此，可用充分掌握项目信息、采用科学方法分析数据和基于事实分析制订解决方案这三项识别测度指标来评价"基于事实的决策方法"。

（8）互利的供方关系识别指标。

社会化分工合作已经成为当今重要的生产方式。工程项目本身就是多组织合作的过程，尤其是当今工程项目供应链、合作伙伴等新模式的出现，使供方关系的管理显得非常重要。因此，可用建立长期的供方合作关系和加强与供方的交流这两项识别测度指标来评价"互利的供方关系"。

（四）工程项目管理标准化的实施路径

工程项目管理标准化的实施路径，主要是指如何在工程项目中采取有效措施实施标准化管理方法，从而提高自身的标准化管理水平，提高工程项目管理的绩效。

按照对工程项目管理标准化的内涵界定，要实现了工程项目管理标准化，工程项目参建方需要制定并实施能够适应自身特点和项目需求的项目管理标准，从而形成具有竞争力的工程项目管理体系。因此，工程项目管理标准化的实施，包括以下内容。

1. 识别需求

该需求是要明确"实施工程项目管理标准化所针对的问题是什么"。实施标准化管理一般要考虑实现项目目标的要求，具体包括质量安全、工期、成本、环境管理等。不同的项目会有不同的项目目标要求，也就是说，实施标准化管理会形成不同的需求。另外需要指出的是，在识别需求过程中，应重视业主对于工程项目的期望以及由此产生的对项目管理活动的要求，这也可作为识别需求的重要内容之一。

2. 定义目标

定义目标是在识别需求的基础上，进一步确定实施工程项目管理标准化所要达到的目标，譬如加强工程质量控制、加快施工进度、改善合作绩效、降低工程费用等等。

3. 标准参照

标准参照是根据现有管理标准确定在当前工程项目中实施工程项目管理标准化可以作为参照的相应标准，包括正式标准和非正式标准（标准、规程、最佳实践、管理模式等），从而为制定工程项目的管理标准体系提供参考。

4. 总结经验

分析和总结以往工程项目管理的经验，从成功的经验中提炼可参照管理的内容作为标准化对象；同时在对以往出现的事故和教训分析、总结的基础上，提出相应的预防、纠正措施，避免出现了类似现象，提炼可重复标准。

5. 形成体系

参照标准，总结自身经验，对上述标准进行分析、整理，按照标准审定程序，形成一套便于实施的、完整的管理标准，并在项目中发布实施。

6. 组织学习

组织相关人员参加培训、学习，让所有成员熟悉、领会相关管理标准。

7. 执行标准

在工程项目管理过程中，通过上述已颁布的管理标准对工程项目进行管理、控制。

8. 适用性规划

在执行现有管理标准的同时，还应依据外部环境的变化，在对标准执行情况进行分析、总结的基础上，对原有管理标准进行完善，从而确保标准的适用性。

第四节　现代工程项目信息管理

现代工程项目信息管理是指在工程管理活动的全过程中充分运用信息技术，通过工程信息资源的开发利用和共享，不断提高管理决策的效率和水平，为工程管理的目标及经营活动提供服务支持，实现了工程管理整体协调发展的动态过程。

一、现代工程项目信息管理概述

工程项目管理信息化是现代工程管理的一个显著特征。信息化管理的高效便捷，提升了企业的市场竞争力，为此，政府也陆续出台了一系列促进信息化发展的文件。

（一）工程项目管理信息化概念及意义

从广义来讲，信息化是指培养、发展以计算机为主的智能化工具为代表的新生产力，借助计算机网络技术，有效利用人力、物力和财力等资源获取到最佳效益的过程。工程项目实施信息化管理就是将现代信息技术与先进的项目管理理念相融合，优化或重组信息流，转变管理方式和工作流程，提高效率与效益，提升效能管理的过程，与上述项目的战略目标密切相关。

工程项目管理涉及建设方、设计方、施工方、监理方等多方参与者，而且工程项目具有投资大、周期长、技术难、接口多、管理协调复杂等特点，仅仅依靠传统的管理方式很难实现预期的工程目标。工程项目信息化对改进工程项目管理，提高工效和工作质量，降低造价，提高企业市场竞争力具有十分重要的意义。

（二）工程项目管理信息化组成要素

工程项目管理信息化不能简单地等同于普及计算机或网络化，这是一个关系到整个工程项目管理现代化的系统工程。工程项目管理信息化的内部要素主要由工程信息基础设施、工程信息资源、信息化人才和信息文化组成；工程项目管理信息化外部要素包括信息基础设施环境，信息技术服务商，信息化政策法规和标准规范。

（三）工程项目管理信息化相关制度建设

一是建立信息管理制度。明确岗位职责，各管理部门各司其职，各岗位人员必须经过岗前培训，能熟练操作与项目信息化管理相关的系统、设备，设立完整的工作流程。项目部应根据需要配置计算机并搭建安全的网络，以保证项目信息化系统运行正常。

二是获取所需的数据信息。项目部应建立信息管理系统以便于项目及时、准确、安全地获得项目所需要的信息，为项目提供有效的沟通途径，为决策和追溯提供依据，信息收集方式采用人工录入或者自动采集，数据必须自动汇总。汇总后的数据能以直观的方式展示，必须保证数据信息的真实性、准确性、及时性、完整性和逻辑性。

三是实现办公自动化。项目部应采用 OA 办公自动化系统、综合项目管理系统对项目施工全过程进行信息化管理，包括项目函件收发，工作任务下达，项目基础信息收集，以及项目合同、生产、进度、成本、资金、招投标、物资、设备、技术、质量、安全、环境、竣工、风险等项目生产活动的信息化动态管理。

四是实施全过程动态管理。在项目的招投标或施工阶段进行项目施工全过程管理。在施工现场推广使用远程视频监控系统，实施动态管理，并保证实时图像采集及图像的清晰度、网络安全，实现项目设计、成本预测、施工优化以及工程质量安全分析等全周期的项目管理。

二、现代工程项目信息管理系统

现代工程项目信息管理学是在工程规模日趋扩大，技术日趋复杂，对于工程质量、工期、费用的控制日益严格的形势下发展起来的新兴学科。其研究管理对象，可以是项目决策阶段的宏观管理，也可以是项目实施阶段的微观管理。在工程建设项目管理中引入现代信息技术是促进工程建设项目管理现代化、科学化的基本保证。

（一）工程项目信息管理系统的组成

工程项目信息管理系统是指在项目管理中，有关信息、信息流和信息处理各方面的总和。项目信息管理系统有一般信息系统所具有的特性，项目信息管理系统必须经过专门的策划和设计，并且在项目实施中控制它的运行。

1. 特征

现代工程项目信息管理系统具有信息收集自动化（传感技术、IC 卡技术）、信息存储自动化、信息交换网络化、信息检索工具化、信息技术集成化、信息利用科学化、信息管理系统化等特征。工程项目应根据以上信息化的特征，结合项目管理的实际情况，制订战略计划，充分利用现代信息技术，逐步建立各类项目管理信息系统。

2. 数据库和应用软件开发

通过对应用系统模块和数据资源的梳理，建立工程项目信息管理系统的信息资源管理基础标准及系统功能模型、数据模型和体系结构模型，用以指导、控制和协调工程管理信息系统的数据库和应用软件开发工作，使其既能有效地为业主方的业务层、管理层和决策层服务，又能有效地为了施工方和监理方的信息交换提供服务。

（1）信息资源规划

工程项目管理信息化建设的基础与核心是信息资源规划。信息资源规划是指对整个工程周期所需要的信息，从采集、处理、传输到使用的全面规划。通过信息资源规划，可以梳理业务流程，搞清信息需求，建立了企业信息标准和信息系统模型。用这些标准和模型来衡量现有的信息系统及各种应用，符合的就继承并加以整合，不符合的进行优化或重新开发，从而积极稳步地推进工程管理的信息化建设。其最终目的是在统一的信息平台上建成集成化、网络化的信息系统，从而形成大型工程项目管理的神经网络。

（2）信息资源规划建设步骤

一是根据工程的实际情况进行信息需求分析和数据流分析。这是按职能域进行的基础性工作，包括整理、定义网上交流数据的格式和内容，对内外、上下数据流进行量化分析，对决策层、管理层和业务层信息需求的规范化描述，可为信息资源的开发打好基础。

二是建立信息资源管理基础标准，包括数据元素标准、信息分类编码标准、用户视图标准和数据库表标准等。这些标准的建立，将贯穿信息需求分析、数据建模和后续应用开发的全过程。信息资源管理基础标准的建立，是做好数据环境升档工作的基础。

三是在前两步的基础上建立功能模型和数据模型。全域与各职能域的信息系统框架是在大量分析综合工作的基础上建立的，是按系统工程的理念，由部门领导、管理人员和系统分析人员从整体上构思和把握的信息系统框架。建立工程网络 / 信息系统框架的目的，是使工程的投资方、承建方、监管方、信息中心负责人和信息系统开发人员在工程建设的总体规划方面达成共识，并制定统一的发展目标和实施策略，从而有效推进工程项目管理的信息化建设。

3. 具有施工参数设置功能

首先，工程项目信息管理系统应允许用户根据项目所处环境自定义相关参数，从而使系统的运行能够更加切合实际，增加信息反馈的准确性。其次，在确保项目安全和工程质量的前提下，系统应建立工程进度与成本控制之间的关系，能够根据完成的工程量，及时提供项目的计划成本，实际成本和预算成本的实时对比，最终预测成本发展趋势和提出成本控制建议。最后，因为项目管理直接面对施工现场，系统的界面设计应当尽量简单、便捷，减少输入数据的工作量，增加输入数据的各种操作提示，设置防止误操作等功能。

4. 项目信息管理软件的应用

推进施工项目信息管理软件的应用。本书表述的重点在质量控制方面，如工程质量管理是施工管理中重要的一环，具有信息量大、综合性强、技术难度大的特点，与人手操作相比，质量管理软件的优势非常明显，不仅处理时间短，结果的可靠性也高。质量管理软件系统可用于施工过程各阶段的质量控制和评定，包括了各种质量评定报表的生成，各种质量评定曲线的绘制以及根据各种实测数据对分部分项工程质量等级进行评定，从而为质量管理人员对工程质量实施动态控制提供可靠的保证。

（二）工程项目信息系统管理方法

工程项目信息系统管理是通过计算机技术、网络技术、数据库等在内的科学方法对信息进行收集、存储、加工、处理，用以辅助决策，从而提高管理水平、降低管理成本、提高管理效率的活动过程。

1. 信息的收集

收集信息先要识别信息，确定信息需求。而信息的需求要从项目管理的目标出发，从客观情况调查入手，加上主观思考确定数据的范围。项目信息的收集，应按信息流程规划，建立信息收集渠道的结构，即明确各类项目信息的收集部门、收集者、收集地点、收集时间、收集方法、收集规格、收集形式等。信息的收集最重要的是保证所需信息的准确、完整、可靠和及时。

2. 信息的传递

传递信息同样也应建立信息传递渠道的结构，明确各类信息应传输到哪里，传递给何人，何时传递，采用何种方式传输等。应按信息规划规定的传递渠道，将项目信息在项目管理的有关各方、各个部门之间及时传递。信息传递者应当保持原始信息的完整、清楚，使接收者能准确地理解所接收的信息。

3. 信息的加工

数据要经过加工以后才能成为信息。数据经预加工后成为预信息或统计信息，再经处理、解释后才成为信息。只有占有必要的信息，才能做出正确的决策。对项目管理信息进行加工和处理时，应明确各类信息加工、整理、处理和解释的要求，加工、整理的方式，信息报告的格式，信息报告的周期等。

对于不同管理层次，信息加工者应提供不同要求和不同浓缩程度的信息。建设项目的管理人员可分为高级、中级与一般管理人员。不同等级的管理人员所处的管理层面不同，他们实施项目管理的工作、任务、职责也不相同，因而所需的信息也不相同。在项目管理的班子中，由下而上的信息应逐层浓缩，而由上而下的信息应逐层细化。

4. 信息的存储

信息存储的目的是将信息保存起来以备将来应用，同时也是为了信息的处理。信息的存储应明确由哪个部门、由谁操作，存储在什么介质上，怎样分类，从而有规律地进行存储。要存什么信息、存多长时间、采用的信息存储方式主要应由项目管理的目标确定。

5. 信息的维护与使用

信息的维护要保证项目信息处于准确、及时、安全和保密的合理状态，能够为管理决策提供有用的帮助。准确性是指要保持数据最新的状态，保持数据在合理的误差范围以内。信息的及时性是指能够及时地提供信息，常用的信息放在易获取的地方，能够高速、高质地把各类信息、各种信息报告提供给使用者，安全性和保密性是指要防止信息受到破坏或丢失。

（三）工程项目信息系统管理内容

1. 项目整体管理

项目整体管理包含项目计划编制、项目计划实施以及项目综合变更控制等工作。项目整体管理工作可以说是对项目各要素进行的调控和综合性的把握，通过对项目进行整体管理，可以实现对项目各个阶段、各种资源、各过程、各项目标的充分整合，使整个项目处最优状态。

2. 项目范围管理

项目范围是由项目的目标确定的。项目范围管理工作是指对项目目标准确定义核准项目范围，而且能够根据实际情况及时更新项目范围。在这里，需要注意的一点是，一定要做该做的工作，而且是"只做该做的工作"，因为如果没有按要求完成工作，而是少做或者多做，都会产生不必要的麻烦，不利项目的按时完成。

3. 项目时间管理

项目的时间管理是指将项目分解成不同的工作部分，进而分解成若干个活动。在此基础上对不同活动的时间进行估算，同时根据活动的特性及时间长短安排工程的进展顺序，进而确保项目能够顺利实施。

4. 项目费用管理

项目费用管理是指对项目的每项活动进行成本估算，在估算每项活动成本的基础上估算出总成本；同时，对于资金进行合理的分配与控制。只有将项目资金进行合理的配置与管控，才能保证信息系统的建立有资金支持，才能保证项目能够按时完成。

5. 项目质量管理

项目质量管理指的是通过监督管理项目的质量，使该项目建成后能够满足用户的需要，同时能够保证质量，并符合相关标准。具体的工作包括了质量规划、设定质量控制点、安排质量保证措施以及监控每项活动的质量等。

6. 项目人力资源管理

这项管理工作的实施能够充分发挥每个参加项目人员的效用与价值。在项目实施过程中，团队合作非常重要，通常需要所有施工人员相互协作，而这些施工人员的专业背景、工作方式及工作习惯都各不相同，这就要求负责人力资源管理的工作人员充分发挥作用，将这些人凝聚在一起，以实现人力资源价值的最大化。

7. 项目沟通管理

信息系统的建立较为复杂，需要在建设过程中不断地进行调整，这就凸显了项目成员之间沟通的必要性，项目参与人员只有进行充分的沟通与交流，才能将最新信息传递到每一位工程人员那里，进而确保工程进度一致，工程质量优良。

第八章 城市道路桥梁工程项目管理

第一节 公路工程项目管理

一、公路工程施工项目的质量管理

(一)质量管理原则

1. 以顾客为关注焦点

组织(从事一定范围生产经营活动的企业)依存于其顾客。组织应理解顾客当前的和未来的需求,满足顾客要求并且争取超越顾客的期望。

2,领导作用

领导者确立本组织统一的质量宗旨和方向,并且营造和保持使员工充分参与实现组织目标的内部环境因此,领导在企业的质量管理中起着决定性作用。只有领导重视,各项质量活动才能有效地开展。

3. 全员参与

各级人员都是组织之本,只有全员充分参加,才能使他们的才干为组织带来收益。产品质量是产品形成过程中全体人员共同努力的结果,其中也包含了为他们提供支持的管理、检查、行政人员的贡献—企业领导应对员工进行质量意识等各方面的教育，激发他们的积极性和责任感，为其能力、知识、经验的提高提供机会，发挥创造精神，鼓励持续改进，给予必要的物质和精神奖励，使全员积极参与，为了达到让顾客满意的目标而奋斗。

4. 过程方法

将相关的资源和活动作为过程进行管理，可以更高效地得到期望的结果任何使用资源生产的活动和将输入转化为输出的一组相关联的活动都可视为过程：ISO 9000 标准建立在过程控制的基础上。一般在过程的输入端、过程的不同位置及输出端都存在可以进行测量、检查的机会和控制点，对这些控制点实行测量、检测和管理，便能控制过程的有效实施。

5. 管理的系统方法

将相互关联的过程作为系统加以识别、理解和管理，有助于组织提高实现其目标的有效性和效率。不同企业应根据自己的特点，建立资源管理、过程实现、测量分析改进等方面的关联关系，并加以控制：即采用过程网络的方法建立质量管理体系，实施系统管理一般建立实施质量管理体系包括：①确定顾客期望；②建立质量目标和方针；③确定实现目标的过程和职责；④确定必须提供的资源；⑤规定了测量过程有效性的方法；⑥实施测量，确定过程的有效性；⑦确定防止不合格并清除产生原因的措施；⑧建立和应用持续改进质量管理体系的过程。

6. 持续改进

持续改进总体业绩是组织的一个永恒目标，其作用在于增强了企业满足质量要求的能力，包括产品质量、过程及体系的有效性和效率的提高。持续改进是增强和满足质量要求能力的循环活动，使企业的质量管理走上良性循环的轨道。

7. 基于事实的决策方法

有效的决策应建立在数据和信息分析的基础上，数据和信息分析是事实的高度提炼。以事实为依据做出决策，可防止决策失误。因此，企业领导应重视数据信息的收集、汇总和分析，以便为决策提供依据。

8. 与供方互利的关系

组织与供方是相互依存的，建立双方的互利关系可以增强双方创造价值的能力。供方提供的产品是企业提供产品的一个组成部分。处理好与供方的关系，涉及企业能否持续稳定提供顾客满意产品的重要问题。因此，对供方不能只讲控制，不讲合作互利，特别是关键供方，更要建立互利关系，这对于企业与供方双方都有利。

（二）施工准备阶段的质量管理

施工准备阶段的质量管理是指项目正式施工活动开始前及项目开工后，对各项准备工作及影响质量的各因素和有关方面进行的各种控制活动施工准备是为保证施工生产正常进行而必须事先做好的管理工作一施工准备工作不仅在工程开工前要做好，而且应贯穿于整个施工过程。施工准备的基本任务就是为施工项目建立一切必要的施工条件，确保施工生产顺利进行，确保工程质量符合要求。

1. 员工质量教育与培训

教育培训和其他措施可以提高员工的能力，增强了质量和顾客意识，使员工满足所从事的质量工作对能力的要求。项目领导班子应着重以下几方面的培训：①质量意识教育；②充分理解和掌握质量方针和目标；③质量管理体系有关方面的内容；④质量保持和持续改进意识。

可以通过面试、笔试、实际操作等方式检查培训的有效性。另外，还应保留员工的教育、培训及技能认可的记录。

2. 制订施工质量计划

施工质量计划，必须有规定的活动内容，有进度、有分析、有检验、有成果表达，要求责任部门认真对待，保质、保量、按期完成：对于施工质量计划安排合理性进行分析，并检查质量完成的内容及可行性。施工质量计划内容主要包括以下几点：

（1）工程特点及施工条件分析（合同条件、法规条件和现场条件）；

（2）质量总目标及其分解目标；

（3）质量管理组织机构和职责、人员及资源配置计划；

（4）确定施工工艺与操作方法的技术方案和施工任务的流程组织方案；

（5）施工材料、设备物资等的质量管理及控制措施；

（6）施工质量检验、检测、试验工作的计划安排以及其实施方法与接收准则；

（7）施工质量控制点及其跟踪控制的方式与要求；

（8）记录的要求等。

施工质量计划的审批，施工单位的项目施工质量计划编成后，应按照工程施工管理程序进行审批，包括施工企业内部的审批和项目监理机构的审查，企业内部的审批，由项目经理部主持编制，然后报企业组织管理层批准，监理工程师的审查，是项目监理机构"在工程开工前，总监理工程师应组织专业监理工程师审查承包单位报送的施工组织设计（方案）报审表，提出意见，并经总监理工程师审核、签认后报建设单位一"

3. 施工组织设计文件的审核

施工方案的合理与否关系到工程实施的可行性以及质量的好坏。在开工前组织员工进行图纸会审，认真研究施工方案，集思广益，共献良策，制订多种方案，从中选择最适合的方案，按照方案制定各个工序的作业指导书，并在施工生产前对责任人交底，并将各项要求传达到每个施工岗位上、做到了责任到人、层层监督＝对施工方案的审核主要包括以下内容：

（1）全面正确地分析工程特征、技术关键及环境条件等资料，明确质量目标、验收标准、控制的重点和难点；

（2）制订合理有效的有针对性的施工技术方案和组织方案，前者包括施工工艺、施工方法，后者包括施工区段划分、施工流向及劳动组织等。

（3）合理选用施工机械设备和施工临时设施，合理布置施工总平面图和各阶段施工平面图。选用和设计保证质量和安全的模具、脚手架等施工设备。

（4）编制工程所采用的新材料、新技术、新工艺的专项技术方案和质量管理方案。

4. 施工机械的质量管理

施工机械设备、设施，工器具等施工生产手段的配置及其性能，对施工质量、安全、进度和施工成本有重要影响，合理选择施工机械设备是保证施工质量的重要措施

（1）对施工所用的机械设备，应根据工程需要，从设备选型、主要性能参数及使用操作要求等方面加以控制。

（2）模板、脚手架等施工设施，除按适用的标准定型选用外，一般需要按设计及施工要求进行专项设计，对其设计方案及制作质量的控制及验收应作为重点进行控制。

（3）按现行施工管理制度要求，工程所用的施工机械、模板、脚手架，特别是危险性较大的现场安装的起重机械设备，施工单位不但要履行设计安装方案的审批手续，而且安装完毕启用前必须经专业管理部门的验收，合格后方可使用；同时，在使用过程中尚需落实相应的管理制度，以确保其安全正常使用。

5. 材料设备的质量管理

建筑材料、构配件和设备是直接构成工程实体的物质，应从施工备料开始进行控制，包括对供货厂商的评审、询价、采购计划与方式的控制等因此，必须有健全有效的采购控制程序，必须将采购计划报送工程监理机构进行审查，实施采购质量预控，材料在选用时，先采用节能降耗的新型建筑材料，禁止使用国家明令淘汰的建筑材料建筑材料或工程设备在使用前应进行以下检查：是否有产品质量检验合格证明；是否有中文标明的产品名称、生产厂名和厂址；产品包装和商标式样是否符合国家有关规定与标准要求；工程设备是否有产品详细的使用说明书，电气设备还应附有线路图；实施生产许可证或实行质量认证的产品，是否有相应的许可证或者认证证书。

6. 设计交底和图纸审核的质量控制

设计图纸是进行质量控制的重要依据：为了使施工单位熟悉有关的设计图纸，充分了解拟建项目的特点、设计意图和工艺与质量要求，减少图纸的差错，消灭图纸中的质量隐患，需要做好设计交底和图纸审核工作。设计交底是指在施工图完成并经审查合格后，设计单位在设计文件交付施工时，按法律规定的义务就施工图设计文件向施工单位和监理单位做出详细的说明。其目的是对于施工单位和监理单位正确贯彻设计意图，使其加深对设计文件特点、难点、疑点的理解，掌握关键工程部位的质量要求，确保工程质量设计交底时主要将以下内容向相关单位进行说明：①地形、地貌、水文气象、工程地质及水文地质等自然条件；②施工图设计依据，包括初步设计文件，规划、环境等要求，

以及设计规范；③设计意图，包括设计思想、设计方案比较、基础处理方案、结构设计意图、设备安装和调试要求、施工进度安排等；④施工注意事项，包括对基础处理的要求、对建筑材料的要求、采用新结构和新工艺的要求，以及施工组织和技术保证措施等

图纸审核的主要检查内容包括：①对设计者的资质进行认定；②设计是否满足抗震、防火，环境卫生等要求；③图纸与说明是否齐全；④图纸中有无遗漏、差错或相互矛盾之处，图纸表示方法是否清楚并符合标准要求；⑤地质以及水文地质等资料是否充分、可靠；⑥所需材料来源有无保证，能否替代；⑦施工工艺、方法是否合理，是否切合实际，是否便于施工，能否保证质量要求；⑧施工图及说明书中涉及的各种标准、图册、规范、规程等，施工单位是否具备。

7. 采购质量控制

采购质量控制主要包括对采购产品及其供方的控制，制定采购要求和验证采购产品。建设项目中的工程分包，也应符合规定的采购要求。

（1）物资采购应符合设计文件、标准、规范、相关法规及承包合同等要求，如果项目部另有附加的质量要求，也应予以满足对重要物资、大批量物资、新型材料以及对工程最终质量有重要影响的物资，可由企业主管部门对可供选用的供方进行逐一评价，并确定合格供方名单

（2）采购要求是采购产品控制的重要内容采购要求的形式可以是合同、订单、技术协商、询价单及采购计划等，采购要求包括：有关产品的质量要求或外包服务要求；有关产品提供的程序性要求，如供方提交产品的程序、供方生产或服务提供的过程要求、供方设备方面的要求；对于供方人员资格的要求；对供方质量管理体系的要求。

8. 明确关键部位的质量控制点

施工质量控制点是施工质量管理的重点控制对象，质量控制点应该在技术要求高、施工难度大、对工程质量影响大的对象进行设置。一般选择下列部位或环节作为质量控制点：①施工过程中的重要项目、薄弱环节与关键部位；②影响工期、质量、成本、安全、材料消耗等重要因素的环节；③新材料、新技术、新工艺的施工环节；④质量信息反馈中缺陷频数较多的项目。

（三）施工过程的质量管理

1. 认真做好施工技术交底工作

公路工程施工项目的施工技术交底是在项目开工前由主管技术领导向参与施工的人员进行的技术性交底，其目的是使施工人员对于工程特点、技术质量要求、施工方法与措施等方面有一个较详细的了解，以便于科学地组织施工，避免技术质量等事故的发生。施工技术交底是施工组织设计和施工方案的具体化，施工技术交底的内容必须具有可行性和可操作性。

施工技术交底内容在公路工程项目开工前，必须认真做好施工技术交底工作，施工总承包方和监督机构要对施工技术交底进行监督。施工技术交底的内容包括：①承包合同中有关施工技术管理和监理办法，合同条款规定的法律、经济责任和工期；②设计文件、施工图及说明要点等内容；③分部、分项工程的施工特点，质量要求；④施工技术方案；⑤工程合同技术规范、使用的工法或工艺操作规程；⑥材料的特性、技术要求及节约措施；⑦季节性施工措施；⑧安全、环保方案；⑨各单位在施工过程中的协调配合、机械设备组合、交叉作业以及注意事项；⑩试验工程项目的技术标准和采用的规程、施工技术交底形式及方式。施工技术交底形式有书面、口头、会议、挂牌、样板、示范操作等。其方式主要包括以下几点：项目经理部的技术交底工作由项目经理组织，项目总工程师主持实施；工长（技术负责人）负责组织向本责任区内的班组交底。

2. 加强公路工程施工测量控制

公路施工测量放线是公路工程产品由设计转化为实物的第一步，制约施工过程中各有关环节的质量、进度，施工测量质量的好坏直接决定工程的定位和标高是否正确，并且制约施工过程有关工序的质量。因此，施工单位在开工前应编制测量控制方案，经项目技术负责人批准后实施。对建设单位提供的原始标点、基准线和水准点等测量控制点进行复核，并将复测结果上报监理工程师审核，批准后施工单位才能建立施工测量控制网，进行工程定位和标高基准的控制。公路工程施工项目管理在实际施工过程中，也必须加强工程测量管理，采取了确实可行的措施，全方位地做好施工测量放线工作，以保证和提高施工质量，具体内容如下：

（1）提高测量放线人员的素质，作为一个合格的、专业的测量员，首先要具备吃苦耐劳、细心谨慎、团结协作的基本素质。提高读图能力，强化质量意识，养成事前反复考虑，事后认真检查的好习惯。

（2）增加测量仪器的成本投入，采取了先进的测量工具，做好测量仪器的定期检测工作。

（3）合理安排施工工序，为测量放线提供较好的施工环境，从而保证测量放线成果：

（4）全民动员，从领导到各专业工程师均要提高对测量工作的认识。在测量工作的各个程序中实行双检制各工点、工序范围内的测量工作，测量组应自检复核签认，分工衔接上的测量工作，由测量队或测量组进行互检复核和签认；项目测量队组织对控制网点和测量组设置的施工用桩及重大工程的放样进行复核测量，经项目技术部门主管现场进行检查签认，总工程师审核签认合格后，报驻地监理工程师审批认可；项目经理部总工和技术部门负责人要对测量队、组执行测量复核签认制度进行检查，并且做好检查记录：测量队对测量组执行测量复核签认制进行检查，并做好检查记录。

3. 加强公路工程计量控制

公路工程计量是投资控制的中心环节，也是对工程项目建设质量、进度控制的有力手段，是按照相关技术规范规定的方法对承包商符合要求的已完工工程的实际数量所进行的测量、计算、核查和确认的过程。

公路工程计量的组织类型包括以下几点：

（1）监理工程师独立计量，计量工作由监理工程师单独承担，然后将计量的记录送承包人承包人对计量有异议，可在七日内以书面形式提出，再由监理工程师对承包商提出的质疑进行复核，并且将复议后的结果通知承包人。

（2）承包人进行计量，由承包人对已完工的工程进行计量，然后将计量的记录及有关资料报送监理工程师核实确认

（3）监理工程师与承包人共同计量，在进行计量前，由监理工程师通知承包人计量的时间与工程部位，然后由承包人派人同监理工程师共同计量，计量后双方签字认可。

公路工程计量原则包括：①按照合同应计量的所有工程细目，应以公制的物理计量单位或习惯的自然计量单位进行计量。②确定按合同完成的工程数量所采用的量测和计算方法，如在有关部分未做具体规定，应符合我国公路工程的习惯做法。③一切工程的计量，应由承包人提供符合精度要求的计量设备和条件，并由承包人计算后报监理工程师审核确认。④凡超过了图纸所示或监理工程师指示或同意的任何长度、面积或体积，都不予计量。全部必需的模板、脚手架、装备、机具和联结螺栓、垫圈等其他材料，应包括在其他支付细目中，不单独计量。⑤如果规范规定的任何分项工程或者其细目未在工程量清单中出现，则应被认为是其他相关工程的附属义务，不再单独计量。

4. 加强公路工程工序施工质量控制

公路工程项目的施工过程，是由一系列相互关联、相互制约的工序所构成的，工序质量是基础，直接影响工程项目的整体质量。要控制公路工程项目施工过程的质量，首先必须控制工序的质量。因此，工序的质量控制是施工阶段质量控制的重点。只有严格控制工序质量，才能确保施工项目的实体质量。

（1）严格遵守工艺规程施工工艺和操作规程，不但是进行施工操作的依据和法规，也是确保工序质量的前提，任何人都必须严格执行，不得违反。

（2）主动控制工序活动条件的质量，工序活动条件包括的内容较多，主要是指影响质量的五大因素，即施工操作者、材料、施工机械设备、施工方法和施工环境等。只要将这些因素切实有效地控制起来，使它们处于被控制状态，确保工序投入品的质量，避免系统性因素变异发生，就能保证每道工序质量正常、稳定。

（3）及时检验工序活动效果的质量，工序活动效果是评价工序质量是否符合标准的尺度。因此，必须加强质量检验工作，对质量状况进行综合统计与分析，及时掌握质量动态。一旦发现质量问题，立即研究处理，自始至终使工序活动效果的质量满足规范和标准的要求。

（4）设置工序质量控制点，控制点是指为保证工序质量而需要进行控制的重点、关键部位、薄弱环节，以便在一定时期内、一定条件下进行强化管理，使工序处于良好的控制状态。

5. 加强公路工程施工质量检查

施工质量检查是贯穿整个施工过程的最基本的质量控制活动，包括施工单位内部的工序质量检查、互检、专检和交接检查，以及现场监理机构的旁站检查、平行检查等。施工现场质量检查是公路工程施工过程质量管理的主要手段：公路工程施工现场质量检查形式有观察、测量、试验、分析、监督以及总结提高。

现场质量检查的内容主要包括以下几点：①开工前检查，目的是检查是否具备开工条件，开工后能否连续正常施工，能否保证工程质量。②工序交接检查对重要工序或对工程质量有重大影响的工序，在自检、互检的基础上，还要组织专职人员进行工序交接检查。③隐蔽工程检查，凡是隐蔽工程均应检查认证后方能掩盖。④停工后复工前的检查，因处理质量问题或某种原因停工后需复工时，也应经检查认可后方能复工。⑤分项、分部工程完工后，应经检查认可，签署验收记录后，才允许进行下一工程项目施工。⑥成品保护检查，检查成品有无保护措施，或保护措施是否可靠。

6. 加强公路工程成品保护的管理

公路工程项目已完施工的成品保护，目的是避免已完施工的成品受到来自后续施工以及其他方面的污染或损坏。已完施工的成品保护问题和相应措施，在工程施工组织设计与计划阶段就应该从施工顺序上进行考虑，防止施工顺序不当或交叉作业造成相互干扰、污染和损坏；成品形成了后可采取防护、覆盖、封闭、包裹等相应措施进行保护。

（四）竣工阶段的质量管理

竣工阶段的质量管理主要是施工项目竣工验收的质量控制，是整个项目施工质量控制的最后环节，是对施工过程质量控制成果的全面检验。竣工验收综合评价工程建设成果，是对于工程质量、参建单位和建设项目进行综合评价。

1. 明确竣工质量验收的依据

（1）国家相关法律法规和交通部门颁布的管理条例与办法；
（2）批准的工程初步设计、施工图设计以及变更设计文件及说明；
（3）批准的招标文件及工程施工承包合同；
（4）行政主管部门的有关批复、指示文件；
（5）公路工程施工质量验收规范

2. 严格按照竣工验收要求验收

公路工程竣工验收应具备下列条件：
（1）完成合同约定的各项内容；
（2）有完整的技术档案和施工管理资料；
（3）有工程使用的主要建筑材料、构配件和设备的进场试验报告；
（4）有工程勘察、设计、施工、工程监理、质量监督机构等单位分别签署的质量合格文件；

（5）有施工单位签署的工程保修书。

正式验收公路工程符合竣工验收条件后，建设单位（项目法人）应按照项目管理权限及时向交通主管部门申请正式竣工验收交通主管部门应当自收到申请之日起30日内，对申请人递交的材料进行审查，对不符合竣工验收条件的，应当及时退回并告知理由；对于符合验收条件的，应自收到申请文件之日起3个月内组织竣工验收。

参加验收主要有交通主管部门、建设单位（项目法人）、设计单位、监理单位、施工单位和质量监督机构等单位，正式验收的主要工作主要包括以下几点：

（1）建设、勘察、设计、施工、监理单位分别汇报工程合同履约情况和工程施工各环节施工满足设计要求，以及质量符合法律、法规和强制性标准的情况：

（2）检查审核设计、勘察、施工、监理单位的工程档案资料及质量验收资料；

（3）实地检查工程外观质量，对工程的使用功能进行抽查；

（4）对工程施工质量管理各环节工作、工程实体质量及质保资料情况进行全面评价，形成经验收组人员共同确认签署的工程竣工验收意见；

（5）竣工验收合格，建设单位应及时提出工程竣工验收报告：验收报告还应附有工程施工许可证、设计文件审查意见、质量检测功能性试验资料、工程质量保修书等法规所规定的其他文件；

（6）工程质量监督机构应对于工程竣工验收工作进行监督。

二、工程项目安全管理

（一）工程项目安全控制的基本要求

1. 只有取得安全行政主管部门颁发的《安全施工许可证》后方可开工。

2. 总承包单位和分包单位都应持有《施工企业安全资格审查认可证》后方可组织施工。

3. 各类人员必须具备相应的执业资格才能上岗。

4. 所有新员工必须经过三级安全教育，即进厂、进车间与进班组的安全教育。

5. 特殊工种作业人员必须持有特种作业操作证，并严格按规定定期进行复查。

6. 对查出的安全隐患要做到"五定"，即定整改责任人、定整改措施、定整改完成时间、定整改完成人、定整改验收人。

7. 必须把好安全生产"六关"，即措施关、交底关、教育关、防护关、检查关、改进关。

8. 施工现场安全设施齐全，并且符合国家及地方有关规定。

9. 施工机械必须经安全检查合格后方可使用。

（二）工程项目安全控制的程序

1. 确定项目安全目标，按目标管理方法在以项目经理为首的项目管理系统内进行分解，从而确定每个岗位的安全目标，实现了全员安全控制。

2. 编制项目安全保证计划及实施。

3. 项目安全保证计划验证，包括安全检查、纠正不符合情况，同时做好检查记录工作。

4. 不断改进，直至完成建设工程项目的所有工作。

三、工程项目环境管理

（一）公路工程项目环境管理体系

通过制定和实施一套环境管理的国际标准，规范企业和社会团体等所有组织的环境表现，使之与社会经济发展相适应，改善生态环境质量，减少人类各项活动所造成的环境污染，节约能源，促进经济的可持续发展，环境管理体系的作用和意义具体可表现为以下几个方面：保护人类生存和发展的需要；国民经济可持续发展的需要；建立市场经济体制的需要；国内外贸易发展的需要；环境管理现代化的需要。

（二）环境管理体系的基本术语

①环境：组织运行活动的外部存在，包括空气、水、土地、自然资源、植物、动物、人，以及它们之间的相互关系。②环境因素：一个组织的活动、产品或服务中能与环境发生相互作用的要素。③环境影响：全部或部分由组织的活动、产品或者服务给环境造成的任何有害或有益的变化。④环境目标：组织依据其环境方针规定自己所要实现的总体环境目的，如可行应予以量化。⑤环境表现行为：组织基于其环境方针、目标和指标，对它的环境因素进行控制所取得的可测量的环境管理体系结果。⑥环境方针：组织对其全部环境表现（行为）的意图与原则的声明，它为组织的行为及环境目标和指标的建立提供了一个框架。⑦环境指标：直接来自环境目标，或为实现环境目标所需规定并满足的具体的环境表现（行为）要求，它们可适用于组织或其局部，如可行应予以量化。⑧环境管理体系：是整个管理体系的一个组成部分，包括了为制订、实施、实现、评审和保持环境方针所需的组织结构、计划活动、职责、惯例、程序、过程与资源。⑨环境管理体系审核：客观地获得审核证据并予以评价，以判断组织的环境管理体系是否符合规定的环境管理体系审核标准准则的一个以文件支持的系统验证过程，包括将这一过程的结果呈报管理者。⑩持续改进：强化环境管理体系的过程，目的是根据组织的环境方针，实现对整体环境表现（行为）的改进。

（三）环境管理体系的内容

1.环境方针。环境方针的内容必须包括对遵守法律及其他要求、持续改进污染预防的承诺，并作为制定与评审环境目标和指标的框架。

2.环境因素。识别环境因素时要考虑到"三种状态"（正常、异常、紧急）、"三种时态"（过去、现在、将来）、向大气排放、向水体排放、废弃物处理、土地污染、原料和自然资源的利用等问题；应及时更新环境方面的信息，从而确保环境因素识别的充分性和重要环境因素评价的科学性。

3.法律和其他要求。组织应建立并保持程序以保证活动、产品或服务中环境因素遵守法律和其他要求，还应建立获得相关法律和其他要求的渠道，包括对变动信息的跟踪。

4.目标和指标组织内部各管理层次、各有关部门和岗位在一定时期内均有一定的目标与指标，并用文本表示。组织在建立和评审目标时，应考虑的因素主要有环境影响因素、遵守法规和其他要求的承诺、相关方要求等，目标和指标应与环境方针中的承诺相呼应。

5.环境管理方案：组织应制订一个或多个环境管理方案，其作用是保证环境目标和指标的实现，方案的内容一般可以有：组织的目标、指标的分解落实情况，使各相关层次与职能在环境管理方案与其所承担的目标、指标相对应，并应规定实现目标、指标的职责、方法和时间表等。

6.组织结构和职责环境管理体系的有效实施要靠组织的所有部门承担相关的环境职责，必须对每一层次的任务、职责、权限做出明确规定，形成了文件并给予传达。

（四）公路工程项目环境管理程序

企业应根据批准的建设项目环境影响报告，通过对环境因素的识别和评估，确定管理目标及主要指标，并且在各个阶段贯彻实施公路工程项目的环境管理应遵循下列程序：确定项目环境管理目标；进行项目环境管理策划；实施项目环境管理策划；验证并持续改进。

（五）公路工程项目环境管理工作内容

项目经理负责现场环境管理工作的总体策划和部署，建立项目环境管理组织机构，制定相应制度和措施，组织培训，使各级人员明确环境保护的意义和责任。

公路工程项目经理部的环境管理工作应包括以下几个方面：

1.按照分区划块原则，搞好项目的环境管理，进行定期检查，加强协调，及时解决发现的问题，实施纠正和预防措施。保持了现场良好的作业环境、卫生条件和工作秩序，做到污染预防。

2.对环境因素进行控制，制定应急准备和相应措施，并保证信息通畅，预防可能出现非预期的损害。在出现环境事故时，应清除污染，并制定相应措施，防止环境二次污染。

3.应保存有关环境管理的工作记录。

4.进行现场节能管理，有条件时应规定能源使用指标。

（六）文明施工和环境保护

1.文明施工与环境保护的概念

文明施工是保持施工现场良好的作业环境、卫生环境和工作秩序。文明施工主要包括以下几个方面的工作：规范施工现场的场容，保持作业环境的整洁卫生；科学组织施工，使生产有序进行；减少施工对周围居民和环境的影响；保证了职工的安全和身体健康。

环境保护是按照法律法规、各级主管部门和企业的要求，保护和改善作业现场的环境，控制现场的各种粉尘、废水、废气、固体废弃物、噪声、振动等对环境的污染和危害。环境保护也是文明施工的重要内容之一。

2.公路工程施工现场环境保护

公路施工中的主要环境因素包括以下几点：①噪声污染；噪声污染主要发生在城市道路施工及预制厂场，如推土机、装载机、挖掘机、起重机、自卸汽车（含鸣笛）等施工机械作业；混凝土搅拌机、混凝土振捣棒、振动器、钢筋弯曲机、切断机等各种设备的运转；木工机具、模板拼装、脚手架安拆等，其噪声污染严重扰民。②扬尘污染。便道施工不洒水造成扬尘污染，主要来源是：现场水泥堆放、搬运和混凝土的机械搅拌；木工房飞溅的锯末；道路干燥及车轮的扬尘；装、卸造成的大气污染导致农作物减产严重；等等。③化学危险品、油料的泄漏污染。工地试验室都存有化学药品，若保管不善或使用不当均会洒落在地上产生污染。另外，油漆、汽（柴）油及其他化学材料的泄漏也会对环境造成恶劣影响。④对路堤边坡应及时植草绿化，在修筑较高挡土墙的同时，每隔一定距离栽植已发芽的灌木。⑤对施工临时的占地，应将原有土地表层耕作的熟土堆在一旁，待施工完毕将这些熟土再推平，恢复到原土地表层。

大气污染防治措施主要包括以下几点：①公路施工的堆料场、拌和站等应设在空旷的地方，相距 200m 范围内不应有集中居民区、学校等，②在采用沥青路面的路段，设置沥青混凝土搅拌站的位置既要适当、方便，又要符合卫生要求，卫生防护距离分级中规定保护距离为 300m。同时混凝土搅拌站应设在离开居民区、学校等环境敏感点以外的下风向处，并且不宜采用开敞式、半封闭式沥青熬化作业工艺。③施工材料运输时公路及便道应采取定时洒水降尘措施，对一些粉状材料运输时应加以遮盖水污染防治措施主要包括以下几点：①一些施工材料，如沥青、油料、化学品等不宜堆放在民用、水井及河流湖泊附近，防止雨水冲刷而进入水体。②施工人员的生活污水、生活垃圾、粪便等应集中处理，不能直接排入水体，施工管理区生活污水等无法接入市政排水管网时，要建化粪池进行处理。③桥梁施工中施工机械、船只要严格检查，防止了油料泄露。④严禁将废油、垃圾等随意抛入水体。

噪声防治措施主要包括以下几点：①当施工路段或工地距居民区距离小于150m时，为保证居民夜间休息，在规定时间内停止施工。②对于施工处附近的学校和单位，施工项目部应和他们商议，调整施工时间或采取其他措施，尽量减少施工噪声对教学和工作的干扰。③施工项目部要注意保养机械，使机械维持最低声级水平，安排工人轮流操作机械，减少工人接触高噪声的时间，对于在声源附近工作较长时间的工人，可采取发放防声耳塞、头盔等保护措施，让工人进行自身保护，④采取吸声、隔声、隔振和阻尼等声学处理的方法降低噪声。

3. 公路施工项目环境影响评价

公路施工项目环境影响评价发生在公路项目的前期，即对拟建项目可能对环境产生的不利因素进行分析，推测影响程度、持续时间、会产生哪些有利因素，预防不利因素的措施或如何变不利为有利；项目因施工对环境产生了哪些不利影响，程度如何，怎样预防和减少不利影响的发生等这是公路施工环境管理的前提条件，环境影响评价的主要内容如下：①项目建成后的社会环境影响。从整个社会角度出发，论述公路建设项目对所经地区的经济、物质和文化生活水平的影响等；②生态环境影响评价公路建设项目施工期间和建成后运营期对生态环境的影响；③环境空气影响评价对公路建设项目施工期间和建成后的运营期因扬尘或汽车尾气排放进行影响评价：④环境影响评价的技术要求。公路建设项目环境影响评价的技术要求，应以《公路建设项目环境影响评价技术规范》及有关环境保护法律及法规为准。

四、公路工程项目进度管理研究

（一）工程项目进度计划

一个工程项目能否在预定的时间内交付使用，直接关系到投资效益的好坏，尤其对生产或商业性投资来说更是如此。所以，对工程项目进度进行有效控制，使其顺利达到预定目标，是业主、监理工程师和承包人在进行项目管理时的中心任务和在项目实施过程中必不可少的重要环节。工程进度计划是实现控制的目标和标准。考虑项目的约束条件、制订科学的进度计划、实施过程中采用科学的控制方法是实现有效控制的基本保证。

1. 进度

在现代工程项目管理中，人们赋予进度以综合的含义，即将工程项目任务、工期、成本有机结合起来，形成一个综合指标，从而全面反映项目的实施状况工程活动包括项目结构图上各个层次的单元，上至整个项目，下至各个具体工作单元（有时直至最低层次网络上的工程活动），项目进度状况通常是通过各工程活动进度（完成百分比）逐层统计汇总计算得到的。

2. 进度控制

公路工程项目的进度控制是指对公路工程项目各阶段的工作内容、工作程序、延续时间和衔接关系，根据进度总目标和资源的优化配置原则编制计划，并将该计划付诸实施，在实施的过程中通过检查实际进度是否按计划要求进行，对出现的偏差分析原因，采取补救措施或调整、修改原计划，使之在下一循环中达到要求，如此循环往复，直至工程竣工验收交付使用，进度控制的最终目的是确保工程项目进度目标的实现。

3. 工期控制

工期控制与进度控制是两个既互相联系又有区别的概念工期控制的目的是使工程实施活动与工期计划在时间上吻合，即保证各工程活动按计划及时开工、按时竣工，保证总工期不推迟。进度控制的总目标与工期控制是一致的，但是控制过程中它不仅追求时间上的吻合，而且还追求劳动效率（消耗和劳动成果）的一致性由于在实际工程中对进度的控制又常常表现为对工期的控制，有效的工期控制才能达到有效的进度控制。

4. 进度、质量、费用关系

进度控制是工程项目建设中与质量控制、投资成本并列的三大目标之一。它们之间有相互依赖和相互制约的关系。进度加快，需要增加投资，工程能提前使用就可以提高投资效益；进度加快有可能影响工程质量，而质量控制严格，则有可能影响进度；但如果因质量的严格控制而不致返工，又会加快进度。因此，项目管理者在工作中要对三个目标全面系统地加以考虑，正确处理好进度、质量和费用的关系，提高工程建设的综合效益特别是对一些投资较大的工程，如能确保进度目标按计划完成，往往会产生较大的经济效益。

5. 工程项目进度计划系统

建设工程项目进度计划系统是由多个相互关联的进度计划组成的系统，它是项目进度控制的依据由于各种进度计划编制所需要的必要资料是在项目进展过程中逐步形成的，所以项目进度计划系统的建立和完善也有一个过程，它是逐步形成的。

根据建设项目进度控制不同的需要和不同的用途，业主方和项目各参与方可以构建多个不同的建设工程项目进度计划系统，由不同功能的计划构成进度计划系统，包括控制性进度规划（计划）、指导性进度规划（计划）、实施性（操作性）进度计划等。

6. 工程项目总进度目标的论证

（1）建设工程项目总进度目标论证的工作内容

建设工程项目的总进度目标指的是整个项目的进度目标，它是在项目决策阶段确定的，项目管理的主要任务是在项目的实施阶段对项目的目标进行控制。建设工程项目总进度目标的控制是业主方项目管理的任务（若采用了建设项目总承包的模式，协助业主进行项目总进度目标的控制也是总承包方项目管理的任务）在进行建设工程项目总进度目标控制前，首先应分析和论证目标实现的可能性。若项目总进度目标不可能实现，则项目管理者应提出调整项目总进度目标的建议，提请项目决策者审议。

（2）建设工程项目总进度目标论证的工作步骤

建设工程项目总进度目标论证的工作步骤如下：调查研究和收集资料；项目结构分析；进度计划系统的结构分析；项目的工作编码；编制各层进度计划；协调各层进度计划的关系，编制总进度计划；若所编制的总进度计划不符合项目的进度目标，则设法调整。若经过多次调整，进度目标无法实现，则报告项目决策者。

（二）项目进度计划的检查与调整

在工程项目具体实施过程中，按照建设工程项目进度控制工作的管理程序，有组织、有计划、科学合理地做好工程项目进度控制的各项工作。在工程月进度控制计划及年度进度控制计划的进度控制执行情况报告中，明确提出切实可行的改进措施。合理压缩影响工程总进度控制目标的部分工程子项设计进度计划，要求在条件具备的前提下提前完成工程设计。确保及时提供工程招投标及大型设备采购工作所必需的设计资料，使工程招投标及大型设备采购工作按工程进度控制目标正常进行。同时，合理压缩建设工程的施工周期，加强工程现场的组织管理和工作协调，对工程项目的系统进度控制计划进行必要的调整和动态控制，以指导下一阶段各项工程进度控制计划的顺利实施。

1. 进度计划的检查

进度计划的检查是计划管理工作中一项经常性的工作，宜采取定期检查或不定期检查相结合的办法。一般说来，进度控制的效果与收集数据资料的时间间隔有关。究竟多长时间进行一次进度检查，这是项目管理者应当确定的问题如果无法经常、定期地收集实际进度数据，就难以有效地控制实际进度检查的时间间隔与工程项目的类型、规模、咨询对象及有关条件等多方面因素相关，可视工程的具体情况，每月、每半月或每周进行一次检查。在特殊情况下，甚至需每日进行一次进度检查。这是计划在贯彻执行中发现问题、解决问题的先导，检查时间间隔过长就容易使存在的问题拖延而影响计划的完成。

2. 进度计划的调整

（1）总工期与施工主要资源的审查和调整

进度计划的时间计算完毕以后，首先就要审查计划总工期，看它是否符合建设部门或国家的要求，即是否在规定的工期范围之内：如计划工期不超过规定的工期，那么这个计划在工期这一点上就是可行的、符合要求的。如果计划工期超过了工期规定，那么就要调整计划工期，将它压缩到规定的工期范围之内；如果做不到这一点，那就要提出充分的理由和根据，以便就工期问题与业主或业主代表进行进一步商谈。另外，还要进一步估算施工主要资源的需要量，审查资源需要量和供应的可能性，看二者能否协调如果资源供应能够满足施工高峰对资源的需求，则这个计划也就被认为是可行的。如果在某一段时间内供应不能满足资源消耗高峰的需要，那就要对这段时间施工的工序加以调整，使它们错开时间，减少集中的资源消费，将其降到可能供应的水平之下。

（2）分析进度计划产生偏差的主要原因

进度拖延是工程项目建设过程中经常发生的现象。对进度拖延原因分析可采用因果关系分析图，影响因素分析表，以及工程量、劳动效率对比分析等方法，详细分析进度拖延的各种影响因素，以及各因素影响量的大小。进度拖延的原因是多方面的，常见的有以下几种：

①工程项目各相关单位之间的协调配合。工程项目是一个多专业、多方面协调合作的复杂过程，如果政府部门、业主、咨询单位、设计单位、物资供应单位、贷款单位、监理单位等各单位之间，以及土建、水电、通信以及运输等各专业之间没有形成良好的协作，必然会影响工程建设的顺利实施例如，工程设计通常是分阶段进行的，如果初步设计不能顺利得到批准，必然会影响到后续详细设计中的施工图设计、施工方案设计进度又如，资金方面，如果业主在工程预付款或进度款的支付中有所延迟，则会对施工单位的施工进度造成影响。

②工程变更。外界条件的变化，如设计变更、设计错误、外界（如政府，上层机构）对项目提出新的要求或限制；当建设工程在已施工的部分发现一些问题或者由于业主提出了新的要求而必须进行工程变更时，会影响设计工作进度：例如，材料代用、设备选用的失误将会导致原有工程设计失效而重新进行设计。

③风险因素，风险因素包括政治、经济、技术以及自然等方面的各种可预见或不可预见因素政治方面有战争、内乱、罢工、拒付债务、制裁等；经济方面有延迟付款、汇率浮动、换汇控制、通货膨胀、分包单位违约等；技术方面有工程事故、试验失败、标准变化等；自然方面有地震、洪水等。

④工期及相关计划的失误和管理过程中的失误。计划工期以及进度计划超出现实可能性；管理过程中的失误，如计划部门与实施者之间，总、分包商之间，以及业主和承包商之间缺少沟通，许多工作脱节等。

（3）分析进度偏差是否影响到其后续工作和总工期

当某项工作发生实际进度偏差时，需要分析该进度偏差是否影响到其后续工作的进展以及是否影响总工期，这在实际工作中需要借助网络计划进行判断根据该项工作是否处于关键线路、其进度偏差是否超过该项工作的总时差和自由时差判断对后续工作总工期的影响：例如，由于业主方对即将投入施工的某工程材料的要求发生改变而需要重新进行采购时，如果该工作不是关键工作（即不在关键线路上），其材料的重新采购不一定会影响到总工期和后续工作；如再继续分析发现采购时间超过了该项工作的自由时差而未超过总时差，则此次变更只影响到后续工作而未影响到总工期。通过进度偏差分析，进度控制人员可以根据进度偏差的影响程度，制定相应的纠偏措施进行调整，以获得符合实际进度情况和计划目标的新进度计划。

（4）采取进度调整措施，对项目进度计划的调整

调整工作顺序，改变某些工作间的逻辑关系。当工程项目实施中产生的进度偏差影响到总工期，并且有关工作的逻辑关系允许改变时，可以改变关键线路和超过计划工期的非关键线路上的有关工作之间的逻辑关系。

（5）编制可行的网络计划并计算技术经济指标

可行的计划一般不可能是最优的计划，但在受到种种条件限制的情况下，进一步优化往往是不容易的，而在进行工期和资源的调整时，实际也是根据优化的原则进行工作的，更何况初始方案本身从一开始就是按最低成本的要求编制的。所以，可以认为，可行计划既是一个切合实际的计划，也已经是一个较优的计划，是可供执行的。

可行计划既然常常就是供执行的计划，因此有必要计算其技术经济指标，如果与定额工期的比较、单位用工、劳动生产率（建筑安装工人）、节约率（与预算比较）、机械台班利用率等。通过这些指标既可以与过去的或先进的计划进行比较，也可以逐步积累经验，对提高管理水平来说，这是一项有意义的工作。

（6）进度计划的优化

可行计划还不是最优的计划，是因为它还存在加以改进的余地。所以，只要可能，对于可行计划还应逐步加以改进、优化，使之更加完善，以便取得更好的经济效果在工程实践中，要寻求最优计划在实际上是不可能的，只能寻求在目前条件下更令人满意的计划，所以，进度计划的检查和调整是一个持续改进的过程。

（7）整理变更资料、吸取教训

在采取上述措施调整进度以后，形成调整后的项目计划，作为继续实施的依据，同时整理变更资料，连同所选择的纠偏措施及从进度控制中吸取的其他方面的教训等形成文字材料，作为本项目或者其他项目的历史资料，以供参考。

（三）建设项目进度控制

建设项目的施工过程，也就是建筑产品形成的过程，在此过程中需要消耗大量的财力和物力。因此，项目施工进度控制是工程项目管理的重要组成部分，是项目施工进度计划实施监督、检查、控制和协调的综合过程。这一过程的效果如何，不仅对工程施工进度及资源协调和消耗水平有重要的影响，同时也将是衡量项目管理水平的重要标志。

建设项目的进度受多方面因素的影响，在项目执行过程中项目管理者需要事先对影响进度的各种因素进行调查，预测它们对进度可能产生的影响，编制可行的进度计划，指导建设项目按计划实施然而，在计划执行过程中，往往会出现一些新的情况，使得原定的进度计划难以执行，从而要求项目管理者在计划的执行过程中，掌握动态控制原理，不断进行检查，将实际情况与计划安排进行对比，找出了偏离计划的原因，特别是找出主要原因，然后采取相应的措施。措施的确定有两个前提：一是通过采取措施，维持原计划，使之正常实施；二是采取措施后不能维持原计划，先对进度进行调整或修正，再按新的计划实施这样不断计划、执行、检查、分析、调整计划的动态循环过程就是进度控制。

（四）进度控制的程序

进度控制随着建设的进程而展开，因此进度控制的总程序与建设程序的阶段划分一致。在具体操作上，每一建设阶段的进度控制又按计划、实施、检查及反复调整的科学程序进行进度控制的重点是建设准备和建设实施阶段的进度控制因为这两个阶段时间最长，影响因素最多，分工协作关系最复杂，变化也最大，但是前期工作阶段所进行的进度决策又是实施阶段进度控制的前提和依据，所以其预见性和科学性对整个进度控制的成败具有决定性影响。

1. 进度控制总程序

（1）项目建议书阶段

通过机会研究和初步可行性研究，在项目建议书报批文件中提出项目进度总安排的建议。它体现了业主对项目建设时间方面的预期目标。

（2）可行性研究阶段

对项目的实施进度进行较详细的研究。通过对项目动用时间要求和建设条件可能的相关分析，对不同进度安排的经济效果进行比较，在可行性研究报告中提出最优的一个或两、三个备选方案，该报告经评估、审批后确定的建设总进度和分期、分阶段控制进度，就成为实施阶段进度控制的决策目标。

（3）设计阶段

除进行设计进度控制外，还要对施工进度进行进一步地预测。设计进度本身也必须与施工进度相协调。初步设计应根据批准的可行性报告和可靠的设计基础资料进行编制。初步设计和总概算批准后，便可作为确定建设项目投资额、编制固定资产投资计划、签订总包合同及贷款合同、实行投资包干、控制建设工程拨贷款、组织主要设备订货、进行施工准备及编制技术设计文件（或者施工图设计）等的依据。初步设计和总概算应由投资者审批，特大型和特殊项目应由国家发展和改革委员会报请国务院批准。采用三阶段设计的技术设计根据初步设计文件编制，它和修正概算经批准后，是建设工程拨贷款和编制施工图设计文件的依据。施工图设计应根据批准的初步设计（或施工图设计）和主要设备订货情况进行编制，并据以指导施工。

（4）建设准备阶段

要控制征地、拆迁、场地清理和平整的进度，抓紧水、电、道路等建设条件的准备，组织材料、设备的订货，组织施工招标，办理各种协议签订和有关主管部门的审批手续。这一阶段工作头绪繁多，上下左右间关系复杂。每一项疏漏或拖延都将留下建设条件的缺口，造成工程顺利开展的障碍或打乱进度的正常秩序。因此，这一阶段工作及其进度控制极为重要，决不能掉以轻心。这一阶段还应通过编制和审批施工组织设计，确定施工总进度计划、首期或第一年工程的进度计划。

（5）建设实施阶段

进度控制的重点是组织综合施工和进行偏差管理：项目管理者要全面做好进度的事前控制、事中控制和事后控制除对进度的计划审批、施工条件提供等预控环节和进度实施过程的跟踪管理外，还要着重协调好总包不能解决的内外界关系问题：当没有总包单位，建筑安装的各项专业任务直接由业主分别发包时，计划的综合平衡和单位间协调配合的责任就更为重要；对于进度的事后控制，就是要及早发现并尽快排除相互脱节、总分争执和外界干扰，使进度始终处于受控状态，确保进度目标的逐步实现。与此同时，还要抓好项目动工的准备工作，为按期或提早项目动工创造必要而充分的条件

（6）竣工验收阶段

项目管理者不仅要督促和检查承包人的自验、试运转与预验收，还要协助业主组织设计单位和承包人进行初验，在具备条件后协助业主组织正式验收。在本阶段中，有关甲、乙方之间的竣工结算和技术资料核查归档移交、施工遗留问题的返修、处理等，都会有大量涉及双方利益的问题需要协调解决此外，准备验收过程中涉及大量准备工作，所以必须抓全、抓细、抓紧，这样才能加快验收的进度

2. 进度控制的内容

工程项目的进度控制是一个大系统，从目标上看，它是由进度控制总目标、分目标和阶段目标组成的目标系统；从进度控制所涉及的单位来看，它是由业主和承包人构成的庞大的组织系统；从进度控制计划上看，它是由项目总进度控制计划，单位工程进度计划和相应的设计、资源供应、资金供应以及投产动用等计划组成的计划系统而所有这些控制，一般由业主委托监理工程师实施进度总控制：由于参与建设的各主体单位其各自的进度控制目标不同，所以它们的进度控制的内容也不尽相同。

（1）监理单位的进度控制内容

在设计前的准备阶段，向业主提供有关工期的信息和咨询，协助其进行工期目标和进度控制决策；进行环境和施工现场调查与分析，编制项目进度规划和总进度计划，编制设计前准备工作详细计划并控制其执行；发出开工通知书；审核总承包人、设计单位、分承包人及供应单位的进度控制计划，并且在其实施过程中，通过履行监理职责，监督、检查、控制、协调各项进度计划的实施；通过核准、审批设计单位和承包人的进度付款，对其进度实行动态间接控制，妥善处理和核批承包人的进度索赔。

（2）设计单位的进度控制内容

编制设计准备工作计划、设计总进度计划和各专业设计的出图计划，确定计划工作进度目标及其实施步骤；执行各类计划，在执行中加强检查，采取相应措施排除各种障

碍，包括必要时对计划进行调整或修改，保证计划的实现；为了承包人的进度控制提供设计保证，并协助承包人实现进度控制目标；接受监理单位的设计进度监理。

（3）承包人的进度控制内容

根据合同工期目标，编制施工准备工作计划、施工方案、项目施工总进度计划和单位工程施工进度计划，以确定工作内容、工作顺序、起止时间和衔接关系，为实施进度控制提供依据。

3. 工程项目进度控制的含义和目的

工程项目管理有多种类型，代表不同利益方的项目管理（业主方和项目参与各方）有不同的进度控制任务，其控制的目标和时间范畴也是不相同的。工程项目进度控制是一个动态的管理过程，它包括了进度控制目标的分析和论证，以及在收集资料和调查研究的基础上编制进度计划和进度计划的跟踪检查与调整等。

工程项目是在动态条件下实施的，如果实施过程中只重视进度计划的编制，而不能够根据实际情况进行必要的调整，那么进度将无法得到有效的控制。为实现进度目标，进度控制的过程也就是随着项目的进展，进度计划不断调整的过程。

进度目标分析和论证的目的是论证进度目标的合理性，结合实际情况进度目标是否能够实现；如果经过科学的论证，目标不能实现，则必须对进度目标进行调整。

进度计划的跟踪检查与调整包括：定期跟踪检查所编制的进度计划执行情况，以及纠正执行过程中的偏差，并视实际情况对进度计划进行必要的调整，工程项目进度控制的目的是通过进度控制实现工程项目的进度目标

4. 工程项目进度控制的任务

（1）工程项目进度控制的任务

在项目实施过程中，代表不同利益的项目管理参与方有不同的工程项目进度控制任务，具体体现在以下几点：

①业主方进度控制的任务是控制整个项目实施阶段的进度，包括控制设计准备阶段的工作进度、设计工作进度、施工进度、物资采购工作进度，以及项目动用前准备阶段的工作进度。

②设计方进度控制的任务是依据设计任务委托合同对于设计工作进度的要求控制设计。

③工作进度，这是设计方履行合同的义务。另外，设计方应尽可能使设计工作的进度与招标施工和物资采购等工作进度相协调。

④供货方进度控制的任务是依据供货合同对供货的要求控制供货进度，这是供货方履行合同的义务，供货进度计划应包括供货的所有环节，比如采购、加工制造、运输等。

（2）工程项目进度控制的依据

①项目进度计划。批准的项目进度计划称为进度基准计划。进度基准计划在技术和

资源方面都必须是可行的。

②进度报告。进度报告提供了有关进度绩效的信息，如哪些计划的日期已经达到，哪些还没有。进度报告还可提醒项目团队注意将来有可能引起问题的事项。

③变更申请：变更申请可以是直接的或间接的，也可以从外部或内部提出。变更申请可能是请求延缓进度或加快进度：

④进度调整计划：进度调整计划是指如何调整原来制订的计划，是进行项目进度调整的主要原则依据。

5. 工程项目进度控制的方法和措施

（1）工程项目进度控制的方法

进度控制的方法包括行政方法、经济方法以及技术管理方法等。

①进度控制的行政方法。用行政方法控制进度，是指上级单位及上级领导人、本单位的领导层及领导人利用其行政地位和权力，通过发布进度指令进行指导、协调、考核，利用激励手段（奖、罚、表扬、批评）监督、督促等方式进行进度控制。使用行政方法进行进度控制，优点是直接、迅速、有效，但应当注意其科学性，防止武断、主观、片面的瞎指挥。行政方法应结合政府监督和社会监理开展工作，指令要少些，指导要多些。

②进度控制的经济方法。进度控制的经济方法，是指用经济类的手段对进度控制进行影响和控制，主要有：银行通过对投资的投放速度控制工程项目的实施进度；承发包合同中写进有关工期和进度的条款；业主通过招标的进度优惠条件鼓励承包人加快进度；业主通过工期提前奖励和延期罚款实施进度控制；通过物资的供应数量和进度实施进行控制；等等。

③进度控制的技术管理方法进度控制的技术管理方法是指通过各种计划的编制、优化、实施、调整而实现进度控制的方法，包括流水作业方法、科学排序方法、网络计划方法、滚动计划方法、计算机辅助进度管理等等。

（2）工程项目进度控制的措施

进度控制的措施包括组织措施、管理措施、经济措施和技术措施等。

（1）进度控制的组织措施，组织是目标能否实现的决定性因素，为实现项目的进度目标，应充分重视健全项目管理的组织体系进度控制的主要工作环节包括进度目标的分析和论证、编制进度计划、定期跟踪进度计划的执行情况、采取了纠偏措施以及调整进度计划。

（2）进度控制的管理措施，建设工程项目进度控制的管理措施涉及管理的思想、管理的方法、管理的手段、承发包模式、合同管理和风险管理等。

（3）进度控制的经济措施，建设工程项目进度控制的经济措施涉及资金需求计划、资金供应的条件和经济激励措施等。

（4）进度控制的技术措施，建设工程项目进度控制的技术措施涉及对实现进度目标有利的设计技术和施工技术的选用不同的设计理念、设计技术路线以及设计方案会对工程进度产生不同的影响。在设计工作的前期，特别是在设计方案评审和选用时，应对设计技术与工程进度的关系进行分析比较在工程进度受阻时，应分析是否存在设计技术的影响因素，为实现进度目标有无设计变更的可能性，如采用电子计算机控制进度的措施等。

施工方案对工程进度有直接的影响，在决策其选用时，不但应分析技术的先进性和经济合理性，还应考虑其对进度的影响，在工程进度受阻时，应分析是否存在施工技术的影响因素，为实现进度目标有无改变施工技术、施工方法和施工机械的可能性。

第二节　桥梁工程项目管理

一、桥梁工程施工绪论

（一）桥梁工程施工全面质量、安全管理的必要性

建设项目管理（Projectmanagement，PM），是指运用系统思想和科学的理论方法，对建设项目全过程进行的计划、组织、控制、协调等管理，在规定的质量和工期要求下，提高投资效益。作为基础设施建设项目，桥梁工程具有涉及面广、施工工艺复杂、工程量大、标准高、专业性强、人员分散等特点，其建设管理的成功与否不仅关系到项目投资效益的高低，更直接影响到当地及沿线经济的发展，影响到社会资源的有效配置。随着桥梁工程建设规模不断扩大，社会期望目标日益提高，对于桥梁工程管理的要求也越来越高。

桥梁工程建设管理与一般的建设项目管理相比，具有长期性、复杂性、多方协调性、社会性和目标多重性等特点。

1. 长期性

桥梁工程尤其是大型、复杂结构桥梁项目的管理期较长，从立项、预可行性研究、工程可行性研究、图纸设计、招标确定施工以及监理单位、工程施工、交工验收、试运行到最后竣工验收，一般要跨越多个年份。

2. 复杂性

桥梁工程建设施工需要多种专业性很强的施工队伍和施工人员的参与，技术难度大，交叉作业点多。由于参建单位的不同、人员组成复杂、变动大，项目参建各方在技术水平和管理能力的强弱，直接关系到了桥梁建设项目的建设质量、工程进度和管理效率。

3. 多方协调性

桥梁工程建设项目的涉及面很广，在一个完整的建设周期内，涉及交通主管部门、业主单位、设计单位、承包商、监理单位等诸多直接相关单位；同时，沿途还涉及各级政府、电力电信、材料供应厂家等多个部门。因此，桥梁工程建设管理不仅要解决好项目组织内部的协调问题，还应该处理好项目的外部协调，包括与政府部门、金融组织、社会团体、服务单位、新闻媒体及周边群众等的协调。

4. 社会性

桥梁工程建设项目投资额度大，建设完工以后将长期发挥作用，这就决定了它的社会性，即项目实施过程中和投入使用后，会给当地经济、社会和环境带来影响。同时，桥梁工程质量、安全直接关系到国计民生，影响到了人民群众生命财产安全和社会的稳定。因此，在桥梁工程建设管理过程中必须考虑到其社会性的特点，将促进所在地区经济与社会发展作为项目建设目标之一，对社会效益和环境效益加以重点考虑。

5. 目标多重性

由于项目各参建单位的利益出发点不同，其目标体系具有不一致性与一致性的矛盾。一方面，各个单位的具体目标与总体目标之间存在不一致性。例如，对于桥梁工程建设项目的业主来说，目标是建设项目早日建成投入使用，同时实现投资最小、工期最短、质量最佳，以及项目建成投入使用以后带来的社会效益与环境效益等最大化；而承包商追求的是从事该项工作可给本单位带来的利润，对于建设项目本身的效益并不关心。另一方面，由于各个参建单位能够保证其目标实现的前提是建设项目的完成，即按照业主的要求在保证总目标实现的前提下才能实现具体单位的分目标，因此又具有目标的一致性。桥梁工程建设管理的过程本身就是目标不一致性与一致性的矛盾和统一，具有管理的难度，需要建立以业主为主体的激励与约束机制来实现其管理。

（二）桥梁质量、安全管理的局限与趋势

桥梁质量、安全管理的目的是通过加强施工过程中的管理消除影响质量，安全的不利因素，以保障桥梁实体质量和作业人员的人身安全。然而，传统的管理方式由于自身的局限性，难以完全有效地达到预期目的。传统的管理方式的缺点主要体现在以下几点：

一是管理不系统。无论是质量管理还是安全管理，强调的都是独立管理主体的责任和义务，难以形成多主体共同参与的系统性管理，形成较多的管理界面搭接处的模糊地带，影响管理执行的效率。

二是忽视管理环境。重视对人的责任追究，忽视整体管理环境对个体行为选择的影响，没有深入探究人与环境之间的内在关系，对于目标的管理偏重于控制而缺乏对个体主动性的调动。

三是管理手段较为单一。桥梁工程的技术含量较高，施工难度较大，在管理过程中单纯依靠现场的监督和控制，不一定能够保证桥梁的实体质量。另外，安全工作的重点

往往放在事故的追查与处理上，缺乏事前的整体布控，难以实现对于施工安全的主动控制。

针对传统管理模式的弊端，结合我国桥梁工程建设的特点，先进的管理理论和管理方法正逐步引入或提出。宏观层面，桥梁工程建设管理体制深入改革，如投融资体制不断改革与完善，建设项目法人责任制、招标投标制、合同管理制和建设监理制的积极推行，这些措施对桥梁工程建设事业的发展起到了有效的促进作用。在项目管理层面，传统的各自为政的管理方式也在逐渐发生变化，针对独立的考虑自身的利益而忽略了项目整体以及其他参与方的利益要求，导致项目内部的冲突对抗状况严重，消耗项目整体的收益的问题，项目管理者开始探索整体利益最大化的管理方式，通过协同各参与方的利益与管理行为，实现项目整体系统化的管理，从而降低管理过程中的内部消耗。

因此，建设项目质量、安全管理逐渐趋向于系统化管理的阶段，将质量管理、安全管理视为项目管理中的一个子系统，将质量、安全目标与其形成过程、影响因素等结合起来进行管理，以体系化管理的方式保证系统目标的实现。

（三）桥梁工程施工全面质量、安全管理的意义

桥梁是铁路、公路等基础设施跨越河流、山谷等地质环境的主要方式，其质量和安全事关人民群众生命财产安全，事关国民经济安全稳定运行，事关党和政府的公众形象。经济社会发展对工程质量和安全施工要求不断提高，人民群众对桥梁工程质量和安全的关注程度不断增强，社会舆论对工程质量和安全的监督力度不断地加大，所以桥梁工程建设项目的质量和安全监管任务将更加艰巨。

桥梁工程质量安全不仅关系到工程的适用性和项目的成本效果，而且关系到人民群众的生命财产安全。在新的管理理念和管理方法的引导下，构建施工全面质量、安全管理体系的意义体现在以下几方面：

1. 有助于保证建设工程质量

建设工程质量具有形成过程复杂、质量责任关系复杂和施工工序交义复杂等特性。建设工程是通过从项目可行性研究到工程竣工交付使用的全过程形成的最终产品，其各个阶段的质量决定其最终的质量；建设工程质量形成了涉及的建设主体和部门较多，合同关系、质量责任关系复杂；建设工程往往工作量大，涉及工种多，交叉作业多，施工过程协调难，具有工序质量交错的复杂性。因此，建设工程产品质量管理是一个全方位、全过程、全面管理的过程，需要建设单位的质量管理，需要建设单位及其委托的中介组织进行质量监督，也需要分包单位和材料、构配件、设备供应单位的质量管理，尤其是需要独立于各参建主体以外的建设工程质量政府监督机构对其进行全方位、全过程、全面的监督管理，以通过各个阶段、各个方面的建设工程质量管理，保证建设工程产品的最终质量。

2. 有助于保证施工安全

在以人为本的社会大环境中，安全作为人类生活的基本保障，是构建和谐社会的必

然要求。一方面，安全管理的重视得到强化；另一方面，传统的事后追究责任的安全管理模式已无法适应安全管理的需求，也不利我国融入世界先进的市场竞争。桥梁安全的体系化管理，是在新的管理理念下构建的系统化管理方式，既是对安全管理的一种探索，也是全面管理思想在安全管理中的具体运用，能够从事前、事中、事后三个层面对安全进行全方位的控制，同时通过对突发事件的应急管理，实现安全的全面管理。

3. 有助于推动管理实践的发展

对工程施工全面质量管理和安全管理研究的根本目的在于探索适用于桥梁工程施工阶段的目标管理方式，以指导桥梁施工实践。目前，我国已进入桥梁建设的大发展时期，而桥梁工程技术含量高、野外作业、参与方多等特征决定桥梁工程质量、安全管理任务的艰巨性。因此，探究桥梁工程施工质量、安全管理的理论并以此指导工程实践具有现实意义。

二、桥梁工程质量形成过程

桥梁工程项目的建设过程，也是桥梁工程项目质量的形成过程，是一个系统过程。在这个过程中，各阶段、各个环节的工作彼此相互联系、承前启后，并且有其内在的规律性。实践证明，遵循这一规律，项目的建设活动就符合客观实际，工作就顺利，项目的建设质量就好。反之，违背这一规律，往往欲速则不达，甚至要受到客观规律的惩罚，极大地影响项目的建设质量。

因此，人们要从实际出发，根据项目的特点和建设条件，严格把好建设过程中各个阶段的质量关。桥梁工程项目质量只有在坚持合理的建设程序，及依次进行决策、设计、施工、交（竣）工验收四大环节的基础上，才能实现其质量目标。

通过桥梁工程项目质量的系统分析，桥梁工程项目建设质量不应仅仅指桥梁工程项目建设的最终结果，还应包括建设过程本身的工作质量。也就是说，桥梁工程项目应当包括桥梁工程项目决策质量、桥梁工程项目设计质量、桥梁工程项目施工质量、桥梁工程项目回访保修质量。

在桥梁工程中，施工现场是桥梁最终形成的场所，在整个桥梁质量形成的过程中，施工阶段质量管理是核心。桥梁施工质量控制的重点决不能放在施工完毕后的验收，而必须放在桥梁施工过程中，所以桥梁工程质量管理的核心内容是施工过程质量控制。

三、桥梁工程质量管理主体结构

《中华人民共和国建筑法》《建设工程质量管理条例》中明确规定，桥梁工程施工质量管理是一个各方参与、相互制约、互相协调的过程，参与各方在施工过程中扮演不同的角色，承担不同的职责，管理主体包括建设工程的政府主管部门、建设单位、施工单位以及勘察设计单位、工程监理及咨询单位、施工监控单位、材料供应单位、构配件供应单位、设备供应单位等，这些主体在建设工程质量监管中发挥各自的质量控制职能和作用，在这些质量管理主体中，建设工程的政府主管部门、建设单位侧重于从建设工程质量外部进行管理，而建设主体侧重于从建设工程质量内部进行管理。

按照各参与主体在质量管理中的责任，可将其划分为四个层次：第一层次为政府行政主管部门及受其委托的建设工程质量监督机构，形成监督层；第二层次为建设单位及其代表监理单位，形成质量管理层；第三层次为施工方，包括承包商和分包商，形成工程质量的执行层；第四层次为作业方，即指具体的操作人员，形成了作业层。另外，桥梁施工过程中的监控方形成第三方技术监控，从技术层面检查桥梁施工过程中的质量。

对质量管理主体进行层次划分有利于明确各建设责任主体的身份和职责，从而理顺相关单位在工程质量监督中的相互关系，达到工程建设事件中不断完善和发展工程质量监管，以及提高工程质量的目的。其中，政府主管部门是第一层次，负责宏观政策的制定以及对市场行为主体的质量行为监督；建设单位及监理单位是第二层次，负责组织项目各参与方制定符合工程项目质量要求并为各参与方所接受和执行的相关制度、组织架构等；作为执行层的施工方为第三层次，负责制定具体的作业流程和作业质量控制、检查方案等；第四层的作业方应严格遵循每道施工工序，按照施工工艺流程和规范进行操作。这四个层次相互独立、相互联系、相互影响，并且与施工监控方形成质量管理多维层次结构。

（一）政府主管部门

政府行政主管部门及其委托的质量监督机构不是建筑市场主体，不承担工程质量责任，但承担监管责任，并且从宏观和微观两个方面对工程项目质量实施监督管理。宏观层面上，通过建立和健全法律法规体系，规范和约束责任主体的质量行为，掌握和运用市场经济规律，规范和约束责任主体的质量行为，从根本上把握和加强工程质量控制。微观层面上，通过对准入制度、许可制度，资格认证，对参与各方进行监督检查，抽查施工过程中的质量安全，保证工程质量与安全。

（二）业主方及监理方

业主作为投资者，依照业主负责制、工程监理制、合同管理制和招标投标制等法律法规，依法行使工程监管权力。业主委托专业的社会监理、咨询服务机构代为履行监管职责，将更多的精力用于项目开发、可行性研究、资金筹划及办理基建程序有关手续等方面。监理受业主的委托，在合同规定的范围内对工程建设的投资、质量、进度进行全过程控制，对有关合同和信息进行管理。道道工序检查，层层把关签字，代表业主监管施工、设计（如有委托）的质量，使工程投资、建设及质量监管进入良性循环。

（三）设计方及施工方

虽然设计单位不是参与工程建设的主体，但是工程建设的责任主体之一。设计不但与业主有直接关系，而且通过业主与施工、监理、社会公众有间接关系。设计质量不但直接影响业主工程的建设成本，而且其直接关系着建筑产品的质量和人民的生命、财产安全。因此，加大审图单位对设计质量的监管和设计监理的力度刻不容缓。施工单位既是工程建设的主体，又是工程建设的责任主体，也是施工质量的兑现者。所以，法律法规对勘察设计、施工单位质量行为责任做了明确界定，明确了设计单位是设计质量的兑现者，施工单位是施工质量的兑现者，均属被监管的层次。这就坚持了"谁设计谁负责""谁施工谁负责"这一质量责任国际惯例的关系原则。

（四）监控方

在桥梁工程质量控制中，需要注意的是作为独立第三方的咨询单位，即桥梁施工监控方。桥梁监控是桥梁施工过程中，按照实际施工工况对桥梁结构的内力和线型进行量测，经过误差分析，继而修正调整以尽可能达到设计目标。由于建桥材料的特性、施工误差等是随机变化的，所以施工条件不可能是理想状态。通过桥梁施工监控对桥梁的施工进行量测、识别、修正、预告，然后进行下一步施工的循环指导过程，能够实现确保施工中结构的安全，保证结构的外形和内力在规定的误差范围之内符合设计要求的目的，从整体上保证桥梁的施工质量。

目前，根据桥梁施工监控的实际情况，可将桥梁施工监控分为由业主方聘请施工监控和由施工方聘请施工监控两大类。由于业主方聘请施工监控和施工方聘请施工监控在服务对象和服务性质上的差异，所以施工监控方在项目组织中的地位以及责任与权力有较大差别。

四、桥梁工程全面安全管理概述

（一）桥梁工程施工全面安全管理概述

1. 桥梁工程施工安全管理

安全是指不受威胁，没有危险、危害、损失，互相不伤害，不存在危险的危害的隐患，是免除了不可接受的损害风险的状态。安全是在人类生产过程中，将系统的运行状态对人类的生命、财产、环境可能产生的损害控制在人类能接受水平以下的状态。

广义的桥梁工程施工安全包括了工程安全和施工过程的工作安全。工程安全与桥梁工程实体的质量密切相关，工作安全则是指工程实体形成过程中安全管理对象或要素的安全，工作安全直接影响工程安全的形成。安全管理可以定义为管理者为保护员工在生产过程中的安全与健康，对于生产活动进行的计划、组织、指挥、协调和控制的一系列活动。桥梁工程施工安全管理是安全管理原理和方法在桥梁工程的具体应用，包括宏观的安全管理和微观的安全管理两个方面。宏观的安全管理主要是指国家安全生产管理机构以及相关行政主管部门从组织、法律法规、执法监察等方面对桥梁项目的安全生产进行管理。它既是一种间接的管理，也是微观管理的行动指南。微观的安全管理主要是指直接参与对项目的安全管理，包括业主或业主委托的监理机构、中介组织、施工方等对项目安全生产的计划、实施、控制、协调、监督和管理。微观管理是直接的、具体的，它是安全管理思想、安全管理法律法规及标准指南的体现。

2. 桥梁工程施工全面安全管理的内涵

（1）桥梁工程施工全面安全管理的概念，桥梁工程施工全面安全管理是指在现行安全生产法律、法规和项目安全目标指导下，各参与方各司其职、协同配合，构建系统的安全管理保障体系，运用行政、经济、法律、技术等一系列手段，对桥梁工程实体形成过程中影响桥梁工程施工安全的要素进行全面控制和监管，并且做好事故预防和实施工程中的安全状态动态评价，及时排除不安全因素，将项目实施过程中可能出现的生命、财产损失控制在人们所能接受水平以下的状态。

（2）桥梁工程施工全面安全管理的范畴，全面安全管理不同于传统的安全管理，是全员、全要素、全过程的安全管理，管理主体涉及桥梁工程项目的各参与方，管理对象的范围更广，更强调参与方协调配合的整体效应，反映了动态控制、趋势分析的安全管理思路。其范畴主要包括以下几个方面：体系化的安全管理，全面安全管理倡导体系化的安全管理理念，即强调参与方协调配合的整体效应，站在项目整体视角，构建政府主管部门、业主、施工方、监理、设计单位全员参与和协同管理的安全管理体系，在此基础上设计系统、兼容的安全保障机制，各参与方依据项目安全管理的流程，对影响桥梁工程项目安全的要素实施全面管理。全面安全管理要素涵盖的内容更广泛，不同于传统安全生产管理的针对人、物的管理，提出了施工过程影响桥梁工程安全的人、机械设备、结构与构件、施工工艺、环境五要素，将针对五要素的安全控制及其监管作为安全管理的核心内容。安全管理的主要对象涵盖了工程结构及构件安全，如将实体结构或构件的位移、挠度、应力、裂缝等带来的安全性列入安全管理的对象范畴。同时，将桥梁施工安全事故预案的编制及应急管理纳入安全管理的范围。

（3）动态的安全管理，全面安全管理强调基于过程的、动态的安全管理，即以危险源的识别、安全施工方案的编制、基于要素和细节的安全控制及监管、动态安全评价、循环为主要内容，按照计划、实施、检查和处置四个步骤循环进行，并在循环过程中不断进行自我完善，以提高安全管理水平；安全管理定义中更包含了"施工过程中某一时刻的安全状态与变化趋势"的含义，相比以前的安全更增加对施工过程的安全监控内容，据此及安全管理相关要素的状态建立评价指标体系，构建动态评价模型，通过动态评价能够更加全面地反映桥梁在施工过程中某一时刻的安全状态及其发展趋势，以便及时做出安全预警，调整安全管理方案。

（二）桥梁工程施工全面安全管理体系的维度

桥梁工程施工全面安全管理的实施，需要各参与方的协调配合，在组织、制度、文化、信息的安全保障下，对桥梁工程施工中的要素、环节进行全面管理，实现了全面安全管理的目标。桥梁工程施工全面安全管理体系包含三个维度，即主体、保障体系、过程。

1. 安全管理的主体

安全管理的主体是工程项目的参与者、实施者，桥梁工程施工安全管理的主体主要包括建设行政主管部门、业主单位、施工单位、监理单位、勘察设计单位。建设行政主管部门既是工程项目安全管理相关制度的制定者，也是施工安全监督者、保障者。主管部门依据国家的法律法规和技术标准规范，对工程项目进行监督和管理。

业主单位既是工程项目的投资方，也是连接项目各参与方的纽带。业主要加强安全管理的意识，协调、监督各参与方行为，共同实施的项目全面安全管理。施工单位是工程项目的实施者，是项目安全主要责任人，是安全管理的主要参与方。施工方要按照国家有关安全施工的法律法规、安全技术标准与规范等，对施工全过程进行安全管理。

监理单位是工程项目的监督者。监理单位不仅要对业主负责，而且还应当承担国家法律、法规规定的和建设工程监理规范所要求的责任，积极贯彻落实安全生产方针政策，督促施工单位按照有关安全法律法规，落实各项安全技术措施，有效杜绝各类安全隐患，杜绝、控制和减少各类伤亡事故，进行安全生产。

勘查设计单位对工程项目的安全管理也有重要责任。在正式施工开始前，勘查设计单位要和施工单位进行技术交底，参与安全施工方案及专项安全方案的编制和审核，并参与重大安全事故救援等。

2. 桥梁工程施工全面安全管理的保障体系

安全管理的基本保障有组织保障、制度保障、文化保障、信息保障。

（1）组织保障，桥梁施工全面安全管理工作的实施需要项目的各个参与方共同协调配合才能完成。各参与方了解相互间的联系，明确了各自的主要职责和内部的岗位职责，建立起全面安全管理的组织结构，保障全面安全管理的顺利实施。

（2）制度保障，安全生产管理制度是工程施工能够顺利进行的重要保障。

制定规范的安全生产管理制度能促使每个行为个体都按照制度行事，使其"一言一行"都有章可循。安全生产管理制度既规范了个人的行为，又可使工程有组织、有计划地进行。

（3）文化保障，多年来的安全生产实践说明，造成安全事故发生的原因中，人的因素是主要问题之一，主要表现为安全意识淡薄、安全知识贫乏、安全技能不足、安全行为不规范，其中安全意识和安全行为问题尤为突出。因此，建设安全文化对于安全管理有重要的现实意义。全员进行安全文化建设教育，树立大安全观的思想，自觉遵章守纪，自律行为和规范，形成了良好的安全行为习惯，有利于实现全面安全管理的目标。

（4）信息保障，安全信息是安全活动所依赖的资源，安全管理就是借助大量的安全信息进行管理。只有充分发挥和利用信息科学技术，才能使安全管理工作在社会生产现代化的进程中发挥积极的指导作用。在工程项目中，各种安全标志、安全信号就是信息，各种伤亡事故的统计分析也是信息。掌握了准确的信息，就能进行正确决策，就能更好地实施工程全面安全管理。

3. 桥梁工程施工全面安全管理的过程

桥梁工程施工全面安全管理的过程，是参与方协同配合，依照一定的安全管理流程，确保项目的顺利实施和安全目标实现的过程。安全管理的核心工作包括危险源的识别、安全施工方案及应急预案的编制与审核、施工过程的全员全要素安全管理、安全状态的动态评价、竣工验收过程的安全管理及突发事故应急管理。

（1）危险源的识别：根据桥梁的特点及其他类似工程的经验，对施工工程中的危险源进行识别，并建立危险源清单，尽量避免或减少施工工程中可能出现的安全事故。

（2）安全施工方案及应急预案的编制与审核：在项目开工前，施工单位应编制安全施工组织设计、安全专项施工方案和应急预案。同时，监理单位要做好审核工作。

（3）施工过程的全员全要素安全管理：在施工过程中，施工方、业主（监理方）、勘查设计方、主管部门都要参与到安全管理中，共同配合、管理和控制，有效实现全面安全管理的目标。

（4）安全状态的动态评价：从全面安全管理的不确定性因素处理和动态

评价考虑，对桥梁工程安全状态进行动态评价，并且对安全状态的趋势进行预测，以便及时发现问题，规避风险。

（5）竣工验收过程的安全管理：在竣工验收过程中，业主（监理）应把握验收环节，加强验收的安全监管，认真审核施工方提交的竣工验收报告等相关资料，特别是安全措施和设施施工情况的相关资料，必要时进行现场抽查、测试相关项目。

（6）突发事故应急管理：对于突发事故进行应急管理，以确保事故发生后能够及时得到处理，使事故引发的人员伤亡和财产损失降到最低标准。

第三节　公路桥梁工程项目管理优化创新

一、公路桥梁施工项目管理模式优化研究

影响项目管理稳定运行的现实因素有很多，只有促进其内部各个应用环节的协调，健全相关工程管理模式体系，相关的工作人员能够足够重视这个问题才能确保项目的安全运转。公路桥梁项目建设是国家基础建设中主要的组成部分，所以进一步严格管理公

路工程是十分必要的。工程项目管理的最终结果和企业的最终经济利益是相辅相成的，所以健全公路桥梁施工项目管理体系是当今工作的重点内容，有必要加强项目管理的重视程度。

（一）公路桥梁施工项目管理模式的内涵

公桥梁路施工项目管理模式，简单地说是施工企业对公路桥梁施工项目建设全过程进行计划、协调、指挥、组织与控制活动而建立的项目管理模式，是为了实现工程项目安全进行，确保工程平稳开展。如按照项目管理的层次划分，公路桥梁施工项目管理模式可以分为具体模式和总体模式。公路施工企业分公司对项目部、总公司对分公司在资源配置等总体方面所形成的管理模式称为总体模式。具体到项目实施每个环节的管理模式，是公路施工企业项目管理中的具体模式，包括机械设备管理模式、物料管理模式、人力资源管理模式、信息管理模式、风险管理模式、合同管理模式、进度管理模式、安全环保管理模式、质量管理模式、技术成本管理模式、技术管理模式等。

（二）公路桥梁施工项目管理的特点

1. 公路桥梁施工项目管理的基本概念

从实质上来说，公路桥梁工程施工项目管理的概念是项目管理的一个分支，其主体是施工单位，目标是保证施工环节安全有序进行，主要内容包括控制好施工质量、施工制度、施工成本等方面，以及管理好信息、合同、安全等方面。其优点在于能将工程建设中的重点和难点凸显出来，方便管理人员能够很好地把握，还能协调好组织内部的关系，确保公路桥梁施工工序的顺利进行。

2. 公路桥梁项目管理

公路桥梁工程施工项目管理所涉及的范围较为明确和固定，所以其特点更加具体和鲜明，而一般项目管理的特点更加模糊，难以分辨。公路桥梁项目管理的特征如下：

（1）多变性：施工人员受教育程度的不同决定了其综合素质的不同，这就会导致了工作态度不一致，有的拖泥带水，有的严格认真，而项目管理的任务是随着施工阶段和施工条件的改变而变化的，这就是多变性存在的原因。

（2）复杂性：主要由于工程项目突发状况多，没有规律性，加上管理的内容繁多，导致不利于管理。

（3）协调性：协调性也是项目管理的基本要求，保证各项工作协调有序进行是公路桥梁工程项目管理的主要目的，保证整个公路桥梁施工活动有效开展，只有在满足上述基本前提才能进行。从项目管理理念出发，在合适的合同条款下应用合理的技术，满足公路桥梁工程的设计要求，是工程项目管理最基本的内容。

3. 公路桥梁施工项目管理状况

（1）管理模式

良好的管理模式的创建直接决定了施工项目的管理质量的好坏。制定合理的管理模式时，要结合多种要素进行考虑。但是目前我国现如今的情况比较滞后，公路桥梁项目管理模式大多还在采用计划经济的方式。这种模式下多以硬性指令和行政为主，人性化的因素较少，没有以科学合理作为出发点，也没有落到实处。没有科学的依托，就只能在建立管理模式时多依存以往的自我思想和经验意识，虽然并非完全不合理，但很容易带来管理上不必要的失误。

（2）人员素质

在工程施工时，人员的素质直接影响管理水平的高低。由于公路桥梁工程规模浩大，所涉及的人员众多，当素质低的施工人员达到一定比例时，很容易造成一些难题，使事故发生的概率增大。工程建设队伍层次结构不合理，加上了管理人员水平也较低，大多是中专或大专学历，在处理紧急情况时，显得手忙脚乱，没有足够的专业管理技能和先进的经验应对面前的难题，造成更大的损失。不论施工的技术人员还是管理人员，都应当被重视起来，同时也要提升他们的综合素质和专业技能。

（3）安全事故频繁

在公路施工中安全事故较为频繁甚至造成了严重的后果，这是公路建设的施工环境所决定的，因为它的特殊性再加上没有足够的安全措施就会出现以上问题。就目前情况来说，很多单位为了急功近利从而大大缩减成本，在施工中的一些安全措施不够完整，对一些安全教育不够重视，安全设施也做得不到位，甚至对施工现场的安全监督有所欠缺，这一系列的原因就会造成安全事故频繁发生。为了避免给周围的居民带来不好的影响，应不断加强在此方面的工作并给予足够重视。

（4）管理公路桥梁施工项目的策略

施工项目的管理模式决定了其管理水平，为使项目施工的管理水平能够有效提高，就要先对管理模式进行改革。管理理念、管理体制及管理技术三部分构成了管理模式。首先，对管理观念进行更改，运用创新的理念追求更合理的管理。其次，对管理体制进行改革，拥有更具有实际意义的管理模式。对目前的管理体制来说本身存在许多问题，因此要将其与实际结合起来改革管理体制。最后，对于管理技术的改革，使其能够达到较高的水平。

随着科技的进步与发展，互联网已经进入各个行业，同时带给各个行业不同的变革。当然，互联网也同样进入公路桥梁的施工项目中，关于此项目的一些数据资料进行网络同步可以对其储存和共享。虽然目前是高科技的时代，但是高科技也同样需要人员进行管理，一些机械不可能拥有人的智慧，做不到随机应变，所以根本上就要不断加强对人员的管理。我们的计划方向就是要将每一位员工的积极性激发出来，并采用奖励的方式进行鼓励引导，同时相关部门的管理者有很强的带头指挥能力，从而能够做好人员管理。

好的施工环境会加快施工的进程，而差的施工环境就会对项目的进程造成延误，严重时还会对人员造成了不同程度的伤害。工程的施工质量也会因为施工环境受到影响，严寒酷暑的天气状况都影响施工的有序进行。在环境较为恶劣的情况下，员工就不能按时完成工程，这就会对项目的进展产生影响，严重时还会威胁员工的生命安全。在炎热的夏季，为了员工能够更好地施工，相关部门就要采取防暑措施，为他们准备凉快的休息场所，同时遇到高温时要停止施工。在寒冷的冬季，为了降低对员工造成的影响，相关部门就要做好保暖措施，确保员工能够正常施工。

二、公路桥梁施工技术优化管理研究

随着我国不断发展，公路网络已基本成熟，方便了人们的出行和生意往来，与此同时，公路桥梁建设中的质量问题也十分突出，并且引起了社会的广泛关注，因此当前公路桥梁建设的质量成为公路桥梁建设的重中之重。

（一）公路桥梁施工技术管理的必要性

公路桥梁是我国交通运输的重要通道，对经济发展和生活水平的提高发挥一定的积极作用。对公路桥梁进行施工技术管理不但可以保证质量，还可以提高施工效率。施工管理就是确保相关项目能达到投入使用标准的重要举措。施工管理贯穿公路桥梁项目建设的始终，并且涉及公路桥梁建设的方方面面。具体到实践操作环节，前期包括制定施工方案和施工管理制度，中期对施工过程进行监督以及施工完成后的质量验收。就施工过程的本身来说，公路桥梁的施工管理还要对施工过程所用到的材料及设备进行检查，同时还有施工人员的调配和操作规范等，这些都对公路桥梁的质量至关重要，必须重视施工管理对于公路桥梁建设质量的重要性。

（二）公路桥梁施工技术管理的要点

1. 路基

路基的施工技术管理，主要的问题无外乎基地的处置，进行基地处置的关键就是进行基地的压实工作，在压实时必须严格遵守施工规范，根据定额选择合适的压力机，并根据实际的路况选择合适的机械设备，如路段太宽，需要选择大吨位的压路机。

2. 路面基层

做好路面基层的施工管理：其一，进行冬季备料工作，原材料的质量必须进行严格的审查，对质量不达标的原料，不但不能使用，而且禁止任何人将不达标的材料运进施工场地，有关单位要发挥其质量监管作用，引导有关的工作人员进行质量监管工作，每天对施工场地中的原料质量进行抽查。其二，进行摊铺工作时，可以采取人工摊铺、摊铺机施工结合的工作方式，确保两处的拌和站能够同时进行材料的供应，将所有的人力、设备积聚在一起，打开作业面。其三，对标高进行严格的控制，保证基层厚度，以便使基层质量可以满足施工需求。其四，如果进行施工的交通路段无法进行封闭，就采取边通车边施工的方法，但需要做好有关交通路段的管制工作，以免影响路段施工。

3. 桥梁

重视桥（涵）隐蔽工程的施工，可以选择十分有经验的工程师进入工地，负责其质量监督工作。另外，加大旁站的监管力度，如果发现问题，立即组织技术人员协商解决。模板在支立前，必须先对其校正、除锈，在模板支立后，还要对其进行涂脱模剂工作。模板、支架进行安装时，必须保证其坚固、稳定，模板尺寸必须合格，不会产生变形的情况。至于模板缝隙的处理，一般使用贴胶纸、刮腻子的方法解决。如果成品混凝土构件表面存在不密实、漏筋、蜂窝麻面或质量缺陷严重的问题，必须停止使用。

4. 附属工程

对于水泥混凝土护坡工程来说，主要有两个要点：一是护脚，采用逐段的方式，明确顶面标高，以保证其能够深埋在自然地面下；二是护坡基础施工，路基采取超宽30cm压实后刷坡，保证边坡坡面的密实度。

（三）公路桥梁施工技术优化管理的对策

1. 做好公路桥梁施工技术优化管理的准备工作

通过分析，公路桥梁施工技术管理的准备工作主要包括以下三个要点。

（1）制定施工标准、技术标准及管理制度

制定相关标准时，在严格按照国家法律规定的文件执行的前提下，结合实际情况做出适应工程施工的各项标准。

（2）组建一支功能齐全的施工技术管理团队

相关的领导管理人员除了拥有扎实的专业知识外，还要具备了多年的领导管理经验，能够对大型工程项目进行有条不紊的管理指导。

（3）施工技术资料管理

对收集的相关资料进行分类和管理，制定一套适用于本工程的档案管理制度，为公路桥梁的施工提供依据，也可为以后的相关项目积累经验。

2. 建立健全的公路桥梁施工技术管理制度

（1）技术责任制制度

明确每个工作小组与每个工作人员的职责，将施工质量的总目标分解为每个小组、每个施工人员的小目标，进而提高公路桥梁建设人员的工作积极性和热情，同时建立与之相应的质量考评制度，以提高全体人员的质量意识。

（2）施工图纸会审制度

图纸是工程项目施工的直接依据，因此施工图纸必须保证其科学性，在施工图纸拟定下发后，相关的技术人员和管理人员必须对图纸进行仔细审查，确保了工程进行施工的科学性、经济性和可行性。如果存在漏洞，一定要及时指出，经过再次研究后进行改正。

（3）技术交底制度

在施工过程中，技术人员一定要对施工图纸进行仔细研究，然后将相关的技术和工艺对一线施工人员进行明确传达，使每个施工人员都能对施工流程、施工质量目标及操作规范等进行全面认识。与此同时，还要使施工人员对于一些施工所用的材料、标识及混合比率等熟悉掌握，对这些交底的内容进行详细记录并存入档案，以便以后进行技术控制。

（4）工程变更制度

可以通过制定工程变更制度促使施工方案的调整，节省开支，提高质量和工作效率。

3. 做好施工质量的检查和验收

为了对项目的质量进行严格把控，在每道程序完成后，都要依据标准对完成质量进行检查，如果合格方可继续进行下道程序的施工。另外，在项目施工过程中，一定要深入施工一线进行现场的监督，发现操作不当时，马上进行纠正指导，如果失误十分严重，可以停止该项目，待专业人员进行合计后，按照新的整改措施继续施工，要严把质量关。由于公路桥梁项目是一项十分复杂的大工程，隐患众多，分项检查更能确保质量，有十分积极的意义。在工程桥梁施工完成后，要组织人员对工程进行验收，在分项检查的基础上再对整体进行检查，双重检查确保公路桥梁的质量。在验收前，要对验收所需的设备进行准备，如分项检查资料、施工中的往来文件及施工图等一系列的资料。

4. 加强对施工的档案管理

从工程准备阶段一直到工程竣工完成验收，在这一过程中产生的各种资料都需要进行归档整理。具体来说，需要存档整理的资料有施工过程中的新工艺和新材料、施工图纸、施工组织设计、竣工图纸、施工原始记录及其相应的统计资料、施工中出现的重大问题及相应的解决措施、实验研究结果以及相关资料、施工标准、技术标准、管理制度等这些材料具有十分重大的意义，不仅可为以后公路桥梁的保养加固提供依据，还可以为以后其他项目的施工提供参考和经验。

综上所述，对公路桥梁进行施工技术管理是十分重要的，是促使公路桥梁安全性和长久性的重要保障。目前，我国一直强调又好又快发展，对于公路桥梁的建设来说也是如此，首先在计划建设时，就要做好各项准备工作，然后在工程开始后严格进行质量监管，在工程竣工后做好验收工作，这些都是当前公路桥梁施工的讨论重点。

三、公路桥梁工程中合同管理优化研究

公路桥梁工程在施工的过程中，合同管理起到了至关重要的作用。通过合同管理，不仅能够明确施工单位应承担的责任及义务，还能够有效地对于工程成本进行控制，从而减少成本消耗，降低经济损失。合同双方以公路桥梁建设相关事项为中心而达成一致意见所签订的协议即桥梁工程合同。工程合同管理有多个环节，审核合同签订、管理和解决合同纠纷等环节都包括在其中。

（一）工程合同管理所涉及的内容

1. 合同管理

当合同签订完毕之后，作为合同管理人员应着手于合同的管理工作。由于合同内容所涉及的都是施工方案和桥梁设计、桥梁走向和位置，而合同管理人员并没有掌握相关的知识，因此在管理合同的过程中，管理人员的主要任务就是配合项目经理，同其一起分解项目，明确了各方的合同责任。

2. 合同所发生的纠纷

在公路桥梁工程中，合同管理不能缺少的内容就是界定合同纠纷以及合同纠纷的解决。由于工程合同与多个利益方有极其密切的联系，容易发生各种纠纷，所以企业要对此引起足够的重视，并采取有效措施将其解决，从而顺利地开展工程建设工作。目前，很多工程因发生合同纠纷而不能按期开展工程，从而给施工企业造成损失。解决工程合同纠纷一般有以下几种形式：第一，协商，也就是纠纷方和合同管理人员进行协商，在履行条款及索赔方面统一意见，从而将纠纷妥善解决。第二，仲裁，也就是合同管理人员，按照双方所签署的仲裁协议或者按照规定的仲裁条款，以仲裁的方式解决纠纷。第三，诉讼。一般情况下，合同管理人员所提出的诉讼都是借用企业名义，然后由法院判决，从而将合同纠纷解决。

（二）进行合同管理的有效措施

1. 引进高素质的管理人员

施工企业应对高素质、专业能力强的合同管理人员进行了配置。因合同管理这项工作与法律方面的内容相关，所以作为管理人员还应掌握关于合同管理的法律知识，这样才能够更好地开展相关工作。特别是当前，证书机制大力实施，只有合同管理人员达到相关的要求和标准，才能够被颁发相关的资格证书，所以施工企业应确保人人持证上岗，这样才能够保障其开展工作的质量。

2. 不断对合同管理的制度进行完善

要将合同交底的制度建立起来，要求签订好合同之后，管理合同的人员要向管理项目的人员交底，并对合同的要求和条款进行说明，让其明确合同在履行过程中企业需要承担的义务以及需要预防的相关事项，从而最大限度地避免纠纷。与此同时，要使责任制得以落实，管理合同的人员应明确项目组应承担的合同责任，并且让其严格履行。另外，要将分包合同的监管制度建立起来，通过这样的方式能够有效地监督分包单位履行合同的相关情况，从而确保合同高效履行。

3. 合同拟定

拟定合同时，应注重以下几方面内容：首先，当达成一致意见之后再拟定合同。其次，针对重要合同，应设立专门的谈判小组对合同进行谈判。结合实际，必要时还可对外来专家进行聘请。再次，合同内容涉及财务问题，应聘请专业的财务人员参与其中。最后，完成拟定之后要向相关部门呈交，让其开展审核合同的工作。一般需审核以下几方面：第一，审查合同的合法性，也就是审查桥梁工程的建设方案及相关工程有无超出法律的界限。第二，审查工程有无完备的手续，包括施工许可证以及施工建设场地的使用权限证件。第三，审查合同和相关资料是否齐全。第四，审查合同权利和义务有无明确界定。

4. 实时管理合同履行情况

在项目工程施工开始时，要全面且系统地分析合同条款。与此同时，要开展实时地监管合同履行情况的工作，这样能够在第一时间获得关键的信息。然后以这些信息为依据进行判断和分析，确保按期完工，保障了工程整体的质量。另外，通过实时监督，能够尽快找到问题，并采取有效措施将其解决，从而使合同管理的职能得以有效强化。

5. 防范合同的违约

在桥梁工程中，除了要对内部履行合同条款的情况进行实时监督，还要对违约的相关行为引起足够的重视。从实质上来讲，也就是在制定合同的过程中，要注重应注意的相关事项，并加大审查力度，防止发生违约行为。另外，当施工企业同业主意见不一致时，作为合同管理人员要做好协调工作。监理单位应充分地发挥好自己的监督职能，使各方的利益得以保障。

6. 合同管理索赔

在合同签订的过程中，承办人应以纪要形式记录合同隐藏的风险，并作为合同核心内容，在具体的施工过程中，要同现场具体情况相结合，当发现可索赔时，要在第一时间索赔，基于认真履行合同条约，同相关法律要求相结合，对自身的合法权益进行维护。

7. 应用法律武器进行维权

即使做好了所有的准备工作，也不可能完全排除客观因素所造成的影响。在桥梁施工过程中，极易受到地质、水源及天气等因素影响。当问题出现或者利益被损害时，公司可聘请专业法律顾问应用法律武器为自己维权。当签署合同之后，就会形成法律效应。一旦单方面不遵照合同或者违约时，就应接受法律制裁。

8. 强化合同文件管理

一般情况下，工程建设都有极长的周期，要涉及多方面内容，当发生复杂情况时，都需参考资料和合同，所以针对合同及相关文件，相关人员应加大管理力度，在各个环节落实管理工作，防止出现差错。与此同时，因为科技不断地发展，在保存资料文献及合同时，可借助一些信息技术实施管理，这样不仅能够减轻工作人员的工作量，还能够使管理水平得以提升。

综上所述，公路桥梁工程有非常长的施工周期，并且相对来讲，其需应用极其复杂的技术，所以在工程建设的过程中要使合同管理工作在每一环节得以落实，将合同管理的相关制度建立起来，并且使其不断地完善，同时要加大力度进行合同的动态管理，只有这样才能够保护各方的切身利益。

参考文献

[1] 周建国，宋广骞，杨海燕.城市道路建设与管理 [M].长春：吉林科学技术出版社，2022.04.

[2] 马新.城市道路景观设计 [M].重庆：重庆大学出版社，2022.07.

[3] 安关峰，胡群芳.城市道路塌陷灾害防控技术指南 [M].北京：中国建筑工业出版社，2022.09.

[4] 肖春，徐伟，李旭彪.城市道路桥梁工程新技术应用 [M].长春：吉林大学出版社有限责任公司，2022.05.

[5] 张小成，黄文理，黄洪发.道路桥梁与城市交通建设研究 [M].长春：吉林科学技术出版社有限责任公司，2021.11.

[6] 杨寿君，刘建强，张建新.城市道路桥梁建设与工程项目管理 [M].长春：吉林科学技术出版社，2021.07.

[7] 李文权，陈茜，张健.道路通行能力分析方法 [M].江苏：南京东南大学出版社，2021.07.

[8] 黄煜镔.道路与桥梁工程试验检测技术 [M].重庆：重庆大学出版社，2021.11.

[9] 关宏图，朱晶，赖琰.城市道路交通系统可持续发展规划设计 [M].北京：北京工业大学出版社，2020.09.

[10] 吴蓉，崔秀琴，张光海.城市道路施工质量检测手册 [M].郑州：黄河水利出版社，2020.03.

[11] 曾宪明.城市化与中国特色新型城市化道路 [M].武汉：武汉大学出版社，2020.08.

[12] 韩书君.城市道路交通治理理念与策略 [M].北京：人民交通出版社股份有限公

司，2020.05.

[13] 李坤.城市道路精细化养护管理与技术 [M].北京：中国建筑工业出版社，2020.01.

[14] 郭继孚，温慧敏，孙建平.城市道路交通运行评价技术与应用实践 [M].北京：电子工业出版社，2020.12.

[15] 晏农芳.城市道路桥梁施工技术与管理研究 [M].延吉：延边大学出版社，2020.

[16] 姚波，王晓.道路工程 [M].南京：东南大学出版社，2020.08.

[17] 肖艳阳.城市道路与交通规划 [M].武汉：武汉大学出版社，2019.05.

[18] 王伟业，俞先富，余建民.城市道路建设质量标准化管理 [M].杭州：浙江工商大学出版社，2019.06.

[19] 程生平，徐波.城市道路 [M].北京：中国建筑工业出版社，2019.09.

[20] 李小军.新时代城市道路规划与设计探讨 [M].重庆：重庆大学出版社，2019.04.

[21] 郭星煌，王思伟.城市道路与交通规划设计 [M].长春：吉林科学技术出版社，2019.

[22] 王显根，庞京春.城市道路工程施工质量与安全管理 [M].徐州：中国矿业大学出版社，2019.09.

[23] 黄隆.道路工程与城市建设 [M].北京：北京工业大学出版社，2019.09.

[24] 范炳娟，米秋东，李书.道路工程施工 [M].北京：北京理工大学出版社，2019.08.

[25] 李梦希.城市道路建设问题研究 [M].北京：九州出版社，2018.06.

[26] 徐会忠，田章华，王云江；张海东主审.城市道路养护与维修 [M].北京：中国建筑工业出版社，2018.08.

[27] 仲玉侠，李晶，张明.城市道路设计 [M].北京：中国质检出版社，2018.12.

[28] 白维，梁宇，巴大为.城市道路施工与养护 [M].长春：东北师范大学出版社，2018.02.

[29] 张慧丽.城市道路设计 [M].北京：人民交通出版社，2018.01.

[30] 梁纪生，陆继斌，王建勇.市政道路技术和城市建设 [M].长春：吉林大学出版社，2018.12.

[31] 袁猛，张传刚，李桩.城市道路桥梁建设与土木工程施工管理 [M].长春：吉林科学技术出版社，2018.04.